아씨시 클라라의 영성

사랑 가득한 마음

일리아 델리오 지음
김혜정 옮김

Copyright ⓒ 2007 Ilia Delio All reserved.
Cover image by Mark Balma
This fresco image "Prayer" is in the Spiritual Museum of Art, San Rufino, Assisi Italy.

아씨시 클라라의 영성
사랑 가득한 마음

교회인가 | 서울대교구 2019년 8월 20일
초판 2쇄 | 2021년 6월 13일

지은이 | 일리아 델리오
옮긴이 | 김혜정
펴낸이 | 김상욱
만든이 | 조수만
표지그림 | 마크 발마
교정교열 | 조선희
표지 및 내지 디자인 | 김화진

만든곳 | 프란치스코 출판사(제2-4072)
주　소 | 서울 중구 정동길 9
전　화 | (02) 6325-5600
팩　스 | (02) 6325-5100
이메일 | franciscanpress@hanmail.net

정　가 | 14,000원

ISBN 978-89-91809-71-0

이 도서의 국립중앙도서관 출판예정도서목록(CIP)은
서지정보유통지원시스템 홈페이지(http://seoji.nl.go.kr)와
국가자료종합목록 구축시스템(http://kolis-net.nl.go.kr)에서 이용하실 수 있습니다.
(CIP제어번호 : CIP2019046418)

사랑 가득한 마음

아씨시 클라라의 영성

일리아 델리오 지음
김혜정 옮김

추천의 말

장 프랑수아 고데-칼로제라스
(Jean F. Godet-Calogeras - 성 보나벤투라 대학 프란치스칸 인스티튜트)

너무나 오랜 세월 동안 아씨시의 클라라에 대한 연구는 성 프란치스코 전기의 한 장 분량으로 절하되어 왔다. 이제는 더 이상 그렇지 않을 것이다. 일리아 델리오는 최초의 프란치스칸 여성에 관한 자신의 고유한 접근에 학문적 연구를 더함으로써 아씨시의 이 찬란한 여인을 그리는 사랑의 역작을 낳았다.

잉그리드 피터슨 O.S.F
(Ingrid Peterson, O.S.F. -『아씨시의 클라라 : 전기적 연구』저자)

일리아 델리오의『아씨시의 클라라』에서는 프란치스칸 영성의 근본 신조가 묻어난다. 이 작은 책은 하느님의 모상으로서 인간의 초상을 단순한 필치로 그리고 있지만, 여기 담긴 신학적 함의는 매우 심오한 것이다.

목차

감사의 말 08
서문 – Sr. C. A. 갈리아르디, O.S.C. 10
들어가는 말 15
제1장 하느님의 가난 49
제2장 인간 존재의 가난 69
제3장 십자가의 거울 105
제4장 모상과 정체성 137
제5장 관상 165
제6장 변화 193
제7장 성체성사 221
제8장 성령의 힘 253
맺는 말 289
빛 – 일리아 델리오 O.S.F.의 시 302
참고문헌 306

- 역자의 일러두기 -

- 인용문 중 프란치스코와 클라라의 글은 가급적 『아씨시 프란치스코와 클라라의 글』(작은형제회 한국관구, 프란치스코 출판사, 서울, 2014)을 따르되, 문맥상 꼭 필요한 경우에는 역자가 새로이 번역하고 각주에 표시하였다.

- 모든 미주는 원저자가 붙인 것이며(한국어 서명 안내 등 필요에 따라 역자가 설명을 덧붙인 경우가 있음), 모든 각주는 독자의 이해를 돕고자 역자가 붙인 것이다.

감사의 말

클라라에 관한 제 생각을 나눌 수 있도록 공동체 한가운데로 저를 초대해 주신 브리티시 컬럼비아의 던컨 성클라라수도원, 뉴저지의 컬럼버스 성클라라수도원, 오하이오의 신시내티 성클라라수도원 공동체와 성클라라수도회 거룩하신 성명 연합회에 감사드립니다. 귀한 시간을 내어 저의 글을 꼼꼼히 읽고 의견을 달아주신 아일랜드 성클라라수도회의 브리지 맥켄나 수녀님과 그 공동체에 감사드립니다. 이 모든 여인들이 클라라의 너그러움과 환대, 그리고 무엇보다도 사랑 가득한 마음으로 사는 삶의 의미를 제게 보여 주셨습니다. 이 원고를 주의 깊게 읽고 도움이 되는 의견을 내주신 셀마 슈타이거 박사님과 작은형제회의 스티븐 클루게 형제님께도 감사드립니다. 두 분께서는 이 여정에서 저를 늘 충실하게 동반해 주셨습니다. 워싱턴연합신학원의 제 학생들, 특히 케네스 해링턴과 조안 카훈은 클라라의 거울 신비에 관한 놀라운 통찰을 주었습니다. 성 안토니오 메신저출판사의 편집장 리사 비덴바흐는 출판 과정에서 큰 도움과 지지를 보내 주셨습니다. 이 출판사의 메리 쿨란-해켓은 저의 친구 같은 편집인으로서 항상 참으로 귀한 도움을 주셨습니다. 이들과 또한 이 책의 출판이 가능케 도와주신 모든 분들에게 감사드립니다.

서문

아름다운 봄날입니다. 방금 저는 클라라에 관한 일리아의 책을 다 읽은 참입니다. 제 자신이 이렇게 말하는 것이 들립니다. "속에서 내 마음이 타오르지 않았던가?"[i] 이 글을 따라가면서 저는 조금씩 아씨시의 클라라를 알게 되었고, 이렇게 알게 된 클라라의 영성에 따라 소생하며 공명하는 제 자신을 발견하였습니다. 클라라가 저에게 이렇게 건네는 말소리가 들리기까지 합니다. "붙잡으십시오! 중요한 것은 오직 사랑, 십자가에 달리신 예수님을 향한 깊고도 불타는 사랑입니다! 예수님께서는 우리를 향한 당신의 깊은 사랑을 증명하시고자 십자가에 못 박히셨습니다!" 우리는 우리가 사랑하는 그 대상이 되어간다는 것을 클라라는 알고 있었습니다.

---

i   루카 24,32

그녀는 연인이자 교사였습니다. 우리는 이 책을 통하여 사랑한다는 것은 바로 그 사랑하는 대상과 하나가 되는 것임을 배우게 됩니다. 관상은 우리 자신으로 하여금 우리가 사랑하는 이의 모습으로 변화하도록 허용하는 것입니다.

    클라라가 우리에게 말합니다. "가난한 동정녀로서, 가난하신 그리스도를 포옹하십시오."[1] 진정으로 그리스도를 알고 그분을 포옹하려면 가난해야만 한다는 것을 클라라는 이해하고 있었습니다. 가난은 우리가 반드시 물질적으로 궁핍해야 한다는 뜻이 아닙니다. 이 책의 저자인 일리아는 우리에게 우리가 사람임을, 곧 우리의 인성을 받아들이고 우리가 하느님을 필요로 하는 존재임을 아는 것이 가난함이라고 말해줍니다. 하느님을 필요로 하는 것은 역설적으로 하느님을 소유하기 시작하는 것이기도 합니다. 하느님을 소유하는 것은 모든 것을 소유하는 것입니다. 클라라와 프란치스코는 가난함이 바로 가장 위대한 부를 소유함이라는 것을 알고 그것을 붙잡았습니다. 가난은 우리의 생명을 구속하는 이기심으로부터 우리를 해방시켜 주며, 하느님께서 우리 안에 들어오실 공간을 열어 줍니다. 가난은 우리가 그리스도를 바라볼 수 있도록[2] 자유롭게 해 주고, 우리가 마음의 눈을 통해서 보게 해 줍니다. 영의 눈으로 볼 때 우리는 생명을 보게 되며, 우리 주위의 세상을 이전과는 다르게 보게 됩니다.

클라라와 프란치스코에게 관상은 그 자체가 목적이 아니었음을, 일리아는 우리에게 상기시켜 줍니다. 관상은 우리에게 자신을 뛰어넘을 것을 요구합니다. 관상은 반드시 변화를 수반합니다. 우리가 예수님과 함께 머물 때 우리는 그분을 닮으라는 부르심을 받게 됩니다. 변화는 우리가 사랑하는 분에게 우리 자신을 넘겨드릴 것을 요구합니다. 예수님께서는 육화를 통하여 우리를 향한 하느님의 사랑에 한계가 없음을 보여 주셨습니다. 관상은 이와 같은 사랑으로 우리를 부릅니다. 우리가 하느님의 모습으로 변화해 감에 따라, 예수님께서 하신 바로 그 사랑으로 다른 이를 사랑하는 법을 배우게 됩니다. 이러한 자기희생적 사랑으로써 우리는 참으로 세상을 바꿀 수 있습니다. 복수 대신 용서로써, 폭력과 전쟁 대신 대화로써 말이지요.

이 책에서 눈에 띄는 점을 하나 더 꼽자면, 클라라가 지닌 성체성사 영성의 핵심을 일리아가 포착하였다는 것입니다. 클라라는 성체를 흠숭하는 시간을 통해서 자기 하느님을 알고 사랑하기를 배웠습니다. 위기가 닥쳐왔을 때 그녀는 곧바로 성체 안에 계신 그리스도께 달려가 그분의 보호를 청했습니다.[3] 또한 그녀는 자기 자매들과 아씨시 시민들을 위해 자기 목숨을 내놓았습니다. 클라라가 하느님과 함께한 시간이 그녀로 하여금 다른 이를 위하여 자신을 내놓도록 이끌었던 것입니다. 하느님의 겸손하심은 한 조각 빵의 형상으로 당신 현존을 우리에게 주심에서 그리고 발을 씻겨 주심에서 드러냅니다. 우리는 그분을 흠숭하고, 그분을 받아 모시고, 그분이 되어갑니다. 우리는 서로를 보살핌으로, 섬김으로, 그리고 모든 사랑의 행위로 서로에게 하느님이 되어 줍니다.

우리 각자는 서로에게 하느님을 나타내어 보여 주는 그분의 현현顯現입니다. 우리가 하느님을 드러내 보이는 현현은 우리 고유의 것입니다. 하느님은 우리 한 사람, 한 사람 안에 깃들어 계십니다. 클라라는 이러한 신적 내재의 실체를 이해하고 있었습니다. 그녀는 이 이해를 우리에게 건네줍니다. 우리가 이 이해를 우리 자신의 것으로 만들어 감에 따라 하느님의 모든 피조물 안에서 그분의 현존을 알아보는 능력이 점차 자라나며, 모든 이에게 경의를 품는 마음이 점차 우리의 타고난 천성으로 자리 잡아 갑니다.

우리의 하느님은 삼위일체이십니다. 하느님이 누구이신지에 대한 핵심은 이 관계 안에 계신 세 위격에서 드러납니다. 기도는 클라라에게 모두와의 관계 안에서 어떻게 살아야 하는지를 가르쳐 주었습니다. 일리아가 이 지혜를 우리에게 전해 줍니다. 하느님 안에 모든 피조물의 일치가 있습니다. 우리는 이 실재를 우리 자신의 것으로 삼고자 열망하는 세상에 살고 있습니다. 우리는 이 일치가 가져오는 평화를 알고자 갈망합니다. 그 길의 모범을 지어 주신 아씨시의 클라라에게 감사드립니다. 또한 우리를 위하여 이 길을 탐색해 준 일리아에게 감사드립니다.

2006년 4월 27일
뉴저지 체스터필드 성클라라수도원에서,
클레어 안드레 갈리아르디 자매, O.S.C.

1   아녜스에게 보낸 둘째 편지 18.
2   아녜스에게 보낸 둘째 편지 20 참조.
3   클라라 시성조사 증언록 III,18~19, IX,2~3.

들어가는 말

　어느 세대에나 성인이 탄생한다. 날 때부터 성인으로 태어난다는 말은 아니지만, 어쨌든 그들에게는 뭔가 다른 사람들과는 구별되는 특징 혹은 기질이 있거나, 적어도 전 생애에 걸쳐 일종의 표지가 되는 어떤 특별한 점이 있다. 아씨시의 클라라도 그런 사람 중 하나다. 클라라는 1194년경 부유한 귀족인 오프레두쵸 가문의 세 자녀 중 첫째로 태어났다. 해산일이 가까워오자, 그녀의 어머니는 걱정이 되어 순산을 기원하는 순례를 갔다. 어머니는 기도 중에 이런 말씀을 들었다. "염려 말아라, 여인이여. 그대는 온 세상을 환히 비출 영롱한 빛을 낳고 기쁨에 넘치게 될 것이다." 영롱함(Clear)이라는 말은 이탈리아어로 끼아라Chiara이기에 그 이름이 클라라Clara, 곧 "영롱하게 빛나는 이"가 되었다. 클라라는 어머니와 자매들과 사촌 등 신실한 여인들의 가정에서 자라났다. 이 여인들은 청빈과 보속을 생활에서 실천했으며, 클라라는 어린 나이에 벌써 성덕에 대한 평판을 얻었다. 그녀가 1208년 혹은 1210년경 그 지역의 산 루피노 성당에서 설교하는 아씨시 프란치스코의 이야기를 들었을 가능성도 있지만, 그를 만나기 훨씬 전인 어린 시절부터 마음에 수도성소[i]를 간직했을 것으로 생각된다.

클라라는 프란치스코보다 열두 살 어렸으니, 그들이 처음 만난 1211년경 그녀의 나이는 열일곱 가량 된다.『시성조사 증언록』에 따르면, 그들이 만나기 전에 이미 프란치스코는 클라라에 대해 들은 바가 있었다고 한다. 그들이 무슨 일로 만나게 되었는지는 분명하지 않지만, 아마도 프란치스코가 클라라에게 그리스도를 따름과 복음적인 삶을 이야기했을 것이다. 열여덟 살 되던 해 클라라는 아씨시의 귀도 주교의 허락 하에 일종의 회개생활에 투신하기로 결심한다. 이 생활은 프란치스코와 그의 형제들에게 밀접히 연관된 것이었으며, 그 생활 양식은 불과 수년 전 교황 인노첸시오 3세에게서 구두로 승인 받은 것이었다. 1212년 성지주일 밤, 클라라는 집

---

i   여기서 '수도성소(religious vocation)'라고 간단히 표현된 말에는 오해의 소지가 있을 수 있다. 클라라가 원한 '수도'는 당시 정형화되어 있던 전통적 수도승 생활은 아니라고 볼 수 있다. 이와 관련하여 Marco Bartoli, Sr. Frances Teresa Downing trans., Saint Clare, St.Anthony Messenger Press, Cincinnati, U.S.A. pp.54-64를 참고.

에서 달아나 아씨시 마을 아래 움브리아 계곡에 위치한 작은 성당 포르치운쿨라에서 프란치스코의 형제회에 받아들여졌다.[1]

이탈리아인 학자 마리아 피아 알베르조니에 따르면, 프란치스코의 경우에도 그랬듯이 클라라의 수도생활의 시작에도 다소 불확실한 부분이 있었을 것이라고 한다. 그들이 따라갈 분명한 노선이 없었기 때문이다. 프란치스코가 그의 운동을 시작했던 포르치운쿨라에서 클라라가 프란치스코와 그의 형제들에게 합류하고 삭발례를 받았으며, 회개자의 옷을 받아 입었음은 분명하다. 그러고 나서 프란치스코는 클라라를 산 파올로 데 아바데세 수도원으로 보냈다. 여기서 클라라는 일종의 하인으로 받아들여진다. 이때 클라라는 이미 자기 소유를 모두 팔아 가난한 이들에게 나누어 주었기에 수도원 입회에 필요한 지참금을 갖고 있지 않았던 것이다. 클라라의 가족들은 그녀가 이렇게 급진적인 생활을 선택하는 데 반대했으며, 이를 포기하게 하려고 폭력까지 동원했지만 결국 실패했다는 이야기가 원천자료에 실려 있다.[2] 얼마 후 클라라는 판조의 산 안젤로로 옮겨간다. 이곳은 회개자들이 모여 사는 거처였을 것으로 추정되는데, 여기서 훗날 아녜스라는 수도명으로 알려질 그녀의 동생 카타리나가 합류한다. 그들의 숙부 모날도가 카타리나를 잡아서 집으로 끌고 가려 하지만 또 한 번 실패한다. 클라라와 카타리나는 마침내 그들이 항구히 머물게 될 산 다미아노 수도원으로 옮겨간다. 이 옮겨감은 클라라가 프란치스코의 운동에 얼마나 긴밀히 연관되어 있었는지를 보여 준다. 산 파올로의 베네딕토회 수녀원에서 머물든, 산 안젤로의 회개자들 틈에 머물든 클라라는 프란치스코와 그의 형제들과 접촉할 수가 없었다. 그러나 산 다미아노의 형제들과 자매들의 이중 공동체에서는 이 문제를 해결할 수 있었다. 알베르조니는 이렇게 말한다.

클라라와 아녜스는 산 다미아노에 자리를 잡았다. 이곳은 형제들이 아씨시 근교에 있을 때 종종 머무는 장소였다. 사실 이 신생 공동체는 언제나 자신들이 프란치스코가 이끄는 형제회의 일부라고 생각했으며, 이는 산 다미아노에서 생활하는 형제들과 맺는 긴밀한 관계에서 더욱 명백히 드러났다.[3]

클라라와 그녀의 동생에게 곧 많은 여성들이 찾아왔고, 그들의 어머니와 두 사촌도 합류했다. 자기 수도규칙에서 밝혔듯이 클라라는 프란치스코에게 순종을 약속했으며, 프란치스코는 클라라와 자매들에게 관심과 보살핌을 약속했다.[4] 그런데 이 새롭고도 역동적인 운동에 예상치 못한 일이 일어났으니 교회의 위계질서가 개입을 해온 것이다. 프란치스칸의 보호자 추기경인 우골리노(훗날의 교황 그레고리오 9세)는 가난 안에서 독립적으로 생활하는 클라라의 공동체와 같은 여성 공동체들의 수효가 늘어나는 것을 허용하지 않았다. 그래서 그는 이탈리아 중부에 퍼진 이러한 여성공동체를 수습, 혹은 '개혁'하여 기존 수도승 생활의 획일화된 체계로 편입하려 하였다. 산 다미아노의 클라라 공동체도 이러한 작업의 대상이 되었으니 클라라로서는 크게 낙담할만한 일이었다. 최근 발견된 근거들에 따르면, 당시 급격히 불어난 형제회의 내부 분열 문제 때문에 프란치스코와 형제들이 자매들에게서 거리를 두게 된 사이에 우골리노가 클라라와 그녀의 자매들을 수도원 '개혁' 운동의 선봉으로 삼은 것으로 보인다.[5] 우리가 알고 있는 것은 클라라와 그녀의 자매들, 곧 "가난한 부인들(Poor Ladies)"이라고도 불렸던 이들이 교회의 고위 성직자들과 형제회 사이에 쳐진 그물에 얽혀버렸다는 것이다.

우골리노의 수도회 개혁을 상세히 분석하는 것은 도입부인 이 장에서 다룰 범위를 넘어서지만, 한 가지는 짚고 넘어가야겠다. 클라라와 그녀의 자매들이 수도승 생활의 규범을 강요받고 있었음에도 불구하고 프란치스칸의 복음적 생활, 곧 예수 그리스도의 복음에 몸 바치는 삶을 향한 자신들의 열망을 고수하고 있었다는 점이다. 클라라가 생애 대부분을 수도승 생활 규칙 아래 살았음에도 불구하고[6] 그녀의 영성은 하느님께로 올라가는 전통적인 수도승 영성의 특성을 띠지 않는다는 점은 특기할 만하다. 수도승 생활에서 말하는 '상승'은 신플라톤주의적 구조[ii]를 특징으로 하는데, 영적 완성을 추구함에서 물질세계는 초월해야 하는 대상이라고 본다. 반면 클라라는 하느님과의 일치를 위한 출발점은 육화라고 강조한다. 신플라톤주의에서 말하는 상승의 사다리는 자연적이거나 감각적인 것들을 초월하고 세상에서 벗어나기 위한 움직임이다. 그런 것들은 열등한 것이며 어떤 의미에서는 진정으로 존재하는 것이 아니라고 보기 때문이다.[7] 이러한 관점에서 신플라톤주의 전통에서는 내적 조명과 정신적 비상을 강조하며, 사람이 하느님을 찾고자 자기 내면으로 향하도록 이끌어 주는 창조세계의 본성적 선善을 평가 절하한다. 프란치스코와 클라라 두 사람 모두 하느님을 추구하여 세상을 떠났고, 자기들의 신분과 부와 안전까지 버렸지만, 하느님을 찾고자 세상을 부정한 것은 결코 아니었다. 오히려 그들은 창조된 세계가 하느님께 받아들여지는 세계이며, 그렇기에 세상과 분리되어서는 절대로 하느님을 찾을 수 없음을 깨달았다. 진정한 봉쇄구역은 수도원이 아니라 이 세상이었다. 클라라와 그녀의 자매들이 초창기에 세상에서 그리스도를 따르는 형제회와

---

ii 신플라톤주의(Neoplatonism)는 3~6세기 로마제국에서 성행한 철학사조로서, 이데아 Idea설에 입각한 이원론적 세계관을 기반으로 하는 플라톤주의(Platonism)를 주로 계승하되, 신비주의적 요소가 가미되었다. 이데아계를 세분하여 일자, 지성, 영혼으로 계층화하였고, 일자에서 멀어질수록 열등한 것이기에 감각으로 지각할 수 있는 물질세계는 이 위계 질서의 가장 아래에 존재한다고 보았다. 일자와 유출설에 관해서는 제7장의 각주 i 참고.

똑같은 생활을 했는지 여부는 분명하지 않다. 클라라는 프란치스코와 똑같은 생활을 원했다. 이는 가난하고 겸손하신 그리스도를 따르는 생활로 손으로 일하되, 꼭 필요할 때에는 음식을 구걸하고, 곁에서 고통받는 이들과 가난한 이들을 섬기며, 기도의 삶을 살아가면서 모든 피조물과 교감하는 것이었다. 아크리의 주교인 비트리의 야고보는 1216년 움브리아 골짜기를 지나가며 "작은 형제들과 자매들"에 관한 기록을 남겼다.

> (그들은) 낮에는 복음을 전하고 세상의 활동에 헌신하기 위해 도시와 마을에 들어가고, 밤에는 은둔소와 독수처로 돌아와 관상에 전념한다네. 여인들은 도시 근교에 있는 여러 구호소에 살고 있는데 자기 손으로 일해 얻은 것 외에는 아무것도 받지 않고 생활한다네.[8]

그가 말하는 "작은 자매들"이란 형제들 근처에서 회개의 삶을 살고 있던 클라라와 그녀의 동료들을 말하는 것일까? 프란치스칸 운동 초기에는 이런 조합이 가능했을 것이다. 이때는 산 다미아노의 가난한 부인들에게 봉쇄 규정이 강요되기 전이었기 때문이다. 결국에는 수도승 생활의 관습과 봉쇄 규정을 의무적으로 떠맡게 되지만, 어쨌든 클라라는 그리스도의 발자취를 따르려는 마음의 열망을 한 순간도 포기하지 않았다.

프란치스코와 클라라의 마음에 불을 붙인 복음적 생활이란 정확히 무엇일까? 복음적 생활(Evangelical life)이란 복음에 따라 사는 삶(Gospel life)이다. 이는 그리스도의 발자취를 따르며, 복음을 실행하는 것을 중심으로 하는 삶이다. 그러니 프란치스코와 클라라 두 사람이 똑같이 자기 수도규칙을 "생활 양식은 … 우리 주 예수 그리스도의 거룩한 복음을 실행하는 것입니다."라는 말로 시작함은 당연한 일이다.[9] 이렇게 함으로써 그들은 복음적 생활의 중심이 일이나 사목에 있지 않고, 우리가 어떻게 그리스도를 통하여 하느님의 현존을 체험하는지에 있음을 밝혔다. 복음적 생활의 토대는 인간(human person)[iii]에 그리고 이들 인간 상호 간에 그리스도의 체험을 서로 나눔에 있다. 육신을 취하신 하느님께 대한 체험은 '관계 안에 있는 사람', 곧 형제자매의 존재를 강조한다. 이처럼 형제와 자매로 육화하신 하느님과의 만남을 강조하는 데서 복음적 생활이 수도승 생활 및 활동적 사도직 생활과 구별된다. 인간(human person)에 근본적인 초점을 두고 있기에 각자는 어디에 있든지, 무엇을 하든지 복음의 테두리 안에 있으며 항상 프란치스칸으로 살아갈 수 있다. 프란치스칸의 생활 양식은 복음을 실행하는 것이기 때문이

---

iii   human person은 앞으로 계속 등장하는 용어이다. 사족을 달자면, 삼위의 위격을 Person이라고 표현함을 고려하여 저자가 human person이라는 용어를 사용함으로써 뜻하는 바를 묵상해 봄도 좋을 듯하다.

다. 복음적 생활의 목적은 그리스도를 닮는 것이며, 또한 다른 이들도 그리스도를 체험할 수 있도록 해 주는 것이다.

클라라의 영성이 복음적 생활에 맞는 것이었는지도 살펴보자. 클라라의 프란치스칸 심성은 그녀의 글에서 드러나는데, 이는 십자가에 못 박히신 정배께 대한 '수치스러운(scandalous)'[iv] 사랑을 바탕으로 하고 있다. 클라라가 사용하는 언어는 저 멀리에 존재하는 초월적 하느님을 찾거나 영적·지성적 결합만을 추구하는 영혼이 쓰는 말이 아니다. 오히려 그녀의 발은 하느님을 중심에 모신 이 땅을 딛고 있으며, 그녀의 눈은 예수 그리스도의 인성을, 관계 안에 계신 사람으로서의 그분을 응시하고 있다. 수도승적 생활을 하는 와중에 어떻게 이러한 복음적 영성을 얻을 수 있었을까? 짐작컨대 클라라도 엄격한 제약 아래 살았던 다른 중세 여성들과 마찬가지로 하느님을 향한 깊은 내적 갈망에 집중했을 것이다. 오랜 세월 십자가에 못 박히신 그리스도를 바라보고 숙고하며 벼려진 이러한 깊은 갈망이 마침내 클라라 안에서 피어난 것이다. 그리하여 프라하의 아녜스처럼 자기(클라라)의 생활 양식에 따르고자 하는 이들을 지도하게 되었을 때 본인의 생각을 더욱 자유롭게 표현했으니, 달

---

iv '수치스러운' 이라고 옮긴 이 표현은 다음을 참고. "그분은 이 사랑 때문에 십자 나무 위에서 고통당하시고 거기서 가장 수치스러운 죽음을 맞이하기를 원하셨습니다."(아녜스에게 보낸 넷째 편지 23), "그대를 위해 천대받으신 그분을 바라보며 그대도 이 세상에서 그분을 위해 천대받는 자 되어 그분을 따르십시오."(아녜스에게 보낸 둘째 편지 19).

리 말하자면, 자기 마음에 새겨진 사랑의 시를 읊을 수 있게 된 것이다.

복음적 생활을 향한 클라라의 갈망은 영성적으로 뿐만 아니라 역사적으로도 입증된다. 클라라의 생애에는 그녀가 프란치스칸의 복음적 생활을 지켜내고자 물불 가리지 않고 몸을 던져 싸웠음[v]을 암시하는 두 번의 중대한 국면이 있었다고 기록되어 있다. 바로 가난 특전과 수도규칙 사건이다. 가난 특전은 자매들이 온전히 다른 이들의 관대함과 봉사에 의존하여 살도록 하는 것으로서 클라라가 택한 생활 양식의 핵심이다.[10] 그러나 교황 그레고리오 9세는 수도원의 필요를 충족할 수 있을 만큼 어느 정도 소유를 인정하는 베네딕토 수도규칙이나 아우구스티노 수도규칙에 따라 완화된 형태의 가난을 받아들이라고 강요했다. 그는 산 다미아노의 가난한 자매들이 좀 더 안정적인 생활을 영위할 수 있도록 베네딕토 수도규칙에 따라 작성한 '생활 양식'을 부여했으나, 두 가지 중요한 점을 놓치고 있었다. 하나는 프란치스코의 영감에 따른 복음적 가난의 추구요, 또 하나는 작은형제회와의 관계였다.[11] 클라라는 격렬하게 대응했다. 형제들이 자매들에게 설교로 봉사하는 것을 교황이 금지하자 그녀는 단식투쟁으로 위협했다.[12] 교황은 클라라를

---

v   원문의 표현을 문자 그대로 옮기면, '이(齒牙)와 손톱으로 싸웠다'.

존경했고 클라라의 수도원에 안전을 제공하기 원했으나, 결국 양보하여 가난 특전을 인준할 수밖에 없었다. 하지만 이 특전은 산 다미아노의 가난한 자매들에게 국한된 것이었으며, 다른 자매 수도원들에게까지 허락된 것은 아니었다. 훗날 교황 인노첸시오 4세는 클라라와 그녀의 자매들에게 다시 한 번 가난 특전을 확인해주며, 솔렛 안누에레 Solet Annuere 칙서로써 클라라의 수도규칙을 공포한다. 이 수도규칙은 클라라가 죽기 직전에야 인준된다.

클라라는 공동체를 위한 수도규칙을 스스로 작성하고 인준받은 역사상 최초의 여성이다. 그러나 여기에는 엄청난 투쟁이 필요했다. 우골리노 추기경이 산 다미아노 수도원에 교회법적으로 개입한 일은 클라라에게 끊임없는 긴장의 원천이 되었다. 우골리노가 산 다미아노의 가난한 자매들에게 확실한 보호와 안정을 제공하려 했던 반면, 클라라와 자매들은 프란치스코의 영감에 일치한 상태로 남기 위해 형제회와 일치하기를 원했다. 이는 자매들이 가난 특전을 얻고자 그토록 끈질기게 노력한 데서 드러난다. 클라라는 우골리노의 수도원 개혁 계획에 효과적으로 대응하여, 수도승적 봉쇄를 받아들이라는 압력에도 불구하고 자기의 생활 양식을 조정할 수 있었다. 클라라가 한 치의 양보 없이 끈질기게 매달린 수도규칙은 1253년 교황 인노첸시오 4세에 의해 인준되었다. 여기에는 프란치스코의 약속과, 자매들에 대한 형제들의 보살핌 등 클라라의 삶의 핵심이 담겨 있다. 클라라의 수도규칙은 프란치스코와 그의 생활 양식에 대한 클라라의 충실함을 증언하며, 클라라가 참다운 프란치스칸이었음을 드러낸다.[13] 사실 클라라의 수도생활 전체가 수도규칙의 인준을 보기 위한 투쟁이었다고 할 수 있다.

클라라가 처했던 역사적 배경을 알지 못하더라도 그녀가 남긴 글을 살펴보면, 그녀가 확고한 신념과 강한 의지를 지닌 여성임을 알 수 있다. 그녀는 복음적 생활을 추구함에서 본질적으로 결코 타협하지 않았다. 사실 어떤 학자들은 프란치스칸 운동과 그 영성의 전개에 관한 책임이나 공을 누구에게 돌릴 수 있는지 의문을 품어왔다. 클라라는 프란치스코의 동료가 됨으로써 다른 중세 여성들과 다른 출발점을 가졌던 것일까? 클라라가 프란치스코의 가장 충실한 제자이긴 하지만, 여기서 말하는 충실함이 그저 정적인(static) 모방을 말하는 것일까? 아니면 프란치스코 사후 27년간, 클라라가 교회 안에서 프란치스칸 성소의 성장에 고유한 책임을 맡아서 지도하고, 글을 남기고, 규칙을 제정했던 것일까? 프란치스코가 자기 수도회의 사명에 여성들의 참여가 있을 것을 초창기부터 염두에 두었음은 의문의 여지가 없으며, 클라라는 여성 협력자[vi]를 찾는 프란치스코의 탐색에 응답했던 것이다.[14]

---

vi collaborator - 단순히 돕는 사람이 아니라, 공저자共著者처럼 뭔가를 공동으로 제작하거나 합작하는 사이

첼라노의 토마스는 산 다미아노가 "그리스도의 거룩한 동정녀들의 수도원이 될 것"이라고 프란치스코가 예언했다고 기록했다.[15] 성인전과 관련된 원천자료에서 전하는 바에 따르면, 프란치스코 자신은 관상생활에 머물기를 더 원했을 수도 있지만,[16] 설교와 봉사의 활동적 생활에 투신하도록 그를 이끈 것이 클라라였으며, 클라라가 어느 정도의 봉쇄와 여성 수도생활에 관한 제약을 받아들이도록 설득한 것은 프란치스코였다고 한다. 클라라는 수도규칙에서 자기 자신을 프란치스코의 라 피안타첼라La Piantacella, 곧 작은 나무라고 표현함으로써, 프란치스코의 복음적 생활을 따르면서 느낀 둘 사이의 깊은 연대감을 은연중에 드러낸다. 클라라는 프란치스코와 그의 형제들이 자매들에게 언제까지나 애정 어린 보살핌과 특별한 관심을 가지겠다고 한 약속을 자기 수도규칙에 남겨 보존했다. 프란치스코가 죽은 후에는 형제회 내부에서 이를 반대했는데도 클라라는 이 약속을 단단히 붙잡고 있었다.

프란치스코와 클라라의 관계를 정의하기는 쉽지 않은 일이다. 클라라가 프란치스코의 복음적 생활에 충실했음은 분명하지만, 그렇다고 해서 그녀가 단순히 충실한 추종자였던 것만은 아니었다. 둘 사이에 있었던 지극한 사랑과 일치(어떤 이는 이를 '공생 관계'라는 말로 표현한다)를 보여 주는 일화가 두 가지 있다. 첫째는 『잔꽃송이』에서 전해 주는 것으로 그들이 포르치운쿨라에서 함께 식사한 일화다. 치타디니Cittadini라고 불리는 동네 사람들이 타오르는 화염을 보고 포르치운쿨라로 달려갔는데, 프란치스코와 클라라와 그 동료들이 함께 무아경에 빠져있는 광경을 보았다는 이야기다.[17]

두 번째 일화는 클라라의 시성조사 증언에서 제시된 것이다. 클라라가 회개생활로 이끌어 준 세 자매 필립바, 체칠리아, 아마타는 클라라가 그들에게 이야기해 준 환시를 진술했다. 프란치스코가 아주 높은 계단 꼭대기에 서 있고, 클라라는 그에게 가져다줄 더운 물을 들고 있었다. 클라라가 프란치스코에게 당도하여 그의 가슴을 빨았으며, 달콤한 젖을 맛보고 마셨다. 그리고 자기 입술로 프란치스코의 젖꼭지를 물고 붙잡고 있었다고 한다. 그러고 나서 입가에 묻은 것을 손으로 닦아보니, 그것이 순금으로 보였다는 것이다.[18] 이탈리아인 학자 마르코 바르톨리는 이 환시를 상세히 분석하여 클라라가 프란치스코와 이뤘던 완전한 일치와 애정이라는 원초적 체험을 되새기고 있음을 짚어냈다.[19] 젖꼭지를 문다는 행위는 우리 것이 아닌 뭔가를 진정 우리 자신의 일부로 만들려고, 그것을 취하고자 하는 갈망을 상징한다. 바르톨리는 클라라의 갈망이 단순히 프란치스코를 자기 것으로 만들어 소유하고자 함이 아니라 더 완전한 일체화(identification)[vii]를 향한 열망이었음을, 곧

---

vii 참고로 정신분석에서 identification은 '동일시'로서, 개인이 한 가지 또는 몇 가지 측면에서 다른 사람을 닮게 되는 자동적이며 무의식적인 정신과정을 뜻한다(미국정신분석학

프란치스코와 하나가 되기를 원했던 것임을 지적한다. 프란치스코와의 일치(unity)라는 이 개념은 순전히 정신적인 것만이 아니라 육신에 관한 것이기도 했다. 말하자면, 같은 생활 양식을 공유했다는 것이다. 전기 작가들은 프란치스코에게 클라라는 참된 그리스도였으며, 클라라에게 프란치스코는 의지할 기둥이자 힘이며, 그녀를 지지해 주는 도움이고 위로였다고 말한다. 클라라는 프란치스코의 이상을 현실에서 드러내 보여 주는 상징이었다. 적어도 프란치스코 이상의 핵심을 실현한 사람이 클라라라고 말할 수 있다. 클라라의 영성은 그녀의 마음 안에 프란치스코의 영혼이 아로새겨져 있음을 드러내며, 프란치스코의 형상 위에 그녀 자신의 내면의 초상을 겹쳐 놓는다. 클라라는 복음적 생활을 함에서 진정으로 프란치스코와 그의 형제들과 함께하기 원했으나, 자기 길 위에서 좌절을 겪어야만 했다. 어느 정도로 프란치스코에게 클라라가 결합되어 있었으며, 또한 어느 정도로 클라라에게 프란치스코가 결합되어 있었을까? 어느 지점에서 하나가 끝나고 하나가 시작되는 것일까? 이러한 질문에 객관적으로 답할 수 있는 사람은 없을 것이다. 남성적이며 동시에 여성적이고, 관상적이며 동시에 활동적이고, 선교적이며 동시에 신비적인 이 프란치스칸 운동에 그들 각자가

회 저, 이재훈 역, 『정신분석용어사전』, 서울대상관계정신분석연구소, 2002).

고유하게 기여했기 때문이다. 프란치스코와 클라라는 예수 그리스도의 인성의 중심에서 서로 상반된 것들의 일치를 이루고 있다.

어떤 이들은 프란치스칸 제1회인 형제회가 사도적 활동을 하는 갈래이고, 제2회인 클라라회가 관상적 생활을 하는 갈래라 보기도 하는데, 이런 생각은 프란치스코와 클라라의 글 어디에서도 근거를 찾아볼 수 없다. 그들은 그리스도를 따라 사는 복음적 생활을 위한 하나의 동일한 생활 양식을 주창했다. 프란치스코가 기도와 관상의 생활을 열망했음은 공공연한 사실이다. 프란치스코의 이상을 클라라가 자기 나름대로 충족해 준 것일까? 근래 드러난 증거들에 따르면, 프란치스코는 초기에 클라라와 그녀의 자매들과 긴밀한 관계를 맺고 있었으나, 그의 운동이 확산되고 발전함에 따라 점차 거리를 두게 되었던 것으로 보인다. 그러나 알베르조니는 다음과 같이 주장한다. 프란치스칸 운동의 몸집이 커지던 시기에는 프란치스코가 자매들에게 거리를 두었던 반면, 자기 생애의 마지막 시기 중에서도 가장 결정적인 때, 곧 죽음이 다가오던 때에는 점점 자매들에게 가까이 갔다는 것이다.[20] 프란치스코와 클라라 사이에 무슨 일이 있었든지 간에 그들의 관계는 주목할 만한 것이며, 여러 가지 의미가 담긴 것이라 볼 수 있다. 프란치스코 사후 27년이 지난 1253년 8월 11일, 클라라는 40년 넘게 생활한 아씨시의 수도원 안에서 자기 자매들과 프란치스코의 초기 동료 중 두 사람인 레오와 안젤로 형제에게 둘러싸여 숨을 거뒀다. 클라라의 장례에 작은형제회 총봉사자나 다른 형제들이 참석하지 않았다는 점은, 클라라가 계속해서 프란치스코 사후 형제회 내에서 일어난 분쟁의 원천이었음을 시사한다. 그러나 알베르조니가 지적했듯이 "그녀의 죽음으로 한 시대가 막을 내렸다. 그녀의 죽음은 정신적 권위, 곧 한 손이 묶인 상태에서도 프란치스코에 대한 기억과 그가 보여 준 생활 양식을 지켜낸 권위의 상실을 의미했기 때문이다."[21]

프란치스코에 대해 쓰인 엄청난 분량의 문서에 비하면, 클라라에 대해서는 약간의 기록이 남아있을 뿐이며, 클라라 자신이 남긴 글도 겨우 몇 편뿐이다. 지금까지 전해지는 것 중에 클라라의 친저로 밝혀진 것은 프라하의 아녜스에게 보낸 네 통의 편지, 수도 규칙과 축복뿐이다. 브뤼헤의 에르멘트루디스에게 보낸 편지의 친저성에 대해서는 의문의 여지가 있다. 클라라의 유언으로 알려진 글은 그녀의 사상을 반영하고 있으나, 15세기에 개혁을 꾀하던 피렌체의 한 수녀원에서 작성된 것이라는 주장이 최근 제기되어 논란 중에 있다.[22][viii] 이 글들 중에서도 프라하의 아녜스에게 보낸 편지는 영성 생활에 대한 클라라 사상의 정수를 담고 있기에 특별

---

viii 작은형제회의 준수주의파 개혁 등 작은형제회와 성클라라수도회를 비롯한 프란치스칸의 역사에 관해서는 모리스 카르모디 지음, 김일득 모세 옮김, 『프란치스칸 이야기』, 프란치스코출판사, 서울, 2017을 참고.

히 관심을 끈다. 비록 네 통에 불과하기에 어떤 형제는 "짧은 편지 네 통으로 도대체 무엇을 알아낼 수 있단 말인가?"라고 말한 바 있지만, 이 글들은 매우 심오하며 풍부한 의미를 담고 있다. 나는 이 편지들이 그리스도의 육화와 그분을 닮아감에 관한 클라라 영성의 핵심을 담고 있다고 생각한다. 클라라는 정식으로 학문적 교육을 받은 바 없었으며, 당시 산 다미아노에 도서관이 있었을 리도 만무하기에 그녀의 사상은 교회의 전례, 성경, 그녀가 간직한 기억 그리고 작은형제들과 시토회 수도승에게서 들은 몇 가지 훌륭한 설교에서 길어낸 것일 터이다. 그녀는 마태오복음에 큰 비중을 두고 있으며, 진정으로 가난한 사람들이 소유하게 되는 하느님 나라에 관한 마태오의 신학 묵상을 우리에게 전해 준다.[23] 클라라가 비서를 두었다고 언급하는 부분은 없지만, 그녀를 도와준 사람이 있었다고 볼 만한 정황은 많이 있다. 예를 들어, 클라라가 오랜 병고를 치른 후 죽기 얼마 전에 프라하의 아녜스에게 보낸 넷째 편지는 레오 형제의 손으로 쓰였을 가능성이 있다는 점이 최근 밝혀졌다.[24]

클라라 편지의 수신인이 된 덕분으로 프라하의 아녜스라는 여인에 관한 몇 마디 기록이 수도회 내부에 남겨졌다.[25] 아녜스는 1205년 태어났으며 클라라처럼 귀족 출신이었다. 아녜스의 부친은 보헤미아의 프르셰미슬 왕조의 오토카르 1세 왕이고 모친은 형

가리의 아르파드 왕가 출신 콘스탄체다. 아녜스는 아주 어린 나이에 실레시아 공작과 약혼하여 그 궁정으로 보내졌으며, 훗날 성인품에 오른 헤드비히 왕비에게 교육을 받았다. 그런데 아녜스가 세 살 되던 해, 약혼자였던 어린 공작이 죽고 말았다. 아녜스는 프라하로 돌아와서 프레몽트레회 수도원에서 교육을 이어갔으나, 그도 잠시 곧 프리드리히 2세의 아들이자 훗날 하인리히 7세가 될 왕자와 약혼하게 되어 이번에는 오스트리아의 레오폴드 공작의 궁정으로 보내졌다. 그런데 또 얼마 후 젊은 하인리히가 아녜스를 내치고 공작의 딸과 결혼하고 말았다. 아녜스는 또다시 프라하로 돌아왔다. 그녀의 아버지인 왕은 격분하여 레오폴드 공작에 맞서 전쟁을 치르려 결심했다. 그러나 아녜스는 아버지의 복수를 만류했다. 그 후 아녜스는 프리드리히 2세의 부인이 죽은 뒤 그에게 청혼을 받았으나 이번엔 아버지가 그 제안을 거절했다. 그래서 아녜스는 자유로이 프라하에 머물며 자선사업에 헌신할 수 있게 되었다.

1225년경 아녜스는 이 도시에 도착한 작은형제들을 만났다. 아마도 이 형제들을 통해 클라라와 산 다미아노의 가난한 자매들의 생활에 대해 들었을 것이다. 1233년 트렌트에서 온 수녀들이 프라하에 설립한 수도원[ix]에 1234년 아녜스가 입회했고, 입회와 동시에

---

ix 이 수도원을 설립하는 데에 아녜스가 도움을 주었다. 당시 아녜스는 아직 입회하지 않았기에 말하자면 은인이었다고 볼 수 있다.

원장이 되었다. 산 다미아노의 생활 양식을 알고 있었던 아녜스는 바로 이 해에 클라라에게 연락을 취하여 프란치스코가 아씨시 자매들에게 지어 준 생활 양식을 자기 수도원에 도입하고자 하는 원의를 표현했다. 교황 그레고리오 9세는 아녜스의 공동체가 '클라라 공동체 계열(Clarian)'로 전환하도록 허가해 달라는 대담한 요구를 받고 큰 근심에 빠졌다. 그렇게 되면 교황이 시행한 수도원 개혁 운동에 차질이 빚어질 것이기 때문이었다.[26] 클라라가 그랬듯이 아녜스도, 본인이 저항했음에도 불구하고 교황이 생활 양식과 관련하여 부과하는 제약들을 받아들여야만 했다. 아녜스와 그녀의 자매들은 그레고리오 9세가 지어 준 생활 양식에 따라 살도록 강요받았으며, 1247년 베네딕토 수도규칙에서 따온 규정들을 삭제하여 새롭게 작성된 산 다미아노 수도회의 규칙ˣ이 공포될 때까지 베네딕토회 수도규칙을 준수하며 살아야만 했다.[27] 클라라와 아녜스 두 사람 모두, 프란치스코가 자매들에게 남겨준 바에 충실

---

x   이 규칙은 교황 인노첸시오 4세가 작성하여 공포했다.

성클라라수도회가 받은 가난 특전과 수도규칙을 연대순으로 정리하면 대략 다음과 같다.

- 1212년(추정) 사부 프란치스코께서 자매들에게 생활 양식을 주심
- 1216년 교황 인노첸시오3세가 가난 특전을 승인(문서상 승인인지 구두상 승인인지 논란의 여지가 있음)
- 1219년 주교 우골리노(훗날 교황 그레고리오 9세) 생활 양식
- 1228년 교황 그레고리오 9세가 가난 특전을 문서로 승인
- 1247년 교황 인노첸시오 4세 수도규칙
- 1253년 성녀 클라라 수도규칙 (같은 때 가난 특전도 장엄 칙서로 인준받았다는 견해도 있음)
- 1263년 교황 우르바노 4세 수도규칙

한 생활 양식에 따라 살고자 많은 투쟁을 해야만 했던 것이다.

클라라가 아녜스에게 보낸 첫째 편지가 쓰인 해는 1234년으로 아녜스가 새로운 삶을 받아들이기로 결정했을 무렵이다. 앞으로 살펴볼 바와 같이 이 편지에는 가난에 대한 클라라의 이해가 고스란히 담겨 있는데, 그녀는 이 가난의 뿌리가 하느님께 있다고 본다. 이토록 깊은 영성이 담긴 편지로 클라라는, 아녜스를 한 번도 만나보지 못했음에도 불구하고 그녀를 인도해 나갈 하나의 장을 마련한 것이다.

1235년 클라라는 아녜스에게 다시 한번 편지를 써서 십자가에 못 박히신 가난하신 그리스도에 관한 관상을 강조한다. 이 주제는 1238년 쓰인 셋째 편지에서 반복되고 확장되는데, 여기서 클라라는 관상과 변화 그리고 그리스도의 몸에 참여함을 연결해서 보여 준다. 15년 후인 1253년 쓰인 마지막 편지는 클라라가 죽기 불과 얼마 전에 작성한 것이다. 자기 생애의 마지막 시기에 클라라는 아녜스를 "내 영혼의 반쪽이요, 내 마음의 특별한 사랑의 보석함"이라 부르며, 그녀를 향한 자기의 사랑을 드러낸다.[28] 이 아름다운 편지는 클라라가 걸어간 영적 길을 요약하며, 하느님 안에서 충족된 사랑과 하느님께로 향하는 여정에 관해 이야기한다.

클라라의 영성이 이 네 통의 편지글에서 체계적으로 전개된 것은 아니다. 오히려 그녀의 영성은 부드럽고 섬세한 옷감에 곱게 놓아진 자수刺繡와도 같이 표현된다. 클라라는 자기의 사상으로 그리스도의 형상을 수놓고 있기에, 그녀의 편지는 천천히 기도하며 읽어야만 하는 것이다. 반면 클라라가 걸어간 하느님께로 향한 길은 네 개의 간결한 개념으로 요약할 수 있으며, 아녜스에게 보낸 둘째 편지에 제시된 바 있다.

> 지극히 고귀하신 여왕이여
> 그대의 정배를 닮기를 갈망하면서
> 그분을 응시하고
> 그분을 깊이 생각하고
> 그분을 관상하십시오.[29]

이 네 단계는 이미 나의 먼젓번 저서 『프란치스칸 기도』의 기반이 된 바 있지만, 이 책에서는 클라라 영성의 관점에서 더욱 상세하게 살펴보려 한다. 하느님께 가는 클라라의 여정의 특징인 응시, 숙고, 관상, 닮음이라는 이 네 가지 기본 주제는 이 책을 이끌어 가는 빛이 되어줄 것이다.

이렇게 클라라 사상의 기둥을 밝혔지만, 나는 이 책의 첫 장을 '응시'가 아닌 하느님의 가난이라는 말로 열고 있음을 고백해야겠다. 아녜스에게 보낸 첫째 편지에서 클라라가 밝힌 바와 같이 바로 이 가난이 클라라의 출발점이기 때문이다. 클라라의 사상을 설명하고자, 나는 클라라의 글을 보충할 수 있는 영적인 글을 쓴 프란치스코와 보나벤투라 등 다른 사람들의 저작을 살펴보곤 했다.

그러므로 제1장에서는 하느님의 가난에 관한 클라라의 생각을 검증하고, 삼위일체의 관계성에 기초한 하느님의 가난에 대한 근거를 찾고자 보나벤투라의 신학을 살펴볼 것이다. 클라라는 하느님이 사랑이시라고 강조하는데, 사랑은 관계적인 것이기에 삼위일체의 위격에 대해 빈번하게 언급하게 된다. 이는 마치 하느님께 대한 체험을, 사랑에 빠진 사람들이 이루는 친교에 비유하는 것과 같다. 십자가에 못 박히신 그리스도께만 굳건히 집중하는 그녀의 초점을 따라가면, 우리는 삼위일체와 그리스도의 관계로 이끌리게 된다. 그리하여 우리는 사랑이신 하느님의 가난을 더 깊이 이해할 수 있을 것이다.

제2장에서도 가난의 주제를 이어가는데, 여기서는 인간에 초점을 맞추게 된다. 다시 한 번 보나벤투라와 프란치스코의 도움을 받아 인간 존재의 가난함에 담긴 심오한 의미를 이해하게 될 것이다. 클라라의 열망은 무엇보다도 가난이었으며, 바로 이 가난이 하느님께로 가는 그녀의 길이었다. 따라서 우리는 인간의 가난에 대해 탐색하고, 클라라가 아녜스에게 쓴 편지에서 '응시'라고 묘사한 바와 같이 십자가에 못 박히신 정배를 바라볼 것이다.

제3장은 가난한 사람이 응시하는 대상을 기초로 전개된다. 여기

서 거울이라는 클라라의 문학적 발상이 소개될 것이다. 십자가의 거울은 못 박히신 그리스도이다. 이 장에서는 십자가의 거울을 바라봄에 대해 깊이 숙고할 것이며, 클라라 영성이 지닌 신비적 측면의 진면모를 보게 될 것이다. 그녀가 묘사하는 바와 같이 십자가의 거울은 우리 인간 삶의 모습을 고스란히 비춰 보여 주며, 우리로 하여금 하느님 안에서 변화하게 해 주는 도구이기 때문이다.

제4장에서는 거울의 주제를 탐색하는데, 자기의 참된 모상과 정체성을 찾고자 노력함으로써 거울에 자기 모습을 비춰 보는 것 (reflect)[xi]에서 자기 자신에 대해 아는 것으로 주제의 범위가 확장된다. 하느님께로 가는 클라라의 길은 각 단계가 명확한 계단 같은 것이 아니다. 오히려 성령께서 여러 가닥의 실을 꼬아 만드시는 밧줄 같은 것이다. 사랑하는 사람이 자기가 사랑하는 분을 바라보며 하느님 안에서 자기 자신을 받아들이게 되면, 하느님의 모상으로 변화하게 된다. 이러한 자기 수용과 변화를 이어주는 다리는 관상이다. 클라라의 길은 관상적인 것이지만, 그녀의 관상은 이 세상을 부정하고 저 위에 계신 하느님과 일치하는 수직적 결합을 뜻하지 않는다. 오히려 클라라에게 관상이란 그분을 응시함에 따라

[xi] 의미심장하게도, reflect라는 말에는 '(거울 등에 모습을) 비추다', '(빛, 소리, 열, 이미지 등을) 반사하다', '반영하다' 외에도 '숙고하다', '반성하다' 등의 뜻이 담겨 있다. 이 표현은 앞으로 계속해서 다양하게 제시된다.

오는 열매였다. 이러한 관상은 십자가에 못 박히신 그리스도로 드러나신 하느님의 마음을 우리 마음의 눈으로 바라볼 수 있는 능력이다. 여기에 '아래로부터의' 관상이라는 이름을 붙일 수도 있을 것이다. 이런 의미에서 관상은 시각이라는 수단을 통해 (바라봄으로써) 하느님과의 일치로 들어가는 수평적 무아경(ecstatic)[xii]이라고 볼 수 있다.

제5장에서는 십자가에 못 박히신 그리스도 안에 감춰진 하느님의 깊이를 헤아리는 능력인 관상에 대해 알아봄으로써 사랑받는 분께서 그러하시듯이 연민의 사랑의 영을 얻게 될 것이다. 바라봄과 사랑은 클라라 영성의 핵심이다. 바라보면 사랑하게 되고, 사랑하면 그 사랑 안에서 변화하게 된다. 그러므로 클라라가 말하는 관상은 영적 여정의 종착점이 아니라 그 여정의 한복판이며, 하느님과 우리의 관계를 더욱 깊게 해 주고, 마침내 우리가 하느님을 닮게 됨으로써 사랑 안에서 변화하게 해 주는 것이다.

제6장에서는 하느님 안에서 참된 자기(self)[xiii]가 되어가는 변화

[xii] 엑스터시Ecstasy는 흔히 황홀경悅惚境으로 옮기지만, 본서에서는 문맥을 고려하여 주로 무아경無我境으로 옮겼다. 엑스터시는 그리스어의 ek, exo(~의 밖으로)와 histanai(놓다, 서다)의 복합어인 엑스터시스Ekstasis에서 유래하며, '밖에 서다'라는 뜻이다.

[xiii] 여기서 자기(self)는 자아(ego)와는 다른 개념이다. '자아'는 사고, 감정, 의지 등 여러 작용을 주관하는 의식의 중심인 반면, '자기'는 신체와 정신, 의식과 무의식을 포괄하는 한 개인의 전체를 가리키는 말이다. 융 심리학의 자기원형(archetype of self), 진정한 의미에서 개성이라고도 할 수 있다.

를 살펴볼 것이다. 진정한 자기가 된다는 것은, 하느님께서 우리 각자를 창조하실 때 지어 주신 모습대로 하느님의 모상이 됨을 뜻한다. 클라라는 관상과 변화가 이루는 통합적인 관계가 믿는 이 안에서 그리스도의 생명이 되살아나도록 이끌어 준다고 보았다. 이 변화는 복음적 생활을 통해서 검증된다. 변화한다는 것은 그리스도를 닮는 것, 곧 그분의 모상이 되어가는 것이다. 그리스도를 닮는다는 것은 그리스도의 생명이 이 세상에서 불타오르게 하는 것이라고 클라라는 생각했다. 그녀는 아녜스에게 이 목표를 추구하며, 자기 삶을 통해 그분의 지체가 됨으로써 그리스도의 몸을 건설하는 일을 돕는 하느님의 협력자가 되라고 했다. 바로 여기서 우리는 클라라의 영적 여정이 그리스도교 영성에 지대하게 공헌한 바를 볼 수 있다. 클라라의 영성은 참여와 변화의 영성이다. 우리가 사랑 때문에 변화할 만큼 충분히 가난하고 충분히 자유롭지 않으면, 그리스도의 몸이 자라날 수 없으며 결과적으로 그리스도의 몸인 교회와 세상이 쇠약해지는 것이다.

클라라는 성체성사적 삶을 살고자 분투하였다. 성체성사적 삶이란 매일 성체를 받아 모시는 생활이 아니라(매일 영성체는 그 당시 관례가 아니었다) 그리스도를 따라 사는 삶, 곧 타인을 위하여 기꺼이 목숨을 내놓는 삶을 뜻한다. 제7장에서는 초월적 사랑의 관점에서 클라라의 성체성사적 영성을 알아본다. 그리고 프란치스코의 모범을 살펴봄으로써 우리 각자의 삶에서 성체성사가 지니는 내적 의미를 살펴본다.

　클라라의 영성은 철저히 육화를 기반으로 하고 있지만, 성령께서도 큰 역할을 하셨음이 드러난다. 그녀가 남긴 글 곳곳에 아로새겨진 삼위일체 문양은 아버지로부터 아드님께로 그리고 그리스도께서 보내셨으며 사람을 그리스도와 일치시켜 주시는 성령께로 이어진다. 하느님께로 나아가는 클라라 움직임의 원동력은 사랑의 성령으로부터 얻은 것이다. 그 움직임은 역동적이면서 가볍고 날래며 똑바로 앞을 향해 있어서 하느님 안에서의 삶이 지상의 일 때문에 붙잡힐 수 없음을 보여 준다. 클라라의 편지에서 성령의 역할을 강조한 부분을 살펴보면 그녀가 인생을 살아갈 힘을 어디서 얻었는지를 엿볼 수 있다. 그녀의 삶은 실로 투쟁의 연속이었다. 그러나 성령께서 그녀에게 내면으로부터의 힘을 주셨다. 성령께서 그녀의 삶에 기쁨과 자유를 불어넣어 주셨으니, 이는 참으로 깊이 하느님 안에서 생활하는 이에게만 가능한 것이었다. 제8장에서는 이렇게 클라라의 사상에 나타난 성령의 역할을 살펴보고, 성령과 그리스도의 관계를 고찰할 것이다. 성령과 그리스도의 관계를 바라봄으로써 성령께서 우리 삶 안에서 어떻게 일하시는지를 알아보는 새로운 시각을 얻을 수 있다. 그리스도와의 관계 안에 계신 성령을 봄으로써 새로운 사고방식을 얻고, 성인들의 통공과 그리스도의 지체에서 성령의 역할에 대해서도 알아볼 것이다.

  이 작은 책은 중세에 살았던 한 여인의 영성에 관한 것이지만, 또한 오늘날 그리스도인 삶에 관한 것이기도 하다. 클라라는 예수 그리스도의 인성을 힘주어 강조하는데 이는 곧 우리의 인간성, 사람됨에 대한 강조이기도 하다. 우리는 사람이며, 또한 사람이 되도록 부르심을 받은 이들이다. 십자가에 못 박히신 그리스도는 우리 자신의 모습 그리고 우리의 강함과 약함과 실패, 또한 사랑할 능력을 비춰 볼 거울이다. 클라라는 '단독자에게로 향하는 단독자의 비상(The flight of the alone to the alone)'[30] 같은 것에는 관심이 없었다. 오히려 클라라는 이런 질문을 던진다. '그대는 다른 이들이 바라보고 따를 수 있도록 그리스도를 반영하는(reflect) 거울이 되어가고 있나요?' 그녀는 우리가 우리 삶 안에서 그리스도를 비춰 보여 주고, 사랑 안에서 변화함으로써 그리스도의 몸을 건설하는 일에 협력하며, 교회에 참여할 것을 요구한다. 신비가인 그녀는 하느님께로 나아가라고 우리를 초대한다. 하느님께로 나아가는 그 길은, 우리가 이 세상에 그리스도의 얼굴을 비춰 보여 줄 수 있도록 그리스도께서 우리의 육신을 취하시게 하는 것이다. 우리의 확신을 굳게 하고 우리 생활 안에서 성령의 인도하심을 신뢰함으로써, 하느님께로 가는 길 위에서 그 누구 때문에라도 단념하는 일이 없도록 하라고 그녀는 우리에게 말한다. 교황에게 '아니오'라고 말했으며,

또한 그 교황의 존경을 받은 여인인 클라라는 반대에 직면했을 때 발휘하는 확신의 힘을 보여 주는 우리 시대의 모범이다. 그녀의 사상은 인간 정체성의 본질에 중심을 두고 있다. '자기 자신이 되십시오. 그리하여 하느님께서 당신 안에 머무르시게 하십시오. 그러면 그리스도께서 살아나실 것이며 이 세상이 새롭게 창조될 것입니다.'

1   Maria Pia Alberzoni, 『Clare of Assisi and the Poor Sisters in the Thirteenth Century』 William Short and Nancy Celaschi 역,(Saint Bonaventure, N.Y. : Franciscan Institute. 2004), p.10.

2   Maria Pia Alberzoni, 『Clare of Assisi and the Poor Sisters』 p.10.

3   Maria Pia Alberzoni, 『Clare of Assisi and the Poor Sisters』 p.11.

4   아씨시 클라라의 생활 양식 제6장 제1절. 『Clare of Assisi: Early Documents』 Regis J. Armstrong, trans. (Saint Bonaventure, N.Y. : Franciscan Institute, 1993), p.71. (이하 Early Documents)을 참조하라. 암스트롱이 편찬한 클라라의 글의 새 편집본은 2006년 New City Press에서 출판했다. 클라라는 이렇게 썼다. "지극히 높으신 하늘의 아버지께서는 당신 은총을 통해 지극히 복된 우리 사부 성 프란치스코의 모범과 가르침으로 회개 생활을 하도록 황송하옵게도 나의 마음을 비추어 주셨습니다. 그리고 사부님이 회심하고 조금 지난 후 나는 자원하여 나의 자매들과 함께 그분에게 순종을 약속하였습니다." 클라라의 글의 비판본은 『Claire d'Assisi: Ècrits』 Marie-France Becker, Jean-François Godet, Thaddée Matura, eds., Sources Chrétiennes, no. 325 (Paris: Les Èditions du Cerf, 1985)을 참조하라.

5   가난한 부인의 회(Poor Ladies)의 역사에 관해서는 다음을 참조하라. Maria Pia Alberzoni의 『Clare of Assisi and Women's Franciscanism』 Ed Hagman, trans. 『Greyfriars Review』 17.1 (2003), pp.5-38; Roberto Rusconi, 『The Spread of Women's Franciscanism in the Thirteenth Century』 Ed Hagman, trans., 『Greyfriars Review』 12.1 (1998), pp.35-75; Clara Gennaro, 『Clare, Agnes and the First Sisters: From the 'Pauperes Dominae' of San Damiano to the Poor Clares』 Ed Hagman, trans., Greyfriars Review 9.3 (1995), pp.259-276.

6   레지스 암스트롱Regis Armstrong은 본인이 편집한 클라라에 관한 초기문헌집 1993년 판에서 이렇게 밝히고 있다. "가난한 부인들에게 더욱 안정적인 생활 양식을 제공하기 위하여 … 우골리노가 그들에게 새로운 생활 양식을 주었는데, 이는 상세하고도 엄격한 것으로서 베네딕토회 수도규칙에 근거한 것이었다"(p.22). 이어서 암스트롱은 이 규칙이 클라라에게 주었던 어려움에 관하여 서술한다. 엘리자베스 페트로프Elizabeth Petroff는 "클라라는 본인이 최초에 선택했던 (하느님께 대한) 봉사의 영웅적인 이상을 지키는데 계속해서 더더욱 많은 제약을 감수해야만 했다. 결국 그녀는 교황이 준 수도규칙을 받아야만 했는데, 이 규칙은 본질적으로 완전히 베네딕토회의 것이었다. … 그러니 성녀 클라라가 이 규칙을 "영혼의 경악과 고통 속에서" 받아들였음은 전혀 놀라운 일이 아니다. (Elizabeth Petroff, 『Body and Soul: Essays on Medieval Women and Mysticism』 New York: Oxford University Press, 1994, pp.26-27을 보라) 오래된 원천들에서는 클라라와 그녀의 자매들이 베네딕토회 규칙에 따라 생활했다고 말하는 반면, 알베르조니는 교황의 개입으로 인해 클라라에게 주어진 생활 양식에 복잡한 부분이 있었다고 논한다. 우골리노는 중부 이탈리아 지방의 여성 수도생활의 개혁을 위한 상부조직으로 산 다미아노 수도원을 이용하고자 했다. 알베르조니가 주장하는 바에 따르면, "산 다미아노 수

도회의 출범은 우골리노의 작업 덕분이며, 본인이 다소 중앙집권적인 구조로 새로이 창설한 수도회에 '이미 검증된 바 있는 진정한 수도승 생활'을 부과하고자 하는 그의 열망의 소산이었다. 이러한 동기로 인해 어떤 이들은 오스티아 추기경이 베네딕토회 여자수도원 내부의 개혁을 촉진하는 것이라 생각했다. 그러나 이 개혁은 시토회 남자수도원들과는 아무런 연관이 없었다. 그들은 쿠라 모니알리움(Cura Monialium : ※역주 - 같은 오르도ordo의 남자수도회가 여자수도회에 조언하고 보살피는 책임)을 더 이상 수용하지 않기로 이미 결정한 상태였다(p.36). 비록 산 다미아노가 우골리노의 수도원 집단에 포함되긴 했지만, 그들의 "프란치스칸"적이고 "클라리안"적인 차이점을 교황도 인정해야만 했고, 이에 따라 1228년 9월 가난 특전을 인준한 것이다. (Alberzoni, 『Clare of Assisi and Women Franciscanism』 p.16). 1247년 교황 그레고리오 9세가 산 다미아노 공동체에 준 수도규칙에서는 베네딕토회 수도규칙에서 인용한 부분들이 삭제되었지만, 이 규칙 역시 청빈, 정결, 순명이라는 3대 서원의 준수에 불과했다(※역주 - 1247년 산 다미아노 공동체가 받은 수도규칙은 그레고리오 9세가 아니라 인노첸시오 4세가 내린 것이다. 원서의 오기誤記인 듯하다. 이 수도규칙에서는 가난, 정결, 순명이라는 3대 서원의 한도 내에서만 성 프란치스코가 준 생활 양식을 지킬 것을 허락하였다).

7   Sean Edward Kinsella, 『How Great a Gladness: Some Thoughts on Francis of Assisi an the Natural World』 Studies in Spirituality 12 (2002), p.66. 신플라톤주의에 지대한 영향을 미친 플라톤의 동굴의 비유에 따르면, 진정한 형상은 영적이고 초월적인 세계에 존재하며, 감각적 실재는 이러한 형상들의 모사에 지나지 않는다고 본다.

8   「Jacques de Vitry」 (Elizabeth Petroff, 『Consolation of the Blessed』 New York: Alta Gaia Society, 1979, p.26.에서 인용). 알베르조니에 따르면, "1216년 비트리의 야고보가 언급한 작은 자매들은 바로 당시 산 다미아노에서 생활한 지 겨우 4년 되었으며 아직 회개자로서 살고 있었던 클라라와 그의 첫 자매들임에 틀림없다. 이런 면에서 그들은 당시 투스카니와 움브리아 지방에 널리 퍼져있던 여러 공동체와 비슷했으며, 구분하기 어려울 정도였다."(Alberzoni, 『Clare of Assisi and the Poor Sisters』 pp.115-116 참조).

9   「The Form of Life of Clare of Assisi」 1,1 (Ècrits, 124). 『Early Documents』 p.64. 또한 『Francis d'Assisi: Early Documents, volume 1』 The Saint, Regis J. Armstrong, J.A.와 Wayne Hellmann and William J. Short, eds. (New York: New City Press, 1999), p.63. (이하 FA: ED)에 실린 Francis of Assisi, 『The Earlier Rule』 1.1을 보라. (※역주 - 한국어 독자들은 『아씨시 프란치스코와 클라라의 글』(작은형제회 한국관구, 프란치스코출판사, 서울, 2014)에 실린 클라라의 수도규칙 1,1과 프란치스코의 인준받지 않은 수도규칙 1,1을 보라. 이하 본서에서 프란치스코와 클라라의 글을 인용했음을 표기하는 미주는 한국어판 독자들의 기준으로 간략히 표기하겠다.)

10 Alberzoni, 『Clare of Assisi and the Poor Sisters』 p.23.

11 Armstrong, 『Early Documents』 p.22.

12 Leslie Knox, 「Audacious Nuns: Institutionalizing the Franciscan Order of Saint

Clare」,『Greyfriars Review』16.2 (2002), p. 160.

13 클라라와 그의 자매들에게 프란치스칸이라는 용어를 적용함에 관한 알베르조니의 견해도 참고할 만하다. 알베르조니는 이렇게 말한다. "1263년 이전에 "성클라라수도회" 혹은 "가난한 클라라회"라고 지칭하는 것은 완전히 잘못된 것이다. 이 용어는, 교황 그레고리오 9세의 착좌 때부터 교황청이 계속해서 시도한 그 많은 획일화의 노력에도 불구하고 다양한 요소가 혼재되어 있던 그 복잡한 수도회를 지칭하는 데에 최초로 공식적으로 사용되었기 때문이다. 이러한 용어를 종종 혼동함으로써 사람들은 심각한 오해를 하게 되는데, 적어도 처음에는 전혀 "프란치스칸"적이지 않았던 모습들을 프란치스칸의 것이라고 생각하게 되는 것이다(Clare of Assisi and the Poor Sisters, pp.31-32). 물론 알베르조니는 역사가로서 역사적 맥락에서 서술하고 있다. 나는 클라라의 글, 특히 편지에서 자매들의 생활 양식을 수도승 생활에 끼워 맞추려 한 교황청의 노력에도 불구하고 그녀가 견지했던 아주 확고한 프란치스칸 자세를 볼 수 있었다. 따라서 클라라가 처음부터 끝까지 프란치스칸이었다고 확신한다. 그러나 역사적 관점에서 본다면, 이러한 용어 사용에 의견 충돌이 있을 수 있다.

14 특기할 점은 프란치스코가 클라라에게 대단히 큰 애정과 존경을 품고 있긴 했지만, 봉쇄 수녀들을 지도하거나 조직하는 데는 관심이 없었다는 것이다. 레슬리 녹스는 이렇게 쓰고 있다. "프란치스코의 여성 제자들이 오직 클라라와 그의 동료들뿐이었을 때 프란치스코는 형제들과 자매들이 가까운 관계를 맺지 말아야 할 이유가 전혀 없다고 생각했다. 그러나 형제회의 몸집이 너무나 빨리 불어나고, 너무나 빨리 그의 사도적 이상에서 벗어나는 것에 대한 좌절감이 커짐에 따라 프란치스코는 자기 입장을 철회하게 되었다." 마침내 그는 남자들과 여자들을 완전히 분리하고자 노력하게 되었으며, 형제회가 수녀원에 대해 지는 의무에 대해 불만을 갖게 되었다. 녹스의「Audacious Nuns」, p.158을 보라.

15 「The Remembrance of the Desire of a Soul by Thomas of Celano」8 참조.『Francis of Assisi: Early Documents, volume 2, The Founder』Regis J. Armstrong, J.A. Wayne Hellmann and William J. Short, eds(New York: New City Press, 2000), p.252 (이하 FA:ED).

16 보나벤투라의『아씨시의 성 프란치스코 대전기』12.2 (FA:ED II, p.623)를 보라. 보나벤투라에 따르면, 프란치스코는 복음을 설교하는 일로 부르심 받았음을 느꼈으나 이 길이 정말 맞는 것인지 식별해야 했다고 한다. 그래서 "그는 또한 클라라에게 그녀의 지도 아래 살고 있는 동정녀들 중에서도 가장 순수하고 단순한 이들과 상의하고, 모든 자매들과 함께 기도하여 이 문제에 대한 주님의 뜻을 찾게 해달라고 청하였다."

17 이와 관련된 자세한 사항은 다음을 참고하라.「The Little Flowers of Saint Francis」15, in『Francis of Assisi: Early Documents, volume 3, The Prophet』Regis J. Armstrong, J.A. Wayne Hellmann and William J. Short, eds. (New York: New City Press, 2001), pp.590-591.

18 「The Acts of the Process of Canonization」29, in『Armstrong, Early Documents』

p.152(※역주 - 클라라의 시성조사 증언록 제3증인 29번).

19 Marco Bartoli, 『Clare of Assisi, Sister Frances Teresa』 trans(Quincy,Ill.: Franciscan Press, 1993), p.146.

20 Alberzoni, 『Clare of Assisi and the Poor Sisters』 p.25.

21 Alberzoni, 『Clare of Assisi and the Poor Sisters』 p.25.

22 클라라의 유언에 관한 최근 연구에서, 이 유언이 클라라가 직접 작성한 것이 아니라 15세기 옵세르반티(작은형제회 준수주의파)의 개혁에 동참했던 피렌체의 한 성클라라 수도원에서 작성된 필사본에 근거한다는 주장이 제기되었다. 말라첵W.Maleczek은 『Collectanea Franciscana』 65 (1995), pp.5-82에 실린 「Das Privilegium paupertatis Innocenz III, Und das Testament der Klara von Assisi. Uberlegungen zur Frage inhrer Echtheit」에서, 유언에 나타난 가난에 대한 집요한 강조는 클라라의 죽음 이전보다 15세기 후반의 준수주의파 개혁 시기에 더 있을 법하다고 주장한다(78). 번역본으로는 Cyprian Rosen와 Dawn Nothwehr의 「Questions about the Authenticity of the Privliege of Poverty of Innocent III and of the Testament of Clare of Assisi」, 『Greyfriars Review』 12 (Supplement, 1998), pp.1-80을 보라. 만일 말라첵의 주장과 같이 유언이 위작이더라도, 그 핵심 내용은 아녜스에게 보낸 편지에 나타난 것과 같은 클라라의 사상을 반영하고 있다.

23 Armstrong, 『Early Documents』 pp.25-26.

24 Timothy J. Johnson, 「Clare, Leo, and the Authorship of the Fourth Letter to Agnes of Prague」, 『Franciscan Studies』 62 (2004), pp.91-100.

25 아녜스의 생애 개괄에 관해서는 Armstrong, 『Early Documents』 pp.33-34를 보라.

26 Alberzoni, 『Clare of Assisi and the Poor Sisters』 p.175.

27 Alberzoni, 『Clare of Assisi and the Poor Sisters』 p.179-180.

28 「아녜스에게 보낸 넷째 편지」 1.

29 「아녜스에게 보낸 둘째 편지」 20.

30 3세기 신플라톤주의자 플로티누스가 남긴 유명한 말이다. 『The Origins of the Christian Mystical Tradition: From Plato to Denys』 Oxford : Clarendon, 1981, p.51에 실린 Andrew Louth의 「Plotinus」 편을 참조하라.

제1장
하느님의 가난

우리가 다른 이에게 하느님의 가난에 대해 말하는 것은 참으로 드문 일이다. 누군가에게 하느님을 따르라고 격려할 때는 일반적으로 힘, 지혜, 자비, 친절과 같은 하느님의 긍정적 속성을 묘사하기 마련이다. 하느님의 가난이 우리 대화 중에 등장하는 일은 거의 없다. 이는 가난함이 하느님에게는 '부자연스러운' 일로 보이기 때문이다. 그런데 클라라가 아녜스에게 보낸 첫째 편지에서 그녀의 주의는 온통 이 '하느님 중심의' 가난에 쏠려있다. 짧으면서도 놀라울 정도로 심오한 이 글을 통해 클라라는 하느님을 찾는 데 왜 가난이 필수적인지를 밝혀 준다. 가난은 사랑의 표현이기 때문이라는 것이다.

오, 복된 가난이여,
가난을 사랑하고 받아들이는 이들에게
영원한 부富를 주리니!

오, 거룩한 가난이여,
가난을 지니고 열망하는 이들에게
하느님께서 하늘나라를 약속하시고
의심할 여지없이 영원한 영광과 복된 생명을 베푸시리니!

오, 경건한 가난이여,
하늘과 땅을 다스렸고 또 다스리시며

> 말씀으로 만물을 지어내신
> 주 예수 그리스도께서
> 무엇보다도 먼저 그대를 품으실 만하였으니![1]

클라라에게 가난은 하느님 안에서의 삶의 기본 토대였다. 왜냐하면, 가난은 하느님으로부터 시작된 것이기 때문이다. 하느님과 관련된 가난이 무엇인지를 밝혀 본다는 것은 가난을 그저 물질적 필요나 곤궁으로 정의하기를 즉시 그만두는 것이다. 클라라는 물질을 축적함으로써 하느님의 길을 막아버릴 수 있음을 깨달았기 때문에 아무것도 소유하지 않는 길을 찾았다. 그러나 그녀가 강조한 하느님 중심의 가난은 물질적 측면의 무소유, 그 이상이었다. 가난은 예수 그리스도의 인성을 통하여 하느님께서 우리에게 주신 선물인 우리 존재 자체의 깊은 바탕을 건드린다. 클라라가 말한 하느님의 가난의 정체는 육화를 통해 드러난다. 육화는 예수 그리스도의 인성이기에, 하느님의 가난은 다름 아닌 인간을 통해서 드러나는 것이다. 아녜스에게 보낸 첫째 편지에서 클라라는 가난하면서도 부요한 인간의 놀라운 신비를 펼쳐 보이며, 이후에 이어지는 편지들에서도 계속해서 이 신비를 이야기한다. 그 신비는 이렇게 표현할 수 있다. '우리는 우리의 가난 안에서 부유하지만, 또한 반드시 가난을 소유해야 한다. 그로써 하느님 안에서의 우리의 부요함을 알고자 함이다.' 클라라는 가난을 결핍 생활이 아닌 하느님 안에서의 충만한 생활로 보았다. 가난에 대한 그녀의 이해는 역설적이다. 가난을 포옹함이 곧 부를 얻음이며, 가난을 열망하고 지키는 것이 곧 하늘나라를 주신다는 하느님의 약속을 받는 일이다. 가난한 이는 물질적인 것을 필요로 하는 사람이 아니라 하느님을 필요로 하는 사람이며, 하느님을 필요로 하는 사람은 하느님을 소유하게 되니, 하느님을 소유함이 곧 모든 것을 소유하는 것이다.

하느님의 가난에 대한 클라라의 통찰은 그녀가 십자가에 못 박히신 그리스도 안에서 본 자기증여의 가시적 표현이다. 그녀는 이렇게 표현한다.

오, 하느님을 중심에 모신 가난이여,
하늘과 땅을 다스리셨고 지금도 다스리시며
말씀으로 만물을 지어내신
주 예수 그리스도께서
무엇보다도 먼저 그대를 품기 위해 당신 자신을 낮추셨으니![i] [2]

클라라는 십자 나무에 달리시어 세상을 당신 발아래 굴복시키

---

[i] 아녜스에게 보낸 첫째 편지 17절을 본서의 표현 그대로 번역한 것으로, 앞서 인용한 작은형제회한국관구 역 『아씨시 프란치스코와 클라라의 글』의 표현과 다소 차이가 있다.

신 분께서 지상 생애 동안 애긍에 의지하여 가난하게 사신 까닭은, 하느님의 선하심을 우리에게 드러내 보여 주시려 함이라고 보았다. 이 같은 선하심은 십자가에 못 박히신 그분의 활짝 펼쳐진 팔을 통해서 십자가 위에서도 드러난다. 십자가에 못 박히신 그리스도의 가난이 클라라 영성의 핵심이다. 바로 이 가난이 인간이 얼마나 위대한지, 동시에 인간이 얼마나 약한지를 말해 주기 때문이다. 이는 지금 우리가 무엇인지 그리고 우리가 무엇이 되도록 부르심을 받았는지를 알려 준다. 그리스도는 참으로 탁월한 인간이었다. 이는 그가 완전하기 때문이 아니요, 죄가 없기 때문도 아니며, 하느님이기 때문도 아니다. 오히려 그리스도는 자신의 완전한 사랑으로 인해 탁월한 사람이 되었으며, 그로써 인간이 얼마나 사랑할 수 있는지를 우리에게 드러내 보여 주고 있다. 가난은 사랑의 언어다.

클라라는 하느님 신비 안의 삶에서 기쁨을 누린 신비가였다. 클라라는 아녜스에게 하느님께서 당신 품 안으로 그대를 초대하셨으며, 그대가 이 초대를 기꺼이 받아들이고자 한다면 신적인 포옹으로 안아주실 것이라고 확언한다. 이 포옹 안으로 들어감으로써 지상 것의 덧없음과 천상 부富의 무한함을 알게 된다. 여기서 말하는 천상은 하늘이라는 장소가 아닌 사랑의 관계를 뜻한다. 예수 그리스도의 십자가에서 클라라는 그분이 당신 자신에게는 아무것도 남겨두지 않고, 우리를 위하여 당신 자신을 온전히 내어 주셨음을 본다. 신적인 계시는 가난으로 향하는 하느님의 움직임이다. 사랑으로 충만하신 분께서 우리가 있는 곳으로 내려오시어 우리의 인성을 취하시고, 우리를 사랑으로 안아주시고자 십자가 위에서 당신의 양팔을 펼치신다. 십자가의 신비에서 클라라가 만난 하느님은 자신을 내어 주시는 분이며, 동시에 그분이 내어 주는 선물 그 자체이시다. 하느님은 당신의 아드님을 우리에게 선물로 내어 주심으로써 모든 것을 주셨다. 클라라는 이를 "사랑하는 정배"라고 표현한다. 하느님께서는 '우리를 위한 하느님'이 되시기 위하여 사랑 때문에 "모든 것을 버리실" 정도로 우리를 사랑하셨다. 하느님의 가난은 우리의 참된 부요함의 원천이다. "가난을 지니고 열망하는 이들에게 하느님께서 하늘나라를 약속"[3]하셨기 때문이다. 하느님의 흘러넘치는 사랑의 표지는 십자가이며, 클라라에게 십자가는 사랑의 승리에 대한 증거였다. 그녀는 아녜스에게 "그대는 이미 그분 품 안에 들었다"고[4] 말하는데, 이 말은 하느님께서 우리를 사랑하시는 것은 우리가 어떤 일을 하기 때문이 아니라 그저 우리가 우리 자신이기 때문이라는 뜻이다. 하느님께서는 우리가 착하거나 완벽하거나 좋은 일을 해서 우리를 사랑하시는 것이 아니다. 단지 하느님이 사랑이시기 때문이다. 하느님은 사랑이시며 하느님께서 하시는 일이 사랑이다. 가난을 "지니고 열망하는"

사람은 하느님 사랑의 포옹 안에서 산다고 클라라는 밝히고 있다.

    클라라의 생각은 놀라울 정도로 단순하다. 십자가의 역설 안에 있는 하느님 사랑의 신비에 그 중심을 두고 있기 때문이다. 십자가에 못 박히신 그리스도와 그녀의 관계는 하느님의 논리(Theological)[ii]와도 같은데, 이는 그녀의 하느님 이해가 '십자가의 논리'라는 필터를 거쳐 얻어진 것이기 때문이다. 이것은 하느님을 이성적으로 이해하거나 어떤 전제 조건을 바탕으로 고찰해서 얻은 결론이 아니다. 오히려 클라라에게 하느님과의 관계는 역설 안에서의 삶을 뜻

---

ii   한스 우르스 폰 발타살 3부작 『하느님 영광(Herrlichkeit)』, 『하느님 드라마(Theo-dramatik)』, 『하느님 논리학(Theologik)』 중 『하느님 논리학』 편에서 따온 표현으로 여겨진다.

    "(발타살은) 신의 사랑은 그 자체로는 볼 수 없는 신 자신을 예수 그리스도를 통해서 우리 인간에게 보여준 것이라 하였다. 즉 신의 사랑 자체가 예수 그리스도 속에서 하나의 '모습(Gestalt)'을 취한 것이다. 그 모습은 예수 그리스도가 스스로 죄인이 되어, 세상의 죄를 모두 짊어지고 '죽는다'는 사실 그 속에서 드러난다. 그리고 한 걸음 더 나아가서 '지옥에 내려간다'는 사실, 그리하여 모든 인간을 '구한다'는 사실 속에서 단적으로 드러난다. 신의 사랑이 그 자신을 보여주는 이러한 '모습'을 우리는 볼 수 있다. 그것은 하나의 '찬란히 빛나는 광채(Herrlichkeit)'이며 우리 인간을 사로잡고 넋을 잃게 한다. 그런데 우리가 볼 수 있는 이 '모습'은 하나의 고정되어 있는 형상이 아니라, 하나의 '진행되는 사건'이다. 그것은 인간에게로 향한, 그리고 인간과 더불어 벌이는 사건(Geschehen)이다. 신은 인간의 역사적 세계라고 하는 무대에서 드라마를 벌인다. 그리고 인간은 그 드라마 속으로 이끌려 들어가서 그 드라마를 함께 벌인다. 그리하여 인간의 드라마는 바로 신의 드라마가 된다. 그래서 이 드라마를 '신의 드라마(Theodramatik)'라고 부른다. 신이 인간과 더불어 벌이는 이러한 '신의 드라마'는 하나의 진리이다. 그러나 이러한 진리는 '사고와 사실의 일치(adaequatio intellectus et rei)'라고 하는 차원의 진리가 아니다. 그것은 신이 인간과 더불어, 그리고 인간이 신과 더불어 벌이는 사건이다. 그렇기 때문에 그것은 하나의 '벌어지는 사건'으로서의 진리이다. 발타살은 이것을 '신-논리학' 또는 '신-학(Theo-logik)'이라고 칭하였다"(한국가톨릭대사전편찬위원회, 『한국가톨릭대사전』 제5권, 서울, 2004, p.3193 참조).

했다고 볼 수도 있다. 클라라가 십자가의 신비 안에서 생명으로 향하는 열쇠를 발견했기 때문이다. 생명의 문을 여는 열쇠는 서로 상반된 개념들의 신비이다. 삶과 죽음, 가난과 부요함, 영적 기쁨과 세상의 멸시, 천상과 지상, 영원과 시간, 하늘의 것과 지상의 재화 등. 예를 들어, 아녜스에게 보낸 첫째 편지에 이런 말이 있다.

> 왜냐하면 당신은 영예보다 이승의 멸시를, 지상의 부보다 가난을 택하셨고, 땅이 … 아니라 하늘에다 보물을 쌓기로 하셨으니, 하늘에서 당신이 받으실 상이 클 것이며(마태 5,12), …
> 이 얼마나 크고 찬양할 만한 교환인가!
> 영원한 것을 위해 현세적인 것을 버리고,
> 지상의 것 대신에 천상의 것을 받으며,
> 하나 대신 백배를 받고
> 복되고 영원한 생명을 얻게 되나니![5]

클라라는 자신의 탁월한 여정에서 영적 통찰을 통해 육화의 신비를 이해했다. 그녀는 아녜스에게 십자가를 '설명'하려 하지 않는다. 오히려 그녀는 사랑의 하느님을 드러내 보여 주시는 십자가에 못 박히신 그리스도를, 우리의 인성을 취하시고 가난하게 사셨으며 십자가 위에서 돌아가신 그분을 가리킨다. 그분은 우리를 생명으로 이끄는 길이시며, 우리 행복과 기쁨의 원천이요, 하늘로 가는 확실한 통로이시다. 십자가가 무슨 기차처럼 우리를 '하늘'이라는 장소로 데려다 준다는 말이 아니라 사랑 안에서 하느님과 맺게 되는, 우리가 상상조차 할 수 없는 관계가 바로 하늘이기 때문이다.

"하느님을 중심에 모신" 가난을 묘사하는 클라라의 글에는 매우 큰 확신과 자신감이 담겨 있기에 마치 그녀가 사람의 눈으로는 볼 수 없는 영광, 특히 십자가의 기묘한 형상 안에 새겨진 그 영광을 잠시나마 엿본 듯하다. 그녀의 이러한 확신은 어디에서부터 온 것일까? 가장 단순한 대답은 믿음이다. 히브리서 저자가 말하듯이, "믿음은 우리가 바라는 것들의 보증이며 보이지 않는 실체들의 확증"(히브 11,1)이다. 어떻게 하면 사람이 이토록 깊은 믿음에 도달할 수 있을까? 하느님과 함께 시간을 보내면 된다. 클라라는 하느님의 신비 안에 젖어들어 많은 시간을 보냈을 것이며, 자기 안에 있는 그 신비를 곰곰이 되새기고, 매일의 일상에서 그 신비 안에 살고자 분투했을 것이다. 아녜스와 마찬가지로 부와 고귀함과 귀족 신분이 보장하는 안락하고 여유로운 삶을 버린 클라라는 자기 자신을 온전히 하느님께 바치는 생활 외에는 결코 안주할 수 없었을 것이다. 십자가는 그녀에게 하느님께서 우리에게 당신 자신을 온전히 내어 주셨음을 확고히 가르쳐 주었다. 그렇기에 우리도 하느님께 우리 자신을 온전히 바쳐 마땅하다. 클라라에게 중간은 없었다. 그저 평범하게 사는 삶이나 적당히 타협한 수준에서 자기를 내어 주는 일 따위는 있을 수 없었던 것이다. 십자가의 가난 안에서 우리에게 당신 자신을 내어 주신 바로 그 하느님께서 우리가 당신의 소유라고 주장하시기 때문이다.

클라라는 사랑 안에 머무른 신비다. 온갖 다양한 형태를 통해 신비적으로 '머무른 이들'이 여럿 있지만, 그중에서도 클라라는 사랑의 원천인 육화에 주목한 신비다. 하느님 사랑의 충만함이 예수 그리스도 안에서부터 넘쳐흐르고 있다. 하느님의 가난함은 예수 그리스도의 충만함이며, 예수 그리스도의 가난함은 하느님의 충만함이다. 클라라의 생각들은 그녀의 편지에 흩뿌려져 아주 간략하게 남겨졌을 뿐이라서, 사랑이신 하느님의 가난에 대해 그녀가 지녔던 개념을 이해하는 통찰력을 얻으려면 다른 프란치스칸 저자들의 글도 살펴볼 필요가 있다. 위대한 신학자인 바뇨레죠의 보나벤투라는 사랑은 고립된 상태에서는 존재하지 않으며, 오히려 다른 이들과 결합하고자 밖으로 뻗어나가는 것임을 지적한다. 그러므로 사랑은 사랑하는 이와 사랑받는 이를 필요로 하며, 이것이 완성되려면 이 두 존재로부터 함께 사랑받는 대상(co-beloved)이 요하다.[6][iii] 삼위일체는 완전한 사랑이다. 삼위일체는 사랑 안에 있는

[iii] '이 두 존재로부터 함께 사랑받는 대상'인 co-beloved에 대해서는 보나벤투라의 『하느님께 나아가는 정신의 여정』 제6장을 참고. "사실 '선이 그 자체로 확산적'이라면, 최고선은 최고로 자기를 확산하는 것이다. … 그렇다면 만일 최고선 안에 어떤 영원한 산출, 곧 현실적이며 동일 실체적인 산출이 없다면, 동등한 품격을 지닌 어떤 위격이 없다면 …

신적 위격들의 친교이기 때문이다.

  하느님을 일컬어 사랑 안에 계신 위격들의 삼위일체라고 말하는 것은 곧 하느님이 관계 안에 계심을 깨닫는 것이다. 관계라는 것은 하느님이 외로워서 누군가 함께할 대상이 필요할 때 그분에게 덧붙여지는 것이 아니다. 하느님은 얄팍한 결심 같은 것을 통해 관계를 이루려고 '의도'하시지 않는다. 오히려 하느님은 끝없는 사랑의 바다이며, 사랑하는 이들이 사랑의 완전한 일치 안에서 서로 결합된 공동체이고, 사랑이라는 정의(justice) 안에서 상호 간에 내재하는 사랑하는 이들의 모임이다. 사랑 안에서의 일치는 그 구성원들이 서로 다름을 인정하기에, 하느님은 또한 서로 구별되는 각자의 개성을 지닌 사랑하는 이들이 이룬 가족이다. 일치는 각 사람의 고유성을 기초로 하여 이루어진다. 하느님은 사랑이시라고 말하는 것은 (각자 알아서 산다는 의미의) 독립성(autonomy)[iv]과 고

    곧 … 사랑받으시는 분과 양쪽으로부터 사랑받으시는 분, 산출되신 분과 기출되신 분, 다시 말해서 '성부, 성자, 성령'이 없다면, 그것은 최고로 확산적이기 않기에 최고선이라고 말할 수 없을 것이다."(막시모 테둘디 저, 이정환 역, 「하느님께 나아가는 정신의 여정 해설」, 프란치스칸 사상연구소 학술발표 모음 8, 프란치스코출판사, 서울, 2017, p.96.)

iv   autonomy는 주로 '자치권'으로 번역되는 말이다. 성클라라수도회를 비롯한 봉쇄수도원에서는 '자치권'이 고유한 의미를 갖기에 오해를 피하고자 본서에서는 독립성으로 옮겼다. 이 표현을 이해하려면 다음을 참고. "한 분으로서의 하느님에 대한 이 짧은 서술 후에 곧바로 보나벤투라는 삼위일체 하느님께로 옮겨간다. … 그에게 하느님의 참 본성은 삼위일체이시기 때문이다. … 보나벤투라는 한 번도 한 분이신 하느님에 대해 따로 글을 쓴 적이 없다 … 한 분이신 하느님에 관한 신학문헌들은 다른 어떤 것으로부터도 전적으로 독립되고, 전적으로 초월적이시며, 전적으로 다른 한 분에 대해 지나칠 정도로 강조하고 있다. 하느님의 단일성(oneness)은 어원학적으로 '하나(one)'가 '전부(all)'임을 의미하

립이 하느님과 아무런 상관이 없음을 깨닫는 것이다. 존재하는 모든 것은 관계를 위하여 있는 것이며, 존재하는 것들의 다양성 혹은 복수성은 개별적인 것들을 단순히 한데 모아놓는 것이 아니라 모든 것이 사랑 안에서 일치를 이룸을 뜻한다. 복수성과 다양성은 하느님의 신비를 반영한다. 하느님은 사랑이 충만하신 분으로서 성령 안에서 성부로부터 성자에게로 흘러넘치는 사랑의 마르지 않는 샘이시기 때문이다. 성부께서는 흘러넘치는 사랑의 샘이시며, 당신의 본성에 따라 발산되는 당신의 사랑을 다른 위격인 성자와 나누신다. 이 두 위격은 그토록 깊고 긴밀한 사랑의 유대를 맺고 있기 때문에 서로를 향해 하나의 숨결로 호흡하는데, 바로 이 숨결이 성령이시다. 사랑하는 이, 사랑받는 이 그리고 또 그들의 사랑을 함께 받는 이 - 바로 이것이 우리의 삼위일체 하느님이시다.

삼위일체의 신비를 생각함에서 보나벤투라는 삼위일체가 역동적이며 고갈되지 않는 사랑의 유형으로서 특징을 지닌다고 말한다. 삼위일체 안에서의 사랑은 언제나 서로를 위하여, 서로를 향하여 밖으로 나간다. 하느님이 사랑이시라고 말할 때 우리는 하느

는 단어 all-one-ness, 곧 고립성/단독성(aloneness)이 되고 만다. 그러나 삼위일체 하느님의 신비는 본질적으로 관계로서의 하느님을 강조한다. 하느님의 단일성은 관계적 단일성이다." (케난 오스본 OFM 저, 김지완 아우구스티노 OFM Conv. 역, 『프란치스칸 사상의 학문적 전통』, 프란치스코출판사, 서울, 2018, p.111).

님이 위격으로 계시며 또한 관계를 맺고 계신다고 말하는 것이다. 사랑의 참된 본성으로 인하여 하느님은 상대를 중심에 놓고 계시기 때문이다. 사랑으로 충만한 샘이신 성부께서는 언제나 성자를 향하여 움직이시며 사랑을 나누시고, 성자께서는 그 사랑을 받으시며 또한 성부를 사랑하신다. 성부와 성자 간의 사랑은 이토록 완전하기에 성령의 위격 안에서 스스로 표현된다. 그러므로 사랑을 완성하려면 사랑하는 이와 사랑받는 이만 있으면 되는 것이 아니라 그 사랑의 결실도 필요한 것이며, 이 결실은 타자他者 안에서 드러나야 하므로 사랑의 완성은 언제나 자기증여라는 특성을 지니게 되는 것이다.

    삼위일체의 사랑이란 정적인(static) 위격들이 맺은 고정적 관계가 아니라 위격들 사이에 흐르는 에너지의 조화와 같은 것이라고 나는 생각한다. 이것은 마치 밀물과 썰물처럼 신적 위격들 간에 오가는 사랑의 관계이며, 이는 우주의 에너지 힘들[v]에 반영된다. 삼위일체의 사랑은 일련의 '여러 행위들'을 가리키는 것이 아니며, '기브 앤 테이크give and take'의 관계도 아니다. 오히려 삼위일체

---

[v] 저자는 본서에서 종종 물리적 개념을 활용한다. 에너지energy는 물리적인 일을 할 수 있는 능력을 뜻하며(예: 운동에너지, 위치에너지, 열에너지 등), 에너지의 크기는 물체가 할 수 있는 일의 양을 의미한다. 힘(force)은 물체에 작용하여 물체의 모양이나 운동 상태, 속도를 변화시키는 원인으로, 물체 사이의 상호작용(예: 중력, 전기력, 핵력, 구심력 등)을 뜻하며, 물체 A가 물체 B에 힘을 가하면 A도 B로부터 크기가 같은 반대 방향의 힘을 받게 된다.

의 사랑은 지속적인 하나의 사랑 행위로서 성령 안에서 아버지로부터 아들에게로 흘러가는 사랑의 흐름이다. 이 사랑의 흐름은 한 위격이 다른 위격으로 향하는 비움(emptying)이며, 이는 되갚아 주는 사랑 혹은 되돌아 흘러가는 사랑으로 새롭게 쇄신된다. 사랑은 역동적인 것이며, 한 위격에서 다른 위격으로 흘러가는 것으로 우리에게 비움과 충만에 대해 이야기한다. 삼위일체는 각각 고유한 세 위격이다. 이 위격들은 각자 자기의 고유한 특성과 서로 간에 구별되는 점을 지니되, 조화와 일치와 사랑이라는 하나의 움직임 안에서 함께 행동한다. 보나벤투라가 표현한 바와 같이 성부는 사랑의 마르지 않는 샘이시지만, 성자를 향한 그분의 사랑의 통교에는 비움과 가난이라는 표상이 수반된다. 우리는 이렇게 표현할 수 있겠다. 성부의 가난하심은 영원토록 성자를 낳으심이라고. 영원토록 성자께서 태어나심은 성부의 사랑, 곧 당신 자신을 비우시는 사랑으로 인한 것이다. 삼위일체의 첫째 위격이신 성부의 특징은 비움과 충만함이다. 사랑의 샘이신 성부의 충만하심 때문에 성부께서 다른 이와 온전히 사랑을 나누면서도 그 사랑이 감소하지 않는다. 성자는 성부의 사랑의 결실이다. 성자는 성부의 흘러넘치는 선하심의 열매이기 때문이다. 성부의 가난은 신적인 타자를 향한 개방성을 특징으로 하며, 이는 영원토록 성자를 낳으심으로써 표현된다. 만약 성부께서 본성적으로 자기통교적인(self-communicative)

사랑이 아니었다면, 성자는 존재할 수가 없다. 그러면 성부의 충만하심은 자족적이고 독립적인[vi] 것일 따름이며, 따라서 삼위일체는 존재할 수 없게 된다. 성부의 가난은 하느님 가난의 기반이 되며, 성부의 사랑의 선물이 삼위일체의 기반이 되는 것이다. 사랑을 선사하는 것과 사랑을 받아들이는 것은 개방성(열려 있음)을 요하기에, 하느님의 신비를 여는 가장 근원적인 열쇠는 비움과 가난이라고 할 수 있다. 사랑을 향해 열려 있는 것(개방성)이 바로 가난이기 때문이다. 사랑의 풍요로운 다산성多産性이라는 조류潮流-밀물과 썰물의 흐름 안에서 신적 위격의 복수성이 하나로 결합된다. 그러므로 하느님의 가난은 삼위일체적 일치의 기반이다. 이 기반에 그분의 자기확산적인 선하심, 너그럽고 자유로우며 완전히 내어 주는 선하심이 있으며, 이것이 성자와 성령의 근원이 된다. 삼위일체는 각 위격들이 자급자족적·정적으로 이루는 공동체가 아니라 사랑 안에 있는 위격들이 서로 밀접하게 연관되며 역동적인 공동체이다. 이들의 사랑은 내어 주고 받아들이며 또한 나누는 사랑이다. 선하심으로 충만한 성부의 샘의 변증법적 표현인 성부의 가난하심은 삼위일체가 무한히 풍요로운多産 신적 생명의 공동체가 되게 한다.

---

vi 앞의 각주 iv 참고.

이러한 사랑의 삼위일체적 친교의 의미를 우리 삶 안에서 어떻게 깨달을 수 있을까? 사랑의 삼위일체는 십자가에 못 박히신 그리스도께 어떻게 연결되는 것일까? 이런 질문을 클라라가 직접적으로 언급하지는 않았지만, 그녀의 사상의 핵심에는 사람의 중요성에 대해 숙고하라는 초대가 담겨 있다. 클라라가 하느님의 신비를 관상할 수 있도록 해 준 것은 바로 인간이라고 나는 생각한다. 그녀는 추상적인 사상가가 아니었으며, 삼위일체적 사랑의 신비를 피조물인 이 세상과 분리하지 않았다. 오히려 그녀는 예수 그리스도의 인성을 바라봄으로써 하느님을 향한 인간의 능력에 주목하였으며, 인간과 결합하시는 하느님의 능력을 바라봄으로써 사랑이신 하느님의 신비를 숙고하였다. 사실 아녜스에게 보낸 그녀의 첫째 편지와 넷째 편지를 나란히 놓고 보면, 이러한 하느님-사람 간의 관계가 그녀의 영성을 관통하는 끈이라는 점을 알 수 있다. 첫째 편지에서는 우리와의 관계 안에 들어오시는 사랑의 하느님을 이야기하고, 넷째 편지에서는 하느님과의 이러한 관계 안에서 우리가 어떻게 되는지를 이야기한다. 십자가에 못 박히신 정배는 자유와 변화의 중심이다. 우리는 당신 자신을 내어 주시는 사랑의 하느님과 관계를 맺도록 초대받았다. 우리가 이 초대에 응답하면, 하느님의 모상을 반영하는 사람으로서 존재하도록 창조된 우리 자신의 위대한 신비 안으로 들어가게 되고, 그로써 하느님의 위대한 신비 안으로 들어가게 된다. 하느님을 아는 것이 사람을 아는 것이다. 하느님의 신비는 다름 아닌 사람이기 때문이다. 클라라가 예수 그리스도의 인성에 집중한 것은 단순한 신심 차원에서가 아니었다. 예수 그리스도의 삶과 죽음과 부활 안에서 그녀는 인간 존재의 품위를 본 것이다. 우리가 하느님 안에서 살고 또한 하느님께서 우리 안에서 사시도록 우리가 허용할 때 육화가 새로이 쇄신된다는 것을 그녀는 이해했다. 그리하여 하느님의 사랑과 인간의 사랑이 그 원의와 열망에서 하나가 될 때, 사람이 하는 모든 행위는 곧 하느님께서 하시는 행위가 된다.[vii]

십자가에서 드러난 하느님의 가난은 하느님 사랑의 위대한 신비 안으로 들어오라는 초대이다. 십자가가 우리에 대한 하느님의 개입이라는 드라마를 드러내 보이는 것과 마찬가지로 우리는 그리스도 안에서의 변화라는 드라마로 부르심을 받았다. 가난은 하느님과의 관계를 시작하는 출발점이다. 뿐만 아니라 하느님을 찾는 이가 하느님의 신비 안으로 더욱더 깊이 들어가는 것도 가난을 심화함으로써 가능하다. 클라라는 변화하는 사랑으로 이끌어 가

[vii] 프란치스코가 레오 형제에게 보낸 편지 참고. "형제에게 이렇게 권고하니, 의견을 물으러 나에게 올 필요가 없습니다. 곧 주 하느님을 기쁘게 해 드리고 또 그분의 발자취와 가난을 따르는 데 그대가 보기에 어떤 더 좋은 방법이 있으면, 주 하느님의 축복과 나의 허락으로 그렇게 하도록 하십시오. 그리고 그대의 영혼을 위하여 그대에게 또 다른 위로가 필요하여 나에게 다시 오기를 원하면, 오십시오."

는 그러한 수준의 가난에 어떻게 도달할 수 있는지를 밝혔다. 이것이 바로 클라라의 영적 통찰에 담긴 진수다.

성찰을 위한 질문

1. 하느님의 사랑이 여러분의 삶에서 어떻게 변화를 일으키고 있나요?

2. 여러분은 사랑의 친교로서의 삼위일체를 어떻게 이해하고 있나요? 매일 세상에서 여러분의 삶을 지어갈 때 삼위일체께서는 어떻게 도와주시나요?

3. 여러분에게 하느님의 가난이 지니는 중요성은 무엇인가요? 여러분은 사랑이신 하느님의 가난과 예수 그리스도의 인성을 관련지어서 보고 있나요?

4. 하느님의 사랑이 여러분을 통해서 어떻게 다른 이들에게 확산되고 있나요?

1   아녜스에게 보낸 첫째 편지 15~17.

2   아녜스에게 보낸 첫째 편지 17.

3   아녜스에게 보낸 첫째 편지 16.

4   아녜스에게 보낸 첫째 편지 10.

5   아녜스에게 보낸 첫째 편지 22~23,30.

6   보나벤투라가 쓴 사랑과 삼위일체에 관한 논의를 살펴보기 원한다면 일리아 델리오의 『Simply Bonaventure: An Introduction to His Life, Thought and Writings』 (New York: New City Press, 2001), pp.39-53.을 참고하라.

제2장
인간 존재의 가난

매일 우리는 전 세계 곳곳에 널려 있는 가난에 관해 다루는 신문기사를 본다. 이런 기사는 종종 주식시장 지수 아래에 위치하기도 하고, 세상에서 제일가는 부자들의 이야기에 둘러싸여 있기도 하다. 이렇게 나란히 배치하는 것은 우연일 수도 있고, 의도된 것일 수도 있다. 나는 의도된 것이라고 생각한다. 왜냐하면 가난이라는 것은 우리를 불안하게 만들기 때문이다.

우리를 불편하고 무기력하게 만드는 가난의 속성 때문에 가난을 강조한 클라라의 뜻을 깨닫기는 무척 어렵다. 그러나 가난해지고자 한 그녀의 열망은 인간적 결핍에 대한 찬양이나 무지의 결과가 아닌, 하느님을 향한 열망에서 비롯된 것이었다. 만약 그녀가 하느님의 가난을 신적인 사랑의 광대무변함으로 보고 이를 붙잡지 않았다면, 가난의 삶을 그토록 열렬히 추구하거나 아녜스에게 그렇게 권고하지 않았을 것이라고 나는 생각한다. 클라라는 아녜스에게 보낸 첫째 편지에서 "(그대는) 이 모든 것을 물리치고 오히려 마음(heart)과 영(soul)을 다하여 지극히 거룩한 가난과 궁핍을 선택"[i] 하였다고 말한다. 물질적 의미 이상의 가난을 이해하지 못하면, 귀족 출신 여성이 가난과 궁핍의 삶을 선택하고도 어떻게 행복할 수 있었는지를

---

i 이는 본서의 표현을 그대로 살려 번역한 것이다. 작은형제회 한국관구 역 『아씨시 프란치스코와 클라라의 글』에는 다음과 같이 번역되어 있다. "이 모든 것을 물리치고 오히려 마음과 몸을 다하여 지극히 거룩한 가난과 (육신의) 궁핍을 선택."

이해할 수 없다. 클라라는 가난을 하느님 중심으로 이해하였다. 클라라에게 가난의 논리는 사랑의 논리였다. 그녀는 하느님의 가난을 사랑의 충만한 샘으로 보았다. 이 사랑이 우리를 존재하게 했고, 우리를 기르시며, 우리를 원하신다. 이렇게 사랑에 초점을 맞추는 그녀의 강조는 프란치스칸 영성의 일반적 특징이다. 우리는 사랑에서 창조되었으며, 사랑 안에 있고, 사랑을 위하여 있는 것이라고 스페인 신비가 라이문도 룰로Ramon Llull가 말했다.

사랑하는 이에게 사람들이 어디서 오는 길이냐고 물었다. 그가 대답했다.

"사랑으로부터요."
"당신은 무엇으로 만들어졌나요?"
"사랑으로요."
"누가 당신을 잉태했나요?"
"사랑이시지요."
"당신은 어디서 태어났나요?"
"사랑 안에서요."
"누가 당신을 길렀죠?"
"사랑께서요."
"당신은 무엇을 먹고 사나요?"
"사랑을요."

"당신 이름이 뭐죠?"
"사랑입니다."
"당신은 어디에서 왔나요?"
"사랑에서요."
"어디로 가는 길이지요?"
"사랑으로요."
"지금 어디에 있나요?"
"사랑 안에요."
"사랑 말고 다른 말은 없어요?"

그가 대답했다.

"있지요. 내가 사랑하는 이를 거스르는 죄와 잘못이 있지요."
"당신이 사랑하는 이는 당신을 용서해 주나요?"

사랑하는 이가 대답하기를, 자기가 사랑하는 분 안에는 자비와 정의가 있기에 그는 두려움과 희망 사이에서 피난처를 발견한다고 말하였다.[2]

어떻게 하면 우리가 자기 중심을 하느님의 사랑 안에 둘 수 있을까? 클라라의 대답은 단순하면서도 우리를 무장 해제시키는 말이다. '가난해지십시오.' 클라라가 아녜스에게 편지를 쓴 것은 가난의 삶을 추구하라고, 가난하신 정배를 포용할 수 있을 정도로 가난해지라고 격려하고자 함이었다. 소비지향적인 문화 안에 살면서 생명의 충만함에 대한 열쇠가 가난이라는 점을 인정하기는 어려운 일이다. 세속적인 마인드로 보자면 말이 안 되는 것이기 때문이다. 서구 문화는 자본주의에 젖어 있으며, 자본주의는 세상에서의 성공은 하느님의 축복에서 비롯된 것이라는 사상을 기반으로 한다. 클라라와 프란치스칸들이 말하는 유형의 가난은 이러한 자본주의 정신과 자기 충족적 태도에 반反하는 것이다. 다른 이들에게 의지하라는 말이기 때문이다. 이것이 바로 클라라와 프란치스코가 예수 그리스도의 신비 안에서 본 것이다. 프란치스코는 인준받지 않은 수도규칙에서 이렇게 말한다. "가난한 사람들과 힘없는 사람들 … 가운데에서 살 때 기뻐해야 합니다. … 우리 주 예수 그리스도께서 … 부끄러워하지 않으셨다는 것을 기억할 것입니다. (그분은) 가난하셨고 나그네이셨으며 동냥으로 사셨습니다."[3] 마찬가지로 보나벤투라도 『루카복음 주해서』에서 그리스도의 가난을 강조하고 있다. "주 예수께서 얼마나 관대하셨는지를 기억하십시오. 그분은 부요하셨지만 여러분을 위하여 가난하게 되셨습니다. 이는 그분의 가난으로 인하여 여러분을 부요하게 만들기 위함이었습니다"(2코린 8,9).[4] 프란치스코와 보나벤투라 두 사람 모두 그리스도께서 다른 이들에게 의지하여 사셨음을, 그리하여 하느님의 선하심이 드러나 보이도록 하셨음을 이해했다. 다른 사람들이 우리를 위하여 뭔가를 해 주도록 우리가 허용할 때, 그들을 통하여 하느님의 선하심이 빛을 발한다. 가난은 필요나 욕구에 관한 것이라기보다는 관계와 관련된 것이다. 가난은 우리에게 무력하고 취약하며 타인에게 의지해야 하는 위치에서 우리 삶을 세상에 비추어 보라고 촉구한다. 가난은 우리에게 주머니를 비우라고 재촉한다. 돈주머니가 아니라 우리의 마음과 정신과 의지가 담긴 주머니 말이다. 이런 주머니는 우리가 자신을 위하여 뭔가를 쌓아놓고 저장하며, 다른 이들과 맺는 진정한 관계로부터 스스로를 고립시키는 장소이다. 가난이 우리를 부른다. 약해지고 열리고 다른 이들을 받아들임으로써 타인이 우리 삶에 들어오도록 허용하고, 또한 우리가 타인의 삶에 들어갈 수 있을 만큼 자유로워지라고 가난이 우리를 부른다. 클라라와 프란치스코가 우리를 부른다. 가난하신 그리스도와의 관계 안으로 들어가려면 가난해지라고, 그리스도께서 그 안에 머무르시는 가난한 형제자매들과의 관계 안으로 들어갈 수 있을 만큼 가난해지라고 우리를 부른다.

아녜스에게 보낸 둘째 편지에서 클라라는 "그분(그리스도)을 바라보라"고 했다. 클라라가 그리스도를 바라봄과 가난을 명시적으로 연결 지어 표현하지는 않았지만 첫째 편지에서 가난의 토대에 대해 언급하고, 둘째 편지에서 "그분을 응시"하라고 말함으로써 영적인 시각, 곧 관상의 기초가 바로 가난임을 암시한다. 응시하라는 것은 그냥 보라는 말이 아니라 마음의 눈으로 바라보라는 말이다. 이는 하느님의 현존을 관상하기 위하여 내적으로 자유로운 이, 곧 영적으로 가난한 이의 시각이다. 하느님과의 참된 관계 안으로 들어가고자 한다면, 우리는 가난해져야 한다. 자기 자신의 가난을 끌어안아야만 한다.

경제적으로 가난해지기는 그리 어렵지 않다. 그러나 영적으로 가난해지기는 어려운 일이다. 영적인 가난은 우리가 자아(ego)를 편안하게 하고자 소유하고 있는 것들과, 타인의 침범으로부터 우리 자신을 보호하고자 쌓아놓은 바리케이드를 모두 버리는 것을 뜻하기 때문이다. 이는 타인에 대항하여 그리고 타인보다 우리 자신을 우선시하여 자기 권리를 주장하고자 하는 욕구와 인간의 폭력에 대항하는 해독제이다. 클라라는 십자가에 못 박히신 가난하신 그리스도를 바라봄으로써 인간에 대한 통찰을 얻었다. 그녀는 가난함이 인간 본성을 충족함에 대한 반대가 아니며, 오히려 우리의 인간성을 참으로 충만하게 한다는 것을 깨달았다. 그리스도께서는 사람이 본성상 가난함을 우리에게 드러내 보여 주셨다.

그러나 우리의 가난은 잊힌 가난이다. 자기를 중심에 두는 죄가 우리를 '움켜쥐는 자', '지배하는 자'로 만들었기 때문이다. 회개가 가난을 향하는 움직임인 이유는 가난이 진정한 인간성, 곧 사람됨의 바탕이기 때문이다. 참사람이 되는 것은 가난해지는 것이다. 사람의 가난함은 경제적 가난을 말하는 것이 아니라 존재론적 가난, 곧 인간 존재의 가난을 말한다. 가난은 사람의 일생이 태어날 때부터 죽음에 이르기까지 하느님의 자애로운 사랑의 끈에 매달려 있음을 의미한다. 오늘 우리가 좋은 것들을 풍족하게 누린다 해도 내일이면 이 풍족함을 잃을 수 있다. 인생이란 극도로 불확실하다. 아무것도 언제까지나 그대로 있을 수 없다. 모든 것은 선물이다. 마이클 힘즈와 케네스 힘즈는 『창조의 성사』에서 경제적 궁핍(이라는 의미)의 변두리에 머물던 가난을 들어 올려 곧장 인간 조건의 중심자리에 올려놓았다. 그들은 이 개념을 정의하지 않고 이에 대해 묘사를 함으로써 설명했다.

> 자기의 유한함을 발견함은 자기 가난을 인식함이다. 자기 존재의 '불확실성(iffiness)'을 이해하게 될 때 그에게 충격을 주는 사실은 자기 존재의 근원과 토대가 자기 자신 안에 있지 않다는 점이다. 그리하여 그는 자기 자신이 정말로 가난하다는 것을 알게 된다.[5]

자기가 유한한 존재임을 아는 사람은 많다. 그러나 자기가 가난함을 인정하는 사람은 거의 없다. 내가 가난하다고 고백하는 것은, 내가 돈이 없다거나 물질적으로 궁핍하다고 말하는 것이 아니라 내가 다른 이에게 의지하고 있음을 말하는 것이다. 첫째로 나 자신의 존재 자체의 근원이 그리고 매순간 내가 숨 쉬고 있는 이 공기부터가 그렇다. 내가 존재하기에 마땅한 이유는 전혀 없다고, 나의 가난이 나에게 말한다. 지금 이 순간 바로 여기에 내가 있지만, 이 상황은 달라지거나 전혀 딴판일 수도 있었다. 내가 다른 때 다른 장소에 있을 수도 있었고, 아예 존재하지 않을 수도 있었다. 내가 여기에 있다는 바로 이 사실은 그저 확률이나 우연에 의한 일이 아니다. 내가 여기 있는 것은 마치 여러 선택지 중에서 고르듯이 내가 스스로 여기에 있기로 '선택'했기 때문이 아니다. 내가 여기에 있는 것은 그것이 하느님의 뜻이기 때문이다. 이 '뜻'은 참으로 하느님의 사랑이고, 그 뜻이 나를 존재하게 한 것이다. 나를 살아 있게 하는 것은 하느님의 사랑이다. 내 생명의 근원이 하느님의 사랑이기 때문이다. 이 사랑을 알게 되면 나의 가난을 포옹할 수 있게 되고, 이 가난 안에서 내가 하느님께 자유로이 영광을 드린다는 것도 깨닫게 된다. 나는 내 생명이 타자로부터 왔으며 타자이신 하느님, 곧 다른 사람들과 피조물 안에서 육신을 입으신 하느님에게 극도로 의존하고 있음을 깨닫게 된다. 토머스 머튼은 인간의 가난은 하느님의 뜻 안에 사는 사람이 누리는 자유임을 포착했다.

햇볕으로 나를 따스하게 해 주심은 하느님의 사랑이며, 차가운 비를 보내 주심도 하느님의 사랑이다. 나에게 빵을 먹여

길러 주심은 하느님의 사랑이며, 굶주림과 단식으로 나를 길러 주심도 하느님의 사랑이다. 내가 춥고 아플 때 겨울의 나날들을 보내심은 하느님의 사랑이며, 고된 노동으로 내 옷이 땀에 흠뻑 젖었을 때 뜨거운 여름날을 보내심도 하느님의 사랑이다….

새들과 시냇물 안에서 나에게 말을 걸어오심도 하느님의 사랑이지만, 도시의 소란함 뒤에서 당신의 정의로 나에게 말씀하시는 분도 하느님이시다. 그리고 이 모든 것들은 그분의 뜻으로 나에게 보내진 씨앗들이다.

이 씨앗들이 내 자유 안에서 뿌리를 뻗는다면 그리고 그분의 뜻이 나의 자유 안에서 자라난다면 나는 사랑이 될 것이다. 그분께서 사랑이시듯이. 그리고 내가 거둘 수확은 그분의 영광이자 나 자신의 기쁨이 될 것이다.[6]

모든 피조물이 본질적으로 또한 전적으로 창조주에게 의존하는 것처럼 인류도 똑같이 가난하게 창조된 것이라고 보나벤투라는 말한다. 각각의 모든 피조물은 하느님의 선물이며, 제각기 고유한 내재적 가치를 지닌다. 우리는 우리 자신이 전적으로 하느님께 의존함을 알고 있다. 우리의 존재론적 가난은 모든 좋은 선물의 원천이신 하느님과 우리를 묶어주고, 우리가 하느님께로 열리도록 해 준다. 하느님과의 관계 안에 있는 사람은 소유하지 않고 오로지 받기만 한다. 우리의 가난은 우리의 받아들임(受容性)이다. 말하자면 우리의 빈 곳을 채우는 분은 하느님이시다.

'나는 누구인가?'라는 질문을 진정으로 던질 때 우리는 가난의 삶을 시작하는 것이다. 이것은 우리가 하느님을 알기 시작할 때 반드시 던져야 하는 첫 번째 질문이다. "자기 자신을 진정으로 그리고 올바르게 알지 못한다면, 절대로 하느님을 완전히 알 수 없다. 또한 자신이 아무것도 아님(nothingness)을 깨닫지 못한다면, 절대로 자신을 올바르게 알 수 없다."[7] 우리는 우리 자신이 하느님이 아니며, 하느님의 손에 의해 무(nothing)로부터 창조된 것임을 알아야 한다. 가난은 우리의 피조물성, 곧 우리가 하느님과 같지 않음에 뿌리를 두고 있다. 이는 극도의 의존성을 의미한다. 우리는 타자로부터 왔기에 우리 생명의 존재 자체까지도 타자에게 의존하고 있는 것이다.

사람뿐만 아니라 창조된 모든 것은 우유(偶有)적이며[ii], 본질적으

---

ii 우유성(偶有性)에 대해서는 케난 오스본 저, 김지완 아우구스티노 역, 『프란치스칸 사상의 학문적 전통』, 프란치스코출판사, 서울, 2018, pp.129-131을 보라. "아리스토텔레스는 존재하는 것은 존재하고 있는 한 필연적인 것으로 간주할 수 있다고 가르쳤다. … 그러나 스코투스는 유한하고 한시적인 존재가 존재하고 있을 때조차도 하느님은 여전히 존재하는 피조물에 대하여 절대적으로 자유로우시다고 생각했다. 만일 하느님이 절대적 자유로 머무신다면, 하느님 외의 그 어떤 것도 필연적인 것이라 불릴 수 없다. 우유성은 우리로 하여금 세상을 아주 다르게 보도록 만들어준다. 삼라만상 그 어느 것도 그 어떤 필연성을 지니지 않는다. 그러므로 모든 것은 상대적이거나 '필연적이지 않다.' 그렇다면 육화는 예수의 인성과 같은 창조된 어떤 것을 포함하는 한 필연적이지 않다. … 하느님 안에서의 '첫째성'과 '풍요성'이 필연적이다. … 삼위일체 하느님의 빛 안에

로 서로 연관되어 있다. "사람이라고 해서 식물이나 동물, 별이나 돌보다 더 내재적 가치를 지니는 존재인 것은 아니"라고 힘즈 형제는 말한다.[8] 물론 이 말이 하느님의 구원 경륜에서 사람이 맡은 고유한 역할을 부인하는 뜻은 아니다. 우리는 이렇게 말할 수 있다. '사람은 창조의 정점이다. 여기서 하느님의 자기증여의 충만함이 선사된다. 그러나 사람은 그렇게 '창조'된 것이다.'[9] 창조 이야기에서 사람은 솔로 파트를 담당하지 않는다. 오히려 그들은 하느님을 찬미하는 전우주적 합창의 일부분이다. 이런 관점에서 창조계의 모든 것은 은총으로 채워진 하느님의 실재이다. 이는 아무런 대가 없이 나눠 주시는 하느님의 자기확산적이고 충만한 선하심의 성사다. 무로부터 창조되었다는(creatio ex nihilo) 창조 교리는 우주가 어떤 방법으로 존재하게 되었는지를 설명하는 것이 아니라 도대체 왜 존재하는지에 대해 가르치는 것이다. 이것은 우주의 근본적인 가난을 드러낸다. '우주가 존재해야 한다는 그 어떠한 내재적 근거도 없다.'[10] 우주는 하느님의 넘쳐흐르는 사랑이 아무런 대가 없이 주시는 선물일 뿐이다. 위대한 영성 작가들은 이 단순한 진실을 알고 있었다. 예를 들어, 아우구스티노는 고백록에서 이렇게 말한다.

서 모든 존재는 근본적으로 우유적이다. … 우유성은 삼라만상 각기 저마다의 모습 속에서 우리를 위한 선물로, 무상의 은총으로, 근본적으로 타고난 것으로 그렇게 피조물을 보도록 한다."

나는 대지에게 물었고 그가 대답했다. "나는 그분이 아니다!" 그리고 그 안에 있는 모든 것도 같은 대답을 했다. 나는 바다와 심연에게 물었으며 살아 있는 짐승들 중에서도 기어 다니는 것들에게 물어보았다. 그들이 대답했다. "우리는 당신의 하느님이 아니오! 우리보다 높은 이들에게서 찾아보시오!" 나는 불어오는 바람에게 물었다. 모든 공기와 그 안에 깃든 것들이 대답했다. "아낙시메네스Anaximenes[iii]는 틀렸소. 나는 하느님이 아니오." 나는 하늘에게 물었다. 태양, 달 그리고 별들에게 물었다. "우리는 당신이 찾는 하느님이 아니오." 그들이 말했다.

"우리는 하느님이 아니오!" 그리고 이렇게 말했다. "그분께서 우리를 지으셨다오!"[11]

아씨시의 프란치스코도 삼라만상 안의 모든 아름다운 것과 좋은 것의 근원이신 하느님의 선하심에 대한 심오한 감각을 지니고 있었다. 보나벤투라는 『성 프란치스코 대전기』에 이렇게 기록했다. "그는 아무리 미물일지라도 모든 피조물을 형제, 자매라는 이름으로 불렀다. 이는 그들이 (존재의) 근원을 자신과 공유하고 있음을 알았기 때문이었다."[12] 프란치스코는 창조라는 사다리의 꼭대기에서 세상을 내려다보지 않고, 자신이 그 천지만물의 일부라고 생각했다. 창조된 세상과 자신이 맺고 있는 유대를 그에게 깨우쳐

---

iii 기원전 6세기 그리스의 밀레토스 학파 철학자로서 만물의 근원이 공기라고 주장했다.

준 것은 가난이었다. 그는 하느님께로 오르고자 피조물을 이용한 것이 아니라 모든 피조물 안에서 하느님을 발견했으며, 그들을 형제자매로 인식했다. 그들이 프란치스코 자신과 똑같이 태초부터의 선함을 간직하고 있음을 보았기 때문이다. 자기 생의 끝자락에서 프란치스코는 자기 자신을 모든 피조물의 형제로 보았다. 창조계의 모든 것이 그의 가족이었다. 이것은 단순히 어떤 낭만적인 애정이 아니라 현실적인 통찰이었다. 그는 정말로 자기가 태양과 달과 별과 바람 그리고 땅에 연결되어 있음을 발견했던 것이다. 모든 것이 그에게 하느님에 대해 이야기했으며, 창조된 모든 것을 통하여 그는 하느님을 발견했다. 프란치스코가 모든 피조물과 나누는 형제적 체험에 들어가도록 해 준 것은 가난이었다. 레오나르도 보프가 설명한 바에 따르면, 이러한 가난은 "존재의 방식이다. 이 길에 따라 존재하는 개인들은 사물을 지배하거나 정복하거나 힘을 행사하는 의지의 대상으로 삼기를 거부함으로써 사물들을 본래의 자체 그대로 존재하게 한다."[13] 이렇게 가난을 포옹하려면 권력과 지배에 이끌리는 본성을 포기해야 한다. 사람들 사이의 소통을, 그리고 모든 피조물과의 진정한 소통을 가로막는 것은 소유를 향한 욕망이다. 프란치스코는 가난해짐으로써 형제성(fraternity)에 개방되었다. 가난은 보편적 형제애(brotherhood)의 체험으로 들어가는 길이다. 가난을 통해 프란치스코는 많은 피조물 중에 있는 한 피조물인 자기 그리고 창조계의 다양한 가난들 중에 있는 한 가난한 사람인 자기 자신의 피조물성을 인식하였다. 그는 피조물로서 자신이 "다른 것 위에 있지 않으며, 마치 한 가족의 형제자매들처럼 그들과 함께 있음"을 깨달았다.[14]

창조계의 가난은 자애로우시며 너그러이 사랑을 베푸시는 하느님을 반영한다. 보나벤투라가 말했듯이 실로 무엇이든 그것이 존재하는 단 한 가지 이유는, 하느님의 넘쳐흐르는 사랑이 주시는 무상의 선물 때문이다. 우주가 존재하게 된 것은 하느님께서 그것을 사랑하시고 그것에게 하느님 자신을 주고자 하셨기 때문이다. 힘즈 형제는 아래와 같이 언급하였다.

> 창조계는 전적으로 (하느님께) 의존적이며, 신적으로 선사된 것이다. 그러므로 전체로서의 창조계를 보거나 혹은 일부로서의 특정 피조물을 있는 그대로, 말하자면 (그 피조물이) 하느님의 자애로운 뜻에 온전히 의지하고 있음을 보는 것은 존재의 근원인 (하느님의) 은총이 드러남을 보는 것이다. 존재하는 모든 것은 하느님께서 아무런 대가 없이 하시는 행위, 곧 모든 존재의 원천이 되는 넘쳐흐르는 아가페agape 때문에 있는 것이다. 그러므로 모든 것은 하느님의 창조적 권능과 선하심의 성사이다.[15]

창조된 존재의 가난은 신적 현존의 풍요로움을 드러낸다. 그리고 창조계의 가난 안에서 하느님을 가장 온전히 드러내는 계시는 사람이다. 가난은 받아들임(受容)을 의미하며, 창조계는 하느님의 은총을 품는 자궁이 되도록 의도되었다. 보나벤투라는 사람이란 "광야의 가난한 자"라고 말한 바 있는데, 그 이유는 오로지 그가 창조된 자, 곧 피조물이기 때문이다. 비록 인류가 창조계 안에서 처음부터 직립을 했다 하더라도, 말하자면 하느님을 향해 자기 머리를 똑바로 들고 있었다 하더라도 그들은 본래부터 가난한 자들이다. 그들이 타자에 의해 무에서부터 창조되었기 때문이다. 자신의 가난을 깨닫고 받아들일 때 인류는 하느님을 알게 된다. 그러나 인류가 가난해지기를 거부하면, 받기보다는 뭔가 소유하기를 욕망하게 된다. 보나벤투라는 이것이 죄악의 뿌리라고 했다. 인류가 모든 것을 베풀어주시는 신적 존재의 선하심을 받기보다 자기 자신의 선을 사랑하기로 선택하는 것이기 때문이다. 보나벤투라의 설명대로 피조물로서의 가난을 받아들일 때 우리는 모든 것을 소유하게 된다. 우리가 하느님을 소유하게 되기 때문이다. 뭔가를 소유하려는 욕망 때문에 가난을 거부하면 아무것도 갖지 못한 채 종말을 맞게 된다. 우리 인성의 가난함을 받아들이기를 거절하면 우리는 자기 자신을 파괴하는 끝을 맞게 된다.

아씨시의 프란치스코는 인간 상태에 관련된 가난을 깊이 이해했다. 가난에 대한 그의 이해는 죄에 대한 그의 이해와 일맥상통한다. 그는 권고 2에서 자기 자신을 전유專有, 곧 독차지함(self-appropriation)에 대해 말한다.ⁱᵛ 우리가 뭔가를 먹을 때 그 음식을 '소비'하는 것, 말하자면 그 음식을 우리 자신 안으로 끌어들이는 것과 똑같은 모습으로 우리가 자기 자신 때문에 뭔가를 소비하기 시작할 때 (음식이 우리 안에 들어오듯이) 죄악이 인간의 상태에 들어온다. 이는 금지된 나무에서 열매를 따 '먹는' 이야기로 상징화되어 창세기에 기록되었다. 프란치스코는 자유의 선물을 자기 것으로 독차지하고 자기를 둘러싼 선함으로 자기 자신을 드높이는 것이 죄라고 했다.ᵛ 우리 것이 아닌 것을 취하면서 그것이 우리 것이라고 주장하고, 개인적 이득을 취하고자 이용하는 것이 죄다. 그러므로 프란치스코는 죄를 묘사할 때 움켜잡기, 독차지하기, 빼앗고 낚아채기, 자기 예찬, 자기를 드높이는 일 등으로 표현한다. 여기서 이런 질문이 생겨난다. 우리에게 속하는 것은 무엇인가? 내 집, 내 차, 내 컴퓨터, 내 옷 그리고 내가 소유하는 것은 무엇이나 내 소유가 아닌가? 대답은 예, 아니오, 둘 다라고 할 수 있겠다. 우리가 이

---

iv   작은형제회 한국관구 역, 『아씨시 프란치스코와 클라라의 글』, 프란치스코출판사, 서울, 2014, p.272의 권고 2 "의지를 자기 것으로 삼는 죄" 참고.

v   같은 책 p.272의 권고 2, 3. 참고. "자기 의지를 자기의 것으로 삼고, 자기 안에서 주님께서 말씀하시고 이루시는 선을 자랑하는 바로 그 사람은 선을 알게 하는 나무에서 열매를 따 먹는 것입니다."

런 물건들을 합법적으로 구매했다면, 우리는 이것들을 소유한 것이다. 그러나 우리는 이것들에게 어떻게 연결되어 있는 것일까? 우리의 필요를 충족하고자 그것들을 사용하는가? 혹은 다른 이들과 나누기를 싫어하는 마음에서 그것들을 소유하고 있는 것인가? 소유권(ownership)은 법적 권리를 뜻하는 말로 쓰일 수 있으나, 소유욕(possessiveness)은 가치 평가, 태도를 말하는 것이다.

아름다운 그리스 섬에 살았던 노인에 관한 이야기가 있다. 죽음이 다가오자 그는 사랑하는 고향 땅의 흙을 한 줌 집어 꽉 움켜쥐었다. 그가 죽어서 하느님 앞으로 갔을 때 하느님께서는 그에게 하늘나라로 들어오려면, 손에 쥐고 있는 흙(earth)을 놓아버려야 한다고 말씀하셨다. 그는 거절했다. 그래서 천국의 문은 그에게 열리지 않았다. 얼마 후 그의 아내가 죽어서 하늘에 갔고, 그의 아들들과 친척들도 곧 그리 되었다. 가족들이 한 사람씩 천국에 당도할 때마다 하느님께서는 그 노인에게 사랑하는 이들과 함께 영광 속에 살려면 흙을 버리라고 권하셨다. 노인은 그때마다 거절했다. 마침내 노인은 패배를 인정하고 자기 손을 펼쳤다. 그 순간 그는 자기 손에 아무것도 없는 것을 보고 큰 충격을 받았다. 그토록 집착했던 흙은 거기에 없었다. 실로 그것은 처음부터 없었던 것이다. 그의 것이 아니라 하느님의 선물이기 때문이다.[16]

이 이야기는 프란치스코와 클라라의 입장, 곧 우리가 소유한 것은 우리 자신의 악덕과 죄뿐이라는 생각을 드러내는 좋은 예이다. 오직 우리가 가난하게 살 때만 우리는 이 세상의 것들이 우리에게 속하지 않음을 깨닫게 되며, 그럼으로써 그것들을 소유하지 않을 수 있게 된다. 그것들은 하느님의 선물이다. 종종 우리는 자신에게만 몰두한 나머지 우리 삶 가운데서 그리고 세상 한가운데서 하느님의 선하심을 볼 수 없게 된다. 우리는 이러한 자아도취를 죄라고 부른다.

보나벤투라의 사상에서 죄란 하느님으로부터 등을 돌려 자기 자신을 향하는 것을 말하는데, 이는 마치 지력의 눈이 멀고 끝없는 질문에 얽혀 우리가 (우리 자신을 향해) 구부정하게 선 꼴과도 같다. 우리는 선이나 사랑을 찾아 이 세상을 헤맨다. 자기 자신 안에서 그것을 인식하지 못하기 때문이다. 눈먼 지성과 왜곡된 욕망으로 우리는 진실로 우리에게 속하지 않는 것들을 우리 자신 때문에 움켜잡기 시작한다. 철저히 하느님께 의지하는 가난한 사람으로 사는 대신 자기 자신을 작은 신으로 만들고 자기 우주의 중심으로 삼는다. 모든 것을 자기 목적을 이루고자 이용하고, 정당하게 우리에게 속하지 않는 것들을 다른 이들로부터 빼앗는다. 하느님의 선물인 공공선을 이 세상으로부터 갈취함으로써 우리는 빈곤의 새로운 시스템을 만들어낸다. 이렇게 우리는 철저한 의존이라는 참된 가난에서 탐욕이라는 거짓된 가난으로 옮겨간다. 우리는 단 한 번도 충분히 소유해 본 적이 없다고 생각하며, 타인과 창조계 자체의 희생이라는 대가를 치러서라도 더욱더 많이 소유하려 한다. 우리의 가난함을 거부함으로써 빚어지는 죄는 불의다. 붙잡을 수 있는 모든 것을 소유하고 축적하려는 욕구는 타인과 자연으로부터 우리를 갈라놓으며, 우리는 지배와 권력이라는 수단을 통해 이 짐을 다른 이의 어깨에 지운다. 우리는 참된 신앙심과 관계성을 잃어버린다. 공공선뿐만 아니라 관계성까지 빼앗긴 세상은 무너지게 된다. 우리가 서로에게 의지하고 있음을 알지 못하기에, 우리가 하느님께 의지하고 있음을 깨닫지 못하기 때문이다.

보나벤투라는 인류의 죄란 실상 하느님의 아들을 거스른 죄라고 말한다. 권력을 탐하는 인간의 욕망은 하느님의 완전한 모상이신 분, 곧 하느님과 같으신 분을 거스르는 죄이다. 하느님의 아드님께서는 하느님과 동등함도 움켜쥐고 있을 것이 아님을 보여주시고자 인간 존재의 가난함을 받아들이셨다. 십자가 위에서 하느님 당신 자신이 가난해지셨다. 보나벤투라가 지적한 바와 같이 십자가의 가난은 가난의 신비이다. 십자가 위에서 하느님께서는 '소유(possessing)'하지 않으시고, 사람을 향해 당신 자신을 철저히 열어젖혀 받아들이심으로써 당신 사랑의 신비를 온전히 '전달(communicating)'하셨다. 십자가에 못 박히신 그리스도 안에서 강함이 약함 안에서 표현되고, 전능하신 하느님께서 가난한 사람이 되신다. 가난은 예수의 역사적 행적 안에서 증거되고 십자가 위에서 벌거벗은 형상으로 표현된다. 십자가 위에서 예수는 당신을 따르라고, 하느님 한 분께 우리의 온전한 신뢰를 두라고 우리를 초대하신다. 가난의 신비는 사람의 재창조이며, 여기서 사람은 아무런 요구 없이 하느님 앞에 서게 된다. 가난은 태초의 순수함의 중심으로 사람을 되돌려 보낸다. 가난은 현세의 재화가 아닌 사랑을 약속하는 새로운 율법의 완성이기 때문이다.[17]

어떤 이는 프란치스코가 물질적 소유를 포기함으로써 가난에 대한 깊은 이해를 얻었다고 생각한다. 그러나 이는 전적으로 옳은 말은 아니다. 그는 시네 레부스 후유스 문디sine rebus huius mundi, 곧 이 세상의 것 없이 살라거나 결핍 상태에서 살라고 말한 적이 없다. 일반적으로 그는 시네 프로프리오sine proprio, 소유 없이 살라고 말했다. 프란치스코에게 가난에 관한 핵심 질문은 이것이었다. '도대체 그 무엇을 내 소유라고 부를 수 있단 말인가?' 물질적인 가난도 그에게 중요했지만, 그것이 목표는 아니었다. 오히려 물질적인 가난은 훨씬 심오한 내적 가난이 외적으로 드러나는 표지였다. 물질적 가난은 그 본성상 성사적인 것이라 할 수 있다. 이는 예수의 참행복 선언에서 나타난 영의 내적 가난을 가리킨다. "행복하여라, 마음이 가난한 사람들! 하늘나라가 그들의 것이다"(마태 5,3). 그러므로 물질적 가난은 생명을 포함하여 우리가 가진 모든 것이 선물임을 깨달는 참된 가난으로 가기 위한 첫 번째 단계로서 필수불가결한 단계이다. 물질적 가난 없이 참된 가난이 길러지기는 어렵다. 그러나 참된 가난이 없는 물질적 가난은 불합리할 따름이다. 통합을 향한 여정에서 가난은 본성상 성사적인 것이 되어야 하며, 이는 소유하지 않음의 영 안에서 더욱 깊이 살고자 하는 끊임없는 투쟁이다.

프란치스코는 인간의 처지를 예리하게 관찰한 사람이었다. 가난이 인간성의 핵심이라는 그의 이해는 삶의 가장 기초적인 가르침, 곧 다른 이들과 어울려 사는 삶에서 나온 것이었다. 프란치스코는 자기 글에서 가난에 대해 좀처럼 언급하지 않지만 - 이는 사람들이 그의 생애의 특징적 표지를 가난으로 본다는 점을 고려하면 놀라운 일이다 - 우리가 하느님과의 올바른 관계를 찾는 일상의 맥락에서 가난이 자리하는 세 가지 영역을 강조한 바 있다. 첫째는 우리 자신의 내면, 둘째는 다른 이들과의 관계, 셋째는 하느님과의 관계이다.[18] 프란치스코는 사람이 기술, 지혜, 지식, 언변, 용모, 부와 같은 하느님의 선물에 얼마나 집착할 수 있는지를 보았다. 권고 7에서 그는 이렇게 말한다. "사람들 중에서 더 많은 지식을 가진 자로 인정받기 위해서 … 다만 말마디만을 배우기를 열망하는 이들은 문자로 말미암아 죽임을 당한 사람들입니다."[19] 가진 지식을 과시하려 하거나, 논쟁에서 이기기를 원하거나, 마지막 순간에 꼭 한마디 더 하려 들거나, 가장 지적인 말을 하고 싶어 하는 사람과 마주치는 것은 흔히 있는 일이다. 인간은 자신을 다른 이들과 구분 짓고 그들 위에 자리하기 위한 소유물로서 지식에 집착하는 경향이 있다. 프란치스코는 이런 사람들은 가난하지 않다고 말한다. 이와 유사하게 자기 자신에게 정신이 팔린 사람들, 곧 건강, 가족, 일, 명예 혹은 평판 등과 관련한 일에 몰두하는 사람들도 가난하지 않다. 온통 자기 일이나 가족이나 건강에 대해서만 이야기하는 사람을 만나본 적이 있는가? 이렇게 자기에 대한 몰두가 대화를 지배할 지경이 되면, 듣는 이가 지렁이든 올챙이든 혹은 듣고 있든 아니든 간에 아무런 상관이 없다. 이런 사람은 가난하지 않은 것이다.

우리는 자기 자신과의 관계에서만 뭔가에 집착하는 것이 아니다. 프란치스코는 우리가 타인과의 관계에서도 태도와 행동에 대해 집착한다고 지적했다. 나는 과거의 사건을 강렬한 감정과 세세한 사항까지 포함하여 회상하는 사람들을 알고 있다. 그들의 감정을 폭발하게 했던 사람이 이미 죽은 지 오래인데도 말이다. 그들은 과거의 유령에 집착하고 현재에 살기를 거부한다. 이들은 가난한 사람들이 아니며, 이들 대부분은 하느님 사랑의 현존을 즐기면서 살 수 없다. 프란치스코는 다른 이의 죄 때문에 흥분하는 것과 화내는 것을 '소유함'의 표지로 보았다. 그는 우리가 죄를 바라보기보다 죄지은 사람에게로 시선을 돌려야 한다고 말한다. 그렇지 않으면 우리는 분노에 집착하고 흥분하게 된다. 우리가 스스로 정의로운 판관이 되어 죄지은 이를 심판하기 때문이다.[20] 분노는 기도를 흩어버리고 우리가 하느님께로 마음을 열지 못하게 방해한다. 예를 들어, 권고 14에서 프란치스코는 아래와 같이 말한다.

> 여러 가지의 기도와 신심행위에 열중하면서 자기 몸에 많은 극기와 고행을 행하지만, 자기 육신에 해가 될 것 같은 말 한마디에, 혹은 자기가 빼앗길 것 같은 그 무엇에 걸려 넘어져 내내 흥분하는 사람들이 많습니다. 이런 이들은 영으로 가난한 사람들이 아닙니다.[21]

프란치스코의 말은 사도 바오로가 코린토인들에게 충고했던 말을 떠올리게 한다. "내가 모든 재산을 나누어 주고 내 몸까지 자랑스레 넘겨준다 하여도, 나에게 사랑이 없으면 나에게는 아무 소용이 없습니다"(1코린 13,3). 바오로와 같이 프란치스코도 사랑이 없이는 물질적 가난이 아무런 가치가 없으며 어쩌면 죄스러운 것일 수도 있음을 우리에게 상기시킨다. 우리는 '우리 손은 놓고 하느님 손으로(Let go and let God)' 살아가는 길로 부르심을 받았다. 이는 우리가 붙잡고 있던 모든 것을 놓아 버리고, 하느님께서 우리 삶의 중심이 되시도록 허용하는 것이다. 어떤 물건이든 사람이든 우리 자신을 위하여 소유하지 않고, 클라라가 말했듯이 오직 하느님

한 분만을 소유하는 것이다.

인간 소유의 원초적 핵심은 물론 의지다. 의지는 우리의 가장 소중한 중심이다. 이 의지가 우리 애착의 가장 근본적인 핵심이기 때문이다. 인간의 의지는 자유로운 선택의 원천이며, 사람이 의사결정을 할 수 있게 한다. 동시에 의지는 쉽게 위협을 받기 때문에 가장 나약하며 상처 입기 쉬운 곳이기도 하다. 우리 인격이 어려움을 겪거나 위협을 받을 때 우리는 자기의 의지에 집착한다. 의지에 관련된 일이라면 우리는 심지어 하느님하고도 협상을 하려 든다. 우리는 이런 말을 한다. "성당에 다시 나갈 거야. 하느님께서 나를 부자로 만들어 주신다면 말이지." 프란치스코의 관점에서 볼 때 의지는 자유가 머무르는 장소다. 자유가 머무르는 장소이기에 죄의 뿌리가 되기도 한다. 바로 여기서 우리가 자기만을 위하여 무엇인가를 움켜잡고 독점할지, 혹은 다른 이들과 나눌지를 결정하기 때문이다.

프란치스코는 의지의 자기중심성을 변화시키려면, 오로지 타인 중심적으로 존재해야만 함을 알았다. 순종의 덕은 변화를 위한 길이 될 수 있다. 순종은 타인에 대한 경청과 서로에 대한 사랑 때문에 자기 의지를 놓아 버릴 것을 요구하기 때문이다. 순종하는 데 장상이나 명령하는 상사나 요구사항이 많은 부모가 반드시 필요한 것은 아니다. 오히려 순종은 친구들, 연인들, 가족 혹은 공동체 안에서 일어날 수 있는 것이다. 순종은 위계질서나 서열, 상의하달

식 명령을 뜻하는 것이 아니다. 순종은 자기 의지의 힘보다 사랑의 힘이 더욱 크게 작용하는 상호적 관계이다. 사랑의 힘에 뿌리를 둔 순종은 가난을 포옹함을 보여 주는 하나의 표현이 된다. 이는 우리가 스스로 만들어 낸 어떤 것과 우리 의지를 놓아 버리고, 우리 자신을 다른 이들의 손에 내맡기는 것이다. 순종이란 타인의 뜻에 따라 뭔가를 많이 하는 것이 아니라 사랑 때문에 나 자신을 내어 주는 것이다. 그러므로 순종은 진정으로 다른 이들에게 귀 기울이고, 그들을 존중하고, 그들에게 가장 좋은 것을 바라는 것이다. 프란치스코는 참된 순종의 모범은 예수라고 말한다. 그분은 다른 어떤 것도 원하지 않고 오직 아버지의 뜻을 행하기만을 원했으며, 죽음에 이르기까지 아버지를 사랑했기 때문이다. 순종은 우리의 타락한 자기 의지를 회복시키고 우리를 하느님의 뜻으로 인도해 준다. 하느님의 뜻은 우리를 향한 하느님의 사랑이며, 이 사랑은 우리가 다른 이들과 맺는 관계를 통해 우리에게 오신다. 순종이 없으면 우리는 고립되고 지극히 사적인 개인이 되어서 자기 안에 숨어 문을 닫아걸고, 우리 이웃, 형제자매, 남편과 자녀 같은 평범한 사람들 안에 있는 하느님 사랑의 생명줄[vi]에서 떨어져 나감으로써 일상의 창조계 안에 담긴 단순하고 평범한 선善을 잃어버린다.

---

vi 잠수사를 산소탱크에 연결하는 줄, 또는 우주인을 우주선에 연결하는 줄.

가난의 열매로서 순종은 공동체와 맺는 올바른 관계를 통하여 스스로를 드러낸다. 프란치스코는 공동체의 기반은 가난이라고 했다. 상호 의존의 기반이 되는 것이 가난이기 때문이다. 무엇인가를 필요로 할 때 우리는 다른 이에게 의지하게 된다. 프란치스코는 공동체의 중심이자 모델이 그리스도라고 보았다. 예수께서 가난하셨고 애긍에 의지하여 사셨듯이 우리의 가난도 다른 이에게 의지하는 것이 되어야 한다. 그럼으로써 하느님께 의지하게 되기 때문이다. 간단히 말하자면, 소유권이 공동체를 존립할 수 없게 만들 수도 있다는 것이다. 소유하고자 하는 정신에서 뭔가를 가지고 있으면, 다른 이들을 필요로 하지 않게 되기 때문이다. 소유욕에서 비롯된 소유권은 자급자족과 (다른 이에게 의존하지 않으려는) 독립성을 낳으며, 이는 분열로 이어진다. 소유의 영은 우리를 다른 이들 위에 올려놓으며, 우리로 하여금 다른 이들에게 맞서게 만든다. 프란치스코는 사람들이 함께 모이게 하는 것은 일도 아니고 공유한 비전도 아니며, 사랑의 성령이시라고 말했다. 급진적 의존으로서의 가난은 사랑의 언어이며, 여기서 사랑이란 다른 이에 대한 관심을 뜻한다. 이는 '나에겐 네가 필요해. 너의 재능(gifts), 너의 선함, 너의 아이디어와 너의 도움이 필요해. 네가 누구인지, 네가 무엇인지가 나에게 아주 중요해. 너 없이는 내가 진정한 나 자신이 될 수 없기 때문이야.'라고 말하는 것이다. 가난은 평등을 이끌어

내는 탁월한 도구다. 가난은 모든 사람이 서로서로 의지하게 만들며, 서로가 타인을 향해 열리도록 만들기 때문이다. 가난은 순종의 한 모습이다. 가난은 서로에 대한 사랑 때문에 우리의 의지를 놓아 버리게 하기 때문이다. 가난은 서로 간에 속삭이는 사랑의 언어다. 이는 궁극적으로 '나에겐 당신이 필요해요. 내 삶을 완성하도록 도와주세요.'라는 말이다. 서로의 관계에서 자기가 집착하는 것을 놓아 버리지 않으면 우리는 가난할 수 없으며, 각각의 고유한 인간 존재 안에 심어지고 창조계의 모든 면에 담겨 있는 하느님 사랑의 선물(gifts)에 감사할 수 없게 된다. 오로지 소유하지 않고 집착하지 않는 삶만이 자유로운 삶이며, 창조계의 겸손한 선善 안에서 하느님 사랑을 받아들일 수 있도록 열려 있는 삶이다.

가난은 우리 인간 존재의 가장 심오한 진실을 일깨워 준다. 하느님께서 우리를 창조하셨으며, 우리는 철저히 하느님께 의지하는 존재라는 것이다. 가난은 우리가 가진 모든 것이 선물임을 깨닫게 해 준다. 그러므로 가난은 겸손의 자매다. 겸손은 자신의 강점 및 약점과 더불어 우리가 무엇인지를 받아들이는 것이며, 존재라는 선물에 사랑으로 응답하는 것이다. 겸손은 쇄신하시는 은총의 영을 향해 사람이 열리도록 해 주며, 창조계가 아버지께로 돌아갈 수 있게 해 준다. 토머스 머튼은 우리가 참으로 겸손하면 결코 우리 자신 때문에 신경 쓰지 않으며, 오로지 하느님께만 관심을 두게 된다고 말한다.[22] 어쩌면 이런 생각은 성인들에게나 가능한 것으로 보일 수도 있겠다. 그렇지만 애착과 사물에 대한 집착으로부터 자유롭게 된 후에야 비로소 우리는 영적 목표를 추구할 수 있으며, 진실로 사랑 안에 살고 하느님을 흠숭하는 일생으로 자신을 봉헌할 수 있게 된다. 이는 이 땅으로부터 주의를 돌려 하늘이라고 이름 붙인 가상의 공간을 향한다는 뜻이 아니다. 오히려 하느님을 흠숭함은 별들의 은하계를 돌고 있는 이 경이로운 지구 행성 위 모든 피조물의 선함을 보는 것이다. 이 모든 것이 하느님의 손으로 만들어졌고, 이 모든 것이 하느님의 권능과 지혜와 선하심을 반영하고 있으며, 이 모든 것이 하느님 안에서 생명을 서로 나누도록 정해져 있음을 깨닫는 것이다. 가난은 우리가 피조물 안에서 하느님의 선하심을 관상하게 해 준다. 피조물들을 있는 그대로, 곧 그들이 똑같이 복제되거나 반복될 수 없는 존재들이며, 사랑으로 인해 존재하게 된 하느님의 선물임을 볼 수 있도록 우리를 자유롭게 해 주기 때문이다. 세상을 맛보고 그것이 하느님 사랑의 표현임을 알아보는 사람만이 세상을 소유하려는 영을 버릴 수 있다. 인간관계에서 가난은 우리가 서로를 향해 열리도록 서로를 받아들이고 나누게 해 준다. 가난은 인간성, 곧 사람됨의 기초이다. 케노시스Kenosis, 곧 자기비움을 수반하기 때문이다. 삼위일체의 위격들이 그들 사랑의 나눔으로 인해 구별되는 것과 같이 가난은 참된 인간 공동체의 기초가 된다. 삶을 진정 인간답게 만드는 것은 오로지 서로에 대한 관심과 보살핌이기 때문이다. 가난한 이들, 경제적으로 가난한 이들이 행복한 것은 가난이 그들로 하여금 서로 간의 연대 안에 서게 해 주기 때문이다. 이 연대는 그들의 필요와 또한 그 필요에 대한 서로 간의 이해를 뜻한다고 바버라 피안드는 말했다. 바로 이 필요가 그들에게 타인을 향해 개방되고 받아들이고 감사하는 마음을 준다.[23] 받을 수 있고, 또한 자기가 감사하게 받은 것을 내어 줄 수 있을 정도로 충분히 열려 있고, 충분히 비어 있으며, 충분히 부족한 사람들이 바로 가난한 사람들이다. 바로 이들이 하느님께로 향하는 우리의 여정 안에서 가난의 길을 가르쳐 주는 사람들이다.

아씨시의 클라라는 인간의 가난에 대해 장황하게 설명하지 않았지만, 이 가난을 자기 영혼 깊숙한 곳에서부터 알고 있었다. 그녀는 가난 특전을 얻고자 투쟁했다. 다른 이들에게 의지할 수 없다면 결국 하느님께 의지할 수 없게 된다는 것을 알았기 때문이다. 프란치스코가 그랬듯이 클라라도, 부서지기 쉬운 인간 본성 안에서 살을 취하신 하느님, 곧 육화하신 하느님을 굳건히 믿었다. 그녀가 저 하늘에 계신 멋지고 깨끗하고 신선하고 상쾌한 하느님을 찾았더라면, 더 큰 독립성을 가지려 했을 것이다. 그러나 그녀는 하느님께서 우리 가운데 오시어 인간 존재의 가난 속에서 어떻게 하느님과 다른 이들과의 사랑 안에 일치하여 살 수 있는지를 우리에게 드러내 보여 주셨다고 믿었다. 그녀는 오로지 가난하고 겸손한 이들만이 하느님의 가난하고 겸손한 사랑을 나누며 살 수 있음을 깨달았다. 깊은 가난을 통해 하느님께로 향하는 클라라의 길은, 하느님과 참된 관계를 맺으려면 참되고 겸손한 인간성이 필요하다는 것을 인정할 수밖에 없게 만든다. 오로지 우리가 가난한 자로서 자기가 무엇인지 그리고 무엇이 아닌지에 대한 진실에 다가설 때만 우리 삶의 약한 부분에 가까이 가게 되며, 바로 그곳으로 하느님께서 들어오실 수 있다. 오로지 그렇게 함으로써 우리는 선하심의 세계 안에서 인간으로 존재함이 어떤 의미를 지니는지를 알 수 있게 되는 것이다.

성찰을 위한 질문

1. 여러분은 가난한 이로서 살고 있나요? 그렇지 않다면 여러분의 가난을 끌어안지 못하도록 가로막는 것은 무엇인가요?
2. 여러분은 물질적 가난과 영적 가난의 관계를 어떻게 이해하고 있나요?
3. 가난이 여러분으로 하여금 다른 이들에게 더 의지하도록 도와주고 있나요? 여러분은 다른 이들을 필요로 하는 자신을 보고 있나요? 아니면 독립성과 개인주의를 더 좋아하고 있나요?

4. 하느님과 타인에게 자신을 열 수 있도록 여러분을 도와주는 것은 무엇이며, 방해하는 것은 무엇인가요?

1 「아녜스에게 보낸 첫째 편지」 6.

2 Ramon Llull, 『The Book of the Lover and the Beloved』 97. Mark D. Johnson, trans. (Warminister: Aris and Phillips, 1995), p.39.

3 「인준받지 않은 수도규칙」 9,2~4.

4 코린토인들에게 보낸 편지에서 인용한 이 구절은 보나벤투라가 가장 좋아하는 말씀이었으며, 『루카복음 주해서』에서 종종 인용한다. 보나벤투라의 『루카복음 주해서』 제1~8장을 보라(Volume VIII, Part I, 『Works of St.Bonaventure』 Robert J. Karris, ed. (New York Franciscan Institute, 2001, p.150).

5 Kenneth and Michael Himes, 『The Sacrament of Creation : Toward an Environmental Theology』 Commonweal, (January 26, 1990), p.45.

6 Thomas Merton, 『New Seeds of Contemplation』 (New York: New Directions, 1961), p.16-17.

7 Bonaventure, 「Perfectione evangelium」 q.1 concl. (V.120-121). Wayne Hellman, 「Poverty: The Franciscan Way to God」, 『Theology Digest』 22 (1974), p.339에서 인용.

8 Himes, 『The Sacrament of Creation』 p.45.

9 Himes, 『The Sacrament of Creation』 p.45.

10 Himes, 『The Sacrament of Creation』 p.45.

11 Augustine, 『The Confessions of Saint Augustine, John K. Ryan』 trans. (New York: Image, 1950), p.234.

12 Bonaventure, 『The Major Legend of Saint Francis』 8,6 in FA:ED II, p.590.

13 Kenneth and Michael Himes, 『Creation and an Environmental Ethic』 (Fullness of Faith: 『The Public Significance of Theology』 (Mahwah, N.J.: Paulist, 1993) p.119에서 인용.

14 Himes, Fullness of Faith, p.119.

15 Himes, 『The Sacrament of Creation』 p.45.

16 Ronald Rolheiser, 『The Shattered Lantern』 (New York, Crossroad, 2001), pp.187-188에 이와 약간 다른 버전의 이야기가 실려 있다. Ronald Rolheiser는 이 이야기를 John Shea로부터 들은 것이라고 전하며, 이야기의 원천은 니코스 카잔차키스의 인생 이야기인 『Report to Greco』(※역주-한국어판 서명: 영혼의 자서전)의 재신화화라고 밝히고 있다. The Shattered Lantern, p.205, n7을 보라.

17 Hellman, p.343.

18 이 부분은 Regis Armstrong의 『Francis of Assisi : Writings for a Gospel Life』(New York: Crossroad, 1994, p.152-165에 실린 가난 담론에 근거한 것이다. 특히 p.154쪽을 주목하라.

19 Francisco of Assisi, 「Admonition VII」, FA:ED I, p.132. (※역주- 프란치스코 권고 7)

20 인준받지 않은 수도규칙에서 프란치스코는 이렇게 말한다. "모든 형제들은 누군가를 중상하거나 논쟁을 벌이지 않도록 조심하고, (…) 형제들끼리 말다툼하지 말 것이며 (…) 서로 사랑할 것입니다. (…) 불평하지 말 것입니다. 다른 사람들의 미미한 죄들을 생각하지 말 것입니다." FA:ED I. p.72의 인준받지 않은 수도규칙 제11장을 보라. 또한 권고 8과 14도 보라. 권고 8에서 프란치스코는 "누구든지 주님께서 자기 형제 안에서 말씀하시고 이루시는 선을 보고 그 형제를 시기하면, 모든 선을 말씀하시고 이루어 주시는 지극히 높으신 분 자신을 시기하는 것이기에 하느님을 모독하는 죄를 범하는 것입니다."라고 말하고 있다(FA:ED I. p.132).

21 Francisco of Assisi, 「Admonition XIV」, FA:ED I, p.133. (※역주-「권고」14, 작은형제회 한국관구 역 『아씨시 프란치스코와 클라라의 글』 p.279의 각주 25 참고.)

22 Thomas Merton, 『New Seeds of Contemplation』 p.189.

23 Barbara Fiand, 『Living the Vision: Religious Vows in an Age of Change』 (New York: Crossroad, 1990), p.45.

제3장
십자가의 거울

생명으로 가는 길이 가난이라는 것은 우리로서는 이해하기 어려운 말이다. 그러나 클라라가 소중히 품었던 가난은 물질적 궁핍이나 부족 그 자체가 아니라 하느님의 사랑을 말해 주는 가난이다. 클라라는 십자가에 못 박히신 그리스도의 모습에서 이 가난을 보았다. 그녀는 봉쇄 안에 제약된 삶을 살았으므로 지상생활 육십년 동안 그녀가 본 몇 안 되는 형상 중 하나는 바로 산 다미아노 십자가, 곧 십자가에 못 박히시고 영광을 받으신 그리스도의 이콘이었을 것이다. 이것은 그녀가 잘 알고 있으며, 내적으로 깊이 숙고한 형상이다. 그녀가 남긴 글을 살펴보면, 클라라에게 이 십자가는 정적으로(static) 멈춰있는 사건이 아니라 살아 있고 역동적인(dynamic) 하느님 체험이었음을 알 수 있다. 아녜스에게 보낸 셋째와 넷째 편지에서 그녀는 십자가를 거울에 비유한다. '거울의 신비가'라는 칭호는 클라라에게 매우 잘 어울리는 이름이다. 그리스도를 향한 그녀의 깊은 사랑과 그분을 따르고자 하는 열망을 드러낼 뿐만 아니라, 그녀가 그리스도인 정체성의 핵심이 무엇이라고 보았는지 드러내기 때문이다. 그것은 거울에 비친 그리스도의 형상이 되는 것이다.[1]

중세에 들어서 거울은 미용 도구이자, 영성 생활의 상징으로서 널리 사용되었다. 레지스 암스트롱은 아래와 같이 지적한다.

중세 문학에서 두 가지 양식의 거울이 부상한다. 하나는 지시적인 형태이고 다른 하나는 예시적인 형태이다. … '지시적인' 영성 문학은 … 우리에게 이상을 알려주며, 이에 비추어 우리 자신을 직면하도록 도와준다. … '예시적인' 영성 문학은 … (우리를) 도덕적 또는 영적인 정화로 이끄는 규범적 지식 혹은 자기를 바라보는 시각을 제공한다.[2]

많은 영성 작가들이 거울의 상징을 활용했는데, 그들은 영혼이 하느님의 거울이라고 묘사했다. 거울이라는 주제는 성 바오로의 서간에서도 찾아볼 수 있다. 예를 들어, 코린토 신자들에게 보낸 편지에서 바오로 사도는 이렇게 말한다. "우리가 지금은 거울에 비친 모습처럼 어렴풋이 보지만 그때에는 얼굴과 얼굴을 마주 볼 것입니다."(1코린 13,12ㄱ), "우리는 모두 너울을 벗은 얼굴로 주님의 영광을 거울로 보듯 어렴풋이 바라보면서 더욱더 영광스럽게 그분과 같은 모습으로 바뀌어 갑니다. 이는 영이신 주님께서 이루시는 일입니다"(2코린 3,18). 스스로는 비어 있으면서 자기에게 주어진 것을 반사(reflect)하는 거울과 같이, 정화되고 빛나는 영혼은 하느님의 현존을 반영(reflect)한다. 여성들이 남긴 영성 저작, 특히 독일의 신비가들과 베긴회Beguin[i] 여성들의 글에도 거울 상징이 종

---

i   12세기경 현재의 네덜란드 지역에서 시작된 여성 신자들의 단체. 자세한 사항은 『가톨릭대사전』의 '베긴회' 항목을 참고. "장애인을 돌보고 가난한 이들을 도우며, 교육활동에 종사한다. 수도생활과 비슷한 생활을 하지만 수도회는 아니다. 재산소유가 가능하고, 세속생활로 돌아가는 것도 완전히 개인의 자유다."

종 등장한다.[3] 그런데 클라라는 거울의 개념을 독특한 방식으로 사용했다. 거울 개념을 통하여 다른 이들은 영혼이 하느님의 상징(symbol)이라고 설명한 반면, 클라라는 인간이 하느님의 모상(image)임을 설명한 것이다. 클라라는 십자가에 못 박히신 그리스도가 하느님의 참된 모상이며, 우리는 이 모상대로 창조되었음을 보았다. 클라라는 아녜스에게 그리스도는 하느님의 참된 모상이시며, 바로 이 모상 안에서 그대가 하느님 안에서 자기 삶의 진정한 의미를 찾을 수 있다고 말했다.

우리가 그리스도라는 모상(image) 안에서 창조되었다는 말은 무슨 뜻일까? 우리 삶의 '거울 이미지'[ii]로서의 그리스도와 우리는 어떻게 연결되어 있는 것일까? 그 이미지가 무엇인지 대답하기 전에 먼저, 그 이미지가 무엇이 '아닌지'부터 밝혀 볼 수 있을 것이다. 이것은 타인 혹은 지구 자체를 통제하고 지배함으로써 하느님으로 존재하는 것이 아니다. 이것은 자기 이익을 구하고자 권력이나 권한을 휘두르거나 다른 사람을 조종하는 것이 아니다. 하느님의 모상이 된다는 것은 타인과 더불어 관계를 맺고, 사랑하고, 함께 고통받고, 마침내 벗을 위하여 목숨을 내놓기까지 하는 것이다. 창세기의 첫 장에서 우리는 하느님께서 당신의 모상을 따라 사람

---

ii 거울 이미지(mirror image)라는 말에는 기하학적 의미가 담겨 있다. 아주 많이 닮은 정도가 아니라 거울에 비친 것처럼 완전히 똑같음을 강조할 때 쓰는 표현이다.

을 지으셨다는 이야기를 읽는다.

> 하느님께서는 이렇게 당신의 모습으로 사람을 창조하셨다.
> 하느님의 모습으로 사람을 창조하시되
> 남자와 여자로 그들을 창조하셨다(창세 1,27).

창세기 저자는 단순히 하느님께서 사람을 창조하셨다고만 말하지 않고, 남자와 여자로 창조하셨다고 전한다. 하느님께서 사람을 지으실 때 어째서 당신의 모상을 지닌 한 가지 성별의 종種으로 만들지 않으셨을까? 창세기는 하느님에게 성별이 있다거나 그분이 자웅동체라는 이야기를 하는 것이 아니다. 그분은 관계적인 분이심을 말하는 것이다. 하느님의 모상이 되려면 인간은 반드시 관계적이어야만 했다.[4] 사람의 신적 품위를 정의하는 것은 바로 '관계성'이다.

우리가 하느님의 모상대로 지어졌다고 구약성서가 전해 주고 있지만, 하느님의 모상으로 존재한다는 개념은 여전히 이해하기 어렵다. 특히 오늘날 우리를 둘러싸고 있는 세상을 보면 더욱더 그렇다. 전쟁과 폭력과 폐허 속에서 하느님의 모상이 어떻게 보이는가? 여기서 보나벤투라의 신학이 도움이 된다. 그가 참된 모상은 하느님의 말씀(the Word of God)이라고 강조하기 때문이다. 그는 명제집 주해[iii]에서 모상으로서의 하느님의 아들과 모상으로서의 사람을 구분한다. 아들은 아버지의 모상이다. 아들은 아버지의 선하신 본성에 의해 아버지로부터 발출하였기 때문이다. 아들은 아버지로부터(a quo) 났으므로 아버지와 같은 본성을 공유하는 완벽한 모상이자 표현이며, 따라서 아버지를 온전하고도 완전하게(totally and completely) 보여 준다. 보나벤투라가 『육일 간의 창조(Hexaëmeron)』에서 말한 바와 같이 "영원으로부터 아버지께서는 당신 자신과 닮은 아드님을 낳으시고 당신 자신을 표현하시며 당신 자신과 비슷한 속성을 드러내심으로써 당신의 활동하시는 권능의 온전한 전체를 표현하셨다."[5] 말씀(the Word)은 궁극의 사랑하는 존재이신 아버지, 곧 존재하고 있는 모든 것과 존재할 수 있는 모든 것의 원천이신 아버지의 온전하고도 완벽한 자기표현이다. 성부의 보편적 내재를 드러내는 모상이 둘째 위격인 성자라면, 창조계 안에 계신 하느님을 드러내는 모상은 인간이다. 인간은 하느님 안에 있는 합당한 모상을 지향하기 마련이므로 온 존재 자체가 성부의 모상이신 아드님의 모상을 향하게 된다. 보나벤투라는 하느님과 인류 사이의 관계와 정확히 똑같은 모습(congruent)을[iv] 말씀(the

---

iii   중세 대학에서 교수 자격을 얻기 위한 선결과제 중 하나는, 파리 주교였던 페트루스 롬바르두스Petrus Lombardus의 『신학명제집(Sentences)』에 대한 자기의 주해를 출판하는 것이었다.

iv   기하학적 의미에서 크기와 형태가 정확히 일치하는 '합동'인 도형을 뜻한다.

Word)과 인류의 관계에서 찾았다. 인간은 하느님의 모상이다. 이는 인간이 일반적인 의미에서 하느님을 '닮았다'는 뜻이 아니라 구체적인 의미에서 아들과 '똑같은' 존재라는 뜻이다. 육화하신 하느님의 말씀이신 예수 그리스도께서 우리 인성을 지니고 하느님의 모상이 되는 것이 어떤 의미인지를 보여 주셨다고 하는 것은 바로 이 때문이다. 사람은 '하느님의 모상의 모상'으로 창조되었으며, 여기서 말하는 '하느님의 모상'은 예수 그리스도이다.

클라라의 모상 신학을 이해하려면, 사람이 '모상으로서' 창조되었다기보다는 '모상에 따라' 창조되었다는 생각에 주목해야 한다. '모상에 따라' 창조되었다는 말은 말씀과 인간의 합동적 관계(congruent)에 밑줄을 긋는 것이다. 클라라는 이를 자기 고유의 방식으로 이해했다. 사람이 '모상에 따라(ad imaginem)' 창조되었다는 말에는 그 구조와 목적으로서의 의미가 둘 다 내포되어 있다. 사람은 참되고 완전한 모상이신 말씀(the Word)에 따라 창조되었다. 보나벤투라에게 육화는 인간의 가장 심오한 진실과, 인간과 신성의 관계를 이해하려는 출발점이었다. 보나벤투라의 모상 신학은 우리가 자신이 존재하는 시간과 장소에서 말씀을 육화하도록 부르심 받은 '말씀의 백성(Word people)'임을 깨우쳐 준다.

하느님의 모상이 될 수 있는 능력은 모든 사람이 가지고 있지만, 이 모상을 충실히 살아 내는 사람은 거의 없다. 이는 아마도 하느님의 모상이 된다는 것이 어떤 의미인지를 명확히 알지 못하기 때문일 것이다. 그러나 클라라는 이 모상이 십자가에 못 박히신 그리스도 안에서 시각적으로 표현되었음을 보았다. 그녀는 십자가에 못 박히신 그리스도가 거울이라고 묘사했다. 이 거울을 응시함으로써 우리가 자신의 참된 반영(reflection), 곧 우리 모상을 보기 때문이다. 그리스도께서는 우리가 우리 삶에서 무엇이 되어야 하는지를 되비춰 보여 주신다. 하느님과의 관계에서 우리가 누구인지를 '거울'로 표현하는 개념에는 매우 깊은 뜻이 담겨 있다. 거울은 우리 일상생활에 꼭 필요한 것이기 때문이다. 거울은 우리가 어떻게 보이는지를 드러낸다. 우리는 젊고 아름답게 보이는가, 늙고 지쳐 보이는가? 뚱뚱해 보이는가? 너무 말라 보이는가? 키가 너무 커 보이는가? 너무 작아 보이는가? 거울은 우리가 다른 이들 앞에서 어떻게 보이는지를 말해 주며, 다른 이들이 우리를 매력적으로 여길지, 역겨워하거나 혹은 평범하게 볼지를 알려준다. 거울이 없다면 우리는 자신이 어떻게 보이는지를 전혀 알 수 없다. 많은 이들이 작은 거울을 언제나 지니고 다니며 자기 외모가 어떤지를 수시로 체크한다. 허영이 지배하는 세상에서는 자동차의 후사경도 이동식 미용실의 고정 장치로 쓰인다.

우리가 일상에서 들여다보는 거울은 우리 자신을 얼핏 보여 줄 뿐이기에, 여기에서는 우리가 누구인지 전체적으로 드러나지 않으며 오로지 겉모습만 보인다. 따라서 우리가 보는 이 모습은 불완전한 것이다. 만약 우리가 겉모습뿐만 아니라 내면까지 보여 주는 거울을 갖고 있다면 어떨까? 우리 마음과 정신과 영혼을 비춰 주는 거울을 들여다본다면 어떨까? 우리는 무엇을 보게 될까? 우리가 본 것을 좋아할까? 클라라가 프라하의 아녜스에게 십자가에 못 박히신 그리스도의 거울을 바라보라고 권고한 것은 내면적으로는 그대가 누구인지를 발견하고, 외면적으로는 그대가 무엇을 비춰 보여 주고 있는지를 알라는 뜻이었다. 오로지 십자가의 거울을 통해서만 우리는 자기가 누구인지를 진정으로 볼 수 있으며, 우리가 그리스도의 모상으로 변화함으로써 무엇이 되도록 부르심 받았는지 알 수 있다고 클라라는 말한다. 아녜스는 자기 모습, 클라라의 표현으로는 자기의 '정신과 영혼과 마음'을 보고자 십자가의 거울을 들여다보아야 했다.

> 그대의 정신을 영원의 거울 안에 놓으십시오.
> 그대의 영혼을 영광의 광채 안에 두십시오.
> 그대의 마음을 하느님 본질의 형상 안에 두고
> 관상을 통하여 그대 자신 전부를
> 그분 신성의 모습으로 변화시키십시오.[6]

클라라의 글은 예수께서 주신 계명을 우리에게 상기시킨다. "네 마음을 다하고 네 목숨을 다하고 네 정신을 다하여 주 너의 하느님을 사랑하고, 네 이웃을 너 자신처럼 사랑해야 한다"(루카 10,27). 클라라가 뜻하는 바는 온 정신과 영혼과 마음을 다하여 하느님을 사랑함이 하느님을 관상함이며, 관상은 변화와 별개일 수 없다는 것이다. 그렇기에 아네스는 자기 정신과 영혼과 마음을 "영원의 거울" 안에 놓아야 하는 것이다. 십자가를 "영원의 거울"로, 십자가에 못 박히신 그리스도 안에서 영원을 반영하는 거울로 보는 이가 우리 중에 몇이나 될까? 영원이 십자가에 매달려 있다고 생각하기는 참으로 어려운 노릇이다. 이는 영원이 하느님이며, 하느님은 사랑이시고, 하느님의 그 사랑은 십자가에 못 박히신 그리스도 안에서 드러남을 이해해야만 한다. 클라라는 이렇게 말하는 것이다. '영원의 거울은 십자가에 못 박히신 그리스도입니다.' 영원한 영광의 광채이시고, 영원한 빛의 광휘이시며, 티 없는 거울이신 십자가에 못 박히신 그리스도의 형상 안에서 하느님은 모든 것을 끌어안으시며 사랑을 쏟아부으시는 분으로 드러나신다. 십자가 안에서 우리는 충만한 사랑이시며 영원하신 하느님의 반영을 본다.

　아네스에게 보낸 넷째 편지에서 클라라는 그 거울을 매일 들여다보라고 말한다. 십자가의 거울을 매일 바라본다는 것은 무슨 뜻일까? 어떤 이는 별을 바라보고, 어떤 이는 아기를 바라보며, 또 어떤 이는 애인을 바라본다. 그러나 누가 십자가에 못 박히신 그리스도를 바라보는가? 바라보는 것은 그저 쳐다보는 것과는 다르다. 바라본다는 것은 내가 바라보고 있는 그 대상에 이끌린다는 것이다. 바라봄은 포옹의 시각적 체험에 비유할 수도 있다. 미로슬라프 볼프는 이러한 바라봄의 힘을 이해하려면 "포옹의 현상학"이 도움이 된다고 밝힌 바 있다. 그는 포옹은 팔을 벌리는 것에서부터 시작한다고 말한다.

> 열린 팔은 다른 이를 향해 손을 뻗는 몸짓이다. 열린 팔은 스스로 자기 안에 갇혀있는 나 자신의 정체성에 만족하지 않는다는 표시이며, 타인을 향한 갈망의 신호이다. 나는 그저 나 자신으로서만 존재하기를 바라지 않는다. 나는 다른 이들이 나 자신의 일부가 되기 원하며, 나 역시 다른 이들의 일부가 되기를 원한다.[7]

'자기 자신으로 가득 찬' 자아는 다른 이들을 받아들이지 않으며, 그들을 향하여 진정으로 움직이지도 않는다.[8] 열린 팔은 다른 이들이 들어오도록 내가 자신 안에 공간을 만들었으며, 나는 자신으로부터 나가려는 움직임을 하고 있다는, 그럼으로써 다른 이들이 만들어 낸 공간 안으로 나도 들어가고자 한다는 표지이다.[9] 그러나 포옹한 상태로 멈춰 있지는 않는다. 포옹은 두 몸이 한 몸이 되는 것은 아니기 때문이다. 한 몸이 다른 몸 안으로 녹아들어 가지는 않는다. 팔은 다시 열리게 된다. 그로써 서로 포옹했던 각 개체의 고유한 정체성이 보존된다.[10] 서로 포옹하고 있는 상대방의 고유한 정체성을 보존하고자 한다면, 우리는 서로를 이해하려 시도하지 않아도 된다. 우리가 상대를 우리 자신의 기준으로 이해하려 한다는 것은 상대를 우리 자신의 투사投射로 만들어 버리거나 우리 안으로 흡수하려는 것이다. 참된 포옹은 상대를 이해하는 것이 아니라 내가 지금 포옹하고 있는 상대를 물음표로서 받아들이고, 또한 상대의 물음표가 여전히 신비로 남아있는 채 놓아주는 능력이다.[11]

십자가에 못 박히신 그리스도를 바라보는 것은 마음으로 포옹하는 것이며, 하느님 사랑의 타자성他者性이 우리 삶 안으로 들어오도록 허용하는 것이다. 그러므로 이것은 즉각적인 환시 같은 것이 결코 아니라 연약한 인성 안에 숨겨진 겸손한 사랑의 하느님을 매일매일 만나는 것이다. 여기서 '바라봄', 곧 '응시'는 단순히 환경 안에서 우리 위치를 인식하게 도와주는 육신의 여러 감각들 중 하나인 물리적 시각을 가리키는 말이 아니다. 오히려 바라봄은 마음에 관련된 일이며, 마음이 그 팔을 벌리도록 해 주는 일, 곧 하느님 사랑의 성령께서 들어오시게 해 드리는 일이다. 뭔가를 바라보는 일은 우리가 바라보는 대상을 받아들이고, 그 대상을 포옹할 수 있도록 우리 마음 안의 공간을 내어 줄 것을 요구한다. 이 공간을 만들 수 있게 도와주는 것은 가난이다. 우리가 소유하고 있는 것 그리고 우리를 소유하고 있는 것으로부터 자유로울 때 우리는 더 투명하고 명확하게 볼 수 있으며, 우리가 우리 안에서 보는 것을 받아들일(受容) 수 있기 때문이다.

십자가에 못 박히신 그리스도를 하느님을 만나는 길로 바라보는 일은 어려울 수 있다. 우리는 못 박힌 몸뚱이나 고통받는 사람에게 매력을 느끼지 않기 때문이다. 우리는 고통을 부정하며, 일그러지거나 버림받거나 죽어가는 이들을 피하려 한다. 우리는 그들이 존재하지 않는 것처럼 무시함으로써 그들의 현존을 지우며, 우리의 주의를 아름다운 것과 부유한 것과 건강한 것으로 돌린다. 그러나 클라라가 말한 바와 같이 하느님은 연약하고 부서지기 쉬운, 십자가에 못 박힌 육신으로 당신을 드러내셨다. 십자가에 못 박히신 수치스러운 형상 안에서 우리는 하느님 사랑의 권능을 만난다. 클라라는 이 하느님의 맛을, 십자가에 매달리신 예수의 못 박힌 육신 안에 감춰진 달콤함을 맛보도록 우리를 이끌어 간다. 응시함이란 타자와의 꿰뚫는(penetrating) 대면이기에 타자를 맛보는 체험이며, 타자를 소멸시키지 않으면서도 우리 안으로 받아들이는 체험이기도 하다. 그러므로 응시는 은총에 대한 개방성을 요구한다. 이는 주님의 성령에 우리를 여는 것이다. 우리 안에서 실제로 응시하시는 분은, 곧 겸손한 사랑의 하느님을 '포옹'하시는 분은 우리 안에 계신 성령이시기 때문이다.¹² 사람 마음 깊은 곳의 심연에 살아 계신 성령께서는 십자가에 못 박히시고 '아빠!' 하고 부르짖으신 예수의 육신 안에서 하느님의 심연을 찾으신다. 우리를 그리스도와 결합시키시고 하느님의 겸손한 사랑을 포옹하도록 이끌어 주시는 분은 성령이시다.

거울을 바라보는 일은 아무리 강조해도 과하지 않다. 로마인들이 초기 그리스도교 순교자들을 오락거리 삼아 고문했듯이 다른 이들을 괴롭히는 짓을 재미로 삼는 이 세대에 우리가 살고 있기 때문이다. 고문에 관한 최근 기사 중에 이런 이야기가 있다. 너무나 젊은, 겨우 스물 두 살 된 아프가니스탄 택시 운전사가 억울한 누명을 쓰고 감옥에 갇혔다. 감옥 안에서 그는 쇠사슬에 묶여 감방 천장에 사흘간 매달려 있었다. 다리는 얻어맞아 완전히 으깨어지고 팔의 관절은 모조리 탈구되었다. 보고서 저자는 "심문을 하고자 그를 천장에서 끌어내렸을 때, 그의 팔은 새의 부러진 날개처럼 퍼덕였다. 마치 오후 세 시에 십자가에서 내려진 예수의 팔 같았다."라고 전한다.¹³ 마치 예수처럼, 고문을 받는 내내 그는 자비를 베풀어 달라고 계속해서 알라에게 부르짖으며, 고통 중에 암흑 속에서 버림받은 듯 느꼈다. 그를 고문한 군인들은 그가 알라에게 부르짖을 때마다 비웃었으며, 사지가 부러지고 심각한 화상을 입어 마침내 그의 영혼이 떠나갈 때까지 계속해서 더욱 심하게 조롱했다. 그는 단지 택시 운전사로서 정당한 요금을 받기 원했을 뿐이었다. 잘못된 손님을 태운 그 치명적인 밤이 지난 후, 그가 집으로 돌아오기를 기다리는 아내와 어린 자식들만이 남겨졌다.

이런 이야기는 인간성 안에 깊이 새겨진 잔인함을 우리에게 일깨우는 한편, 하느님께서 부재하실 때에는 인간 심성의 폭력성에 한계가 없음을 알려준다. 십자가의 거울을 바라보는 클라라의 응시는 개인적 변화의 길이었을 뿐만 아니라, 자기 자신보다는 서로에게서 당신을 드러내시는 하느님의 현존을 우리가 받아들임으로써 정의와 인간의 존엄성을 회복하는 길이기도 했다. 타인에게 우리 자신을 투사하지 않고 그를 받아들이는 것은 어려운 일이기에, 십자가의 거울을 바라보는 데는 가난한 사람의 시선이 필요하다. 자기가 하느님께 철저히 의존하는 존재임을 아는 사람은 자기 마음 안에 하느님께서 들어오실 공간을 만들 수밖에 없다. 가난한 사람은 마음의 눈으로, 곧 십자가 위 하느님의 모상을 어루만지고 맛보고 체험할 수 있는 꿰뚫는 시선으로 바라볼 만큼 개방되고 자유로운 사람이다. 그리스도의 얻어맞고 피멍이 든 아름다움을 바라보고, 그분을 포옹하고, 그분을 어루만지고, 그분의 향내를 맡고, 그분의 음성을 듣고, 오직 그분의 벗들만이 경험할 수 있는 그분의 숨겨진 달콤함을 맛보라고 클라라는 아녜스를 초대한다. 이러한 바라봄은 우리가 우리 육신 안에서 하느님의 말씀(the Word)과 만나는 일종의 '독서'라 할 수 있다. 우리는 꿰뚫는 시선으로 바라봄으로써 이 말씀을 공부해야 하며, 이 모상에 내적으로 친숙해져야 한다. 우리는 이 모상에 따라 창조된 것이다.

클라라가 영성 생활의 도구로 거울을 이용한 것은 수도승 전통에서 성경 말씀을 이용한 것과 다르지 않다. 그리스도를 따르는 사람이자 그분을 닮으려는 사람으로서 자기 삶을 더욱 깊이 비춰보고, 숙고하고, 곰곰이 되새기도록 거울이 클라라를 도와주었다. 수도승 전통에서 기도하는 마음으로 성경을 읽으며 하느님의 말씀을 되새기듯이(렉시오 디비나), 클라라는 아녜스에게 십자가의 거울을 바라봄으로써 '살'이 되신 말씀(the Word)를 '읽으라'고 권한다. 값진 진주를 찾는 사람과도 같이 아녜스는 마음의 눈으로, 곧 자기가 바라보는 모상의 깊이를 꿰뚫는 눈으로 '읽어야' 했다. 클라라는 이러한 형태의 꿰뚫는 응시가 바로 관상으로 가는 길이라고 했다.

관상은 우리가 우리 자신을 꿰뚫어 봄으로써 자기 잘못과 실패를 찾아내는 데서 시작하는 것이 아니라, 다른 이들을 바라봄으로써 자기 밖으로 나가 그들의 고통을 보는 데서 시작하는 것이다. 클라라의 관점에 따르면, 바라보는 법을 배우지 않고서는 아무도 하느님을 관상할 수 없다. 같은 맥락에서 보나벤투라는 이렇게 쓴 바 있다. "정신이 지성의 눈으로 이 지혜를 붙잡으려 하면 그리스도께서는 멀리 달아나 버리신다. 왜냐하면 (그곳에) 들어갈 수 있는 것은 지성이 아닌 마음이기 때문이다."[14] 프란치스칸에게 하느님은 사랑이시기에, 오직 사랑 안에 사는 이들만이 하느님을 '볼' 수 있으며 하느님을 관상할 수 있다.

클라라에게 매일 십자가의 거울을 바라보는 것은 밖으로 향하는 움직임일 뿐 아니라 자기 자신을 비추어 보는 일이기도 했다. 십자가의 거울은 하느님의 모상일 뿐 아니라 우리 인간성의 모상이기 때문이다. 하느님의 모상이 된다는 말의 의미가 뭔지를 잘 모르겠다면, 십자가에 못 박히신 그리스도의 모습, 곧 바깥을 향하여 활짝 펼쳐진 그 모습을 마주하라고 클라라가 우리를 일깨워 준다. 십자가에 못 박히신 분이 보여 주는, 우리를 심란케 하는 그 실재에서 우리 인간성의 모상이 드러난다.

사람은 한계를 안고 있는 피조물임을 클라라는 알고 있었다. 사람은 창조된 존재이며 우유적인 존재이고, 죄로 인한 단절을 비롯하여 온갖 한계의 어려움을 죄다 짊어진 피조물이다. 그러나 동시에 인간은 자기 자신을 초월할 수 있는 능력을 지니고 있으며, 다른 이들을 향한 염려와 사랑 때문에 자기 자신을 뛰어넘을 수 있는 존재이다. 십자가의 거울 안에 있는 진정한 인간성, 곧 우리 모상에 우리가 가까이 다가설 때 우리는 하느님을 관상하는 길, 그리하여 하느님으로 변화하는 길 위에 서게 된다. 클라라는 아녜스가 십자가에 못 박히신 분의 형상을 파고듦으로써 자기 자신의 모상을 관상하도록 도와주었다. 그녀는 이렇게 썼다.

> 이 거울의 가장자리를 보면서,
> 포대기에 싸여 구유에 누워 계신
> 그분의 가난을 주의 깊게 바라보십시오.
> 오, 감탄하올 겸손이여!
> 오, 놀라운 가난이여!
> 천사들의 임금이시며
> 하늘과 땅의 주님이신 분께서
> 구유에 누여지셨습니다!
>
> 그다음, 거울의 표면을 보시고
> 거룩한 겸손과 복된 가난을,
> 전 인류를 속량하기 위하여 그분이 겪으신
> 무수한 수고와 고생을 깊이 생각하십시오.
>
> 그리고 이 거울의 깊숙한 곳을 보시고
> 이루 말할 수 없는 사랑을 관상하십시오.
> 그분은 이 사랑 때문에 십자 나무 위에서 고난을 겪으시고
> 그 위에서 가장 수치스러운 죽음을 맞이하셨습니다.[15v]

---

v   이 부분은 본서의 표현을 그대로 번역하고 읽기 쉽게 행을 구분한 것으로, 작은형제회 한국관구 역, 『아씨시 프란치스코와 클라라의 글』 pp.378-379과는 다소 다른 표현이 있다.

클라라가 바라본 산 다미아노 십자가는 외로이 버림받은 그리스도의 형상이 아닌 십자가에 못 박히시고 영광을 받으셨으며, 제자들에게 둘러싸여 계신 그리스도의 형상을 묘사하고 있다. 마이클 구이난은 산 다미아노 십자가가 사제로서의 예수의 모습이 담겨 있는 요한복음서를 시각적으로 형상화한 것이라고 주장했다. 프란치스코의 글을 살펴보면, 그가 특별히 중요하게 여긴 부분이 무엇인지 알 수 있는데, 마지막 만찬 때 예수께서 모두가 하나 되게 해 주실 것을 청하며 바치신 "대사제의 기도"다(요한 17장).[16] 하느님의 영광은 예수 안에서 드러나며, 목숨을 바치는 예수의 봉헌은 아버지께 영광이 된다. 그리스도는 하느님과 피조물의 일치의 중심이다. 그분은 말씀이시기 때문이다. 이 말씀을 통하여 하느님이 알려지며, 모든 것이 하느님 사랑의 일치로 모아 들여진다. 클라라는 십자가의 사랑에 담긴 하느님 신비를 보는 동시에 십자가에 못 박히신 그리스도 안에서 가난, 겸손, 사랑의 표지를 지닌 인간의 신비를 보았다. 클라라는 가난, 겸손, 사랑의 표지를 '발자취'라고 불렀다. 바로 이 표지들을 통하여 우리는 자기 밖에서뿐만 아니라 자기 안에서도 그리스도의 현존을 알아볼 수 있게 된다. 이 표지는 하느님 모상의 발자취이며, 바로 이 모상 안에서 우리가 창조되었다. 우리가 이 거울에 비친 예수에 대해 하는 말들은 무엇이든 우리 자신에 대한 말이기도 하다.

예수의 인성은 우리의 인성이다. 하느님께서 우리를 만나고자 오시는 곳이 다름 아닌 우리 인성이기에, 십자가는 우리 자신의 진실을 이야기해 주는 것이다. 클라라의 영성은 심오하다. 거울이자 모상으로서 십자가에 못 박히신 그리스도의 생명이 우리 생명이고, 그분의 가난이 우리 가난이며, 그분의 인성이 우리 인성이기에 그분께서 지니신 사랑의 능력이 우리가 지닌 사랑의 능력이라는 것이다. 클라라는 아녜스에게 "매일 이 거울을 들여다"보라고 말한다.[17] 이는 십자가의 거울을 통하여 자신이 누구인지를 깊숙이 들여다보라는 뜻이다. 십자가의 거울을 응시할 때 우리는 무엇을 보는가? 우리의 가난을, 우리 존재의 가난을, 우리의 존재가 하느님께로부터 왔으며 하느님께 의존하고 있음을 보는가? 하느님께 의존해야만 하는 자신을 보는가? 단순히 하느님께서 우리보다 '더 크고 훌륭한' 분이기 때문이 아니라 우리가 유한한 존재이며, 창조된 존재이기 때문에 그분께 의존하고 있음을 깨닫는가? 우리 눈에는 죽은 듯이 보이는 것에도 생명을 불어넣으시어 일으키시는 사랑의 힘이신 하느님을 믿는가? 영원으로부터 그리스도 안에서 고유하게 창조되도록 하느님께서 뜻하신, 선하고 사랑스러운 존재로 우리 자신을 받아들이는가? 이 세상에 그리스도가 살아 계시며, 가시적으로 현존하고자 하느님께서 우리에게 의존하심을 보는가? 우리 삶의 가장자리와 표면에서 그저 존재하는 것들과 그 비슷한 것들 이상의 뭔가를 우리가 보게 된다면, 각각의 가장자리와 표면이 의미로 가득함을 보게 된다면, 우리는 피조물과 깊은 사랑에 빠지신 하느님의 마음(heart)을 반영하는 우리 모상의 핵심(heart)으로 들어가 우리 삶의 표면 아래에 있는 것을 보기 시작하는 것이다.

우리도 하느님처럼 그렇게 창조계와 '수치스러운'[vi] 사랑에 빠져 있는가? 클라라의 거울 신학은 단순히 자기 자신을 발견하는 도구가 아니다. 클라라가 말하는 거울은 우리가 무엇을 위해 창조되었는지, 우리 삶의 의미와 목적이 무엇인지를 드러내는 가시적 표현이며, 이는 십자가에 못 박히신 그리스도의 형상을 우리에게 비춰 보여준다. 클라라의 사상은 독일의 신비가 마이스터 에크하르트Meister Eckhart[vii]의 사상에 비견할 수 있다. 마이스터 에크하르트는 하느님께서 보내 주시는 것들을 거울의 형상이라는 상징으로 나타낼 수 있다고 했다. 거울은 그 자체로는 텅 비어있으며, 무엇인가를 비추어 줌으로써 비로소 자기의 존재를 얻는다. 그 거울을 들여다보는 만남이 없다면 거울은 아무것도 아닐 따름이다. 거울이 거울로서 존재하게 해 주는 것은 그 거울을 들여다보는 '응시'다. 그러나 동시에 거울을 응시하는 사람은 오로지 자기가 들

---

vi   본서 '들어가는 말'의 각주 iv 참고.
vii 도미니코회 수사이며 신학자인 마이스터 에크하르트의 생몰연대는 1260(추정)~1328년.

여다보는 대상에 빠져들기 때문에 거울의 존재 자체에는 더 이상 주의를 기울이지 않게 된다. 바버라 피안드의 설명에 따르면, 에크하르트의 생각은 이렇다. "… 그러므로 거울 안에 있는 존재는 거울에 비치는 것의 존재이다. 거울의 모상은 거울 그 자체가 아니라 그 거울을 대면함으로써 거울에 비치는 것이 무엇이냐에 따라 결정되는 것"이다.[18] 이러한 그의 생각은 클라라의 인식과 매우 유사하다. 말하자면 거울의 모상과 거울에 비친 모상은 똑같다는 것이다. 피안드의 말대로, "거울의 모상은 자기를 들여다보는 사람, 곧 자기가 비추고 있는 사람에게 자기 자신을 내어 준다. 거울의 모상이 '타자'에게서 비롯할 뿐만 아니라 거울의 존재를 '타자'에게서 받으며, 또한 거울 자신을 곧장 '타자'에게로 향하기 때문이다. 바로 이것이 거울이 '타자'를 '위하여' 있다는 뜻이다."[19] 비춰 줄 '타자'가 없이는 사실상 거울로서 존재하기를 멈추게 된다는 것이 거울의 가난이다. 같은 맥락에서 십자가의 거울도 '저 밖에' 있는 객관적인 사물로 존재하는 것이 아니라 이 거울을 바라봄으로써 거울에 비친 자기 자신의 모습을 바라보는 사람의 시야 안에서만 의미를 지닌다.

텅 빔과 충만함이라는 상반된 두 개념을 중재해 주는 십자가의 거울은 클라라에게 관상의 자리이기도 했다. 바로 여기서 우리는 관상이라는 것이 단순히 홀로 하느님과 혹은 영적 통찰력을 얻은 의식과 더불어 시간을 보내는 것이 아님을 알 수 있다. 관상은 마음의 눈으로 보고 마음으로 느끼는 것이며, 단순히 분석만을 통해서는 설명할 수 없는 무엇인가를 인식하는 것이다. 이는 수난 안에 숨겨진 사랑을 보고 아는 것이다. 인간을 보는 사람은 많지만, 이 인간이 바로 하느님의 모상임을 아는 사람은 거의 없다. 자기 삶 안에서 하느님의 사랑을 알아보려면 아주 깊은 자기 성찰이 필요하다. 이는 부서지기 쉽고 더욱이 고통스러울 때가 많은 타인의 삶에서 하느님 사랑의 깊이를 보기 위함이다. 오로지 이렇게 깊숙한 가난의 자리에까지 다다른 사람들만이 하느님 마음의 깊이를, 더 나아가 타인의 평범한 육신 안에 숨어 계신 하느님을 바라볼 수 있다. 하느님의 심연을 바라볼 수 있는 사람들만이 참으로 하느님의 모상이 될 수 있다. 그런 사람들만이 자기 자신의 심연도 바라볼 수 있기 때문이다. 바라보면 사랑하게 되고, 사랑하면 그 사랑 안에서 우리가 변화된다. 십자가의 거울이 우리에게 건네는 이야기는 이것이다. '바로 이것이 너다. 너는 비천하고 멍들고 부서진, 전적으로 하느님 손에 달린 사람이다. 이렇게 되라고 너는 부르심을 받은 것이다. 자기를 내어 주는 사랑의 그릇이 되라고 말이다.' 십자가의 거울에서 우리가 보는 모습은, 하느님 사랑으로 인해 쏟아 부어진 선물인 그리스도의 육신이라는 깨어진 그릇이다. 하느님의 모상으로서 우리는 바로 그 모습 그대로 되어야 한다.

자기 자신 안에서 이러한 하느님의 모상을 찾아내기는 쉽지 않겠지만, 타인에게 자기 생명을 쏟아부음으로써 하느님을 반영反影하는 사람들의 삶에서 십자가에 못 박히신 그리스도의 모상을 찾아볼 수 있다. 병원의 환자들을 방문하는 이들은 하느님의 모상을 드러낸다. 붐비는 버스 안에서 자리를 양보하는 이들이 하느님의 모상을 드러낸다. 지휘관을 구하려 전선에서 자기 목숨을 던진 군인도 하느님의 모상을 드러낸다. 이웃 어르신에게 꽃을 따다 드리는 어린이도 하느님의 모상을 드러낸다. 우리가 십자가에 못 박히신 분의 거울을 보는 곳은 벽이 아니라 살아 있는 인간 안에서다. 우리 이웃, 우리 부모, 우리 형제자매 그리고 우리가 길을 가며 만나는 사람들 안에 십자가에 못 박히신 분의 인격이 반영된다. 우리는 서로를 알고 또한 타인 안에 있는 자기 자신을 앎으로써 하느님을 알게 되고, 그리하여 하느님 안에 있는 우리 자신을 알게 된다. 우리 각자가 부르심 받은 대로 그리스도의 모상이 되어감으로써 이 세상에서 하느님의 현존이 나날이 새롭게 쇄신된다. 우리 각 사람이 영원하신 하느님의 얼굴을 반영하는 거울이 되는 것이 하느님께서 뜻하신 바다.

그런데 우리를 하느님의 모상으로 만드는 것은 정확히 무엇인가? 태어날 때부터 우리에게 그런 것이 붙어 있는 걸까? 인간 내부에 절대 불가침한 어떤 핵(core)[viii]이 있다거나, 혹은 각 사람이 어떤 가능성을 지니고 있어서 그것을 발휘하기만 하면 하느님의 사랑을 똑같이 따라 할 수 있는 것일까? 우리가 창조된 존재라는 단순한 사실에만 근거를 두고 있는 것일까, 아니면 우리가 관계를 맺는 존재로서 창조되었음을 감안해야 할까? 클라라는 이러한 질문들을 자기의 고유한 방법으로 다루었다. 그녀는 우리가 하느님의 모상이 된다는 것은 관계 안에 존재하는 것임을 짚어 주었다. 여기서 말하는 관계는 여느 관계가 아니라 사랑의 완전함을 반영하는 관계를 뜻한다. 각 사람의 가장 깊은 중심인 영혼은 사랑으로 일깨워진다(이 일깨워짐은 정신(mind)의 작용이다). 우리가 자신을 알게 되면 하느님을 알게 되고, 하느님을 알게 되면 항구한 사랑의 마음에 들어가게 된다.

 클라라는 하느님의 모상으로서 인간이 지닌 이러한 엄청난 잠재력을 깨닫고 있었다. 그녀는 아녜스에게 보낸 편지에 이렇게 썼다. "이제 하느님의 은총으로 모든 피조물 가운데 가장 고귀한, 믿

[viii] 일반적 용어인 '핵심'으로도 옮길 수 있겠지만, 저자가 '핵심'을 뜻할 때는 주로 heart라는 단어를 사용한다는 점을 고려하면, 여기서 저자는 천체의 중심부(특히 지구)를 가리키는 용어인 '핵(core)'을 말하는 것으로 여겨진다. 지구의 경우, 핵은 지표면 아래 2,900Km에서부터 지구 중심 부분까지를 이루며 매우 높은 밀도를 지니는 부분으로, 내핵과 외핵으로 이루어져 있다. 특히 내핵을 싸고 있는 외핵은 액체 상태이기 때문에 지진파 중 S파는 통과할 수가 없으니, 위 문장을 '지진파도 지나갈 수 없을 정도로 절대 침범할 수 없는 영역'으로 이해할 수 있다.

는 이의 영혼이 하늘보다 더 위대하다는 것은 분명합니다."[20] 그러나 또한 그녀는 잘못된 선택으로 인해 하느님을 지워버릴 수 있는 인간의 능력에 대해서도 알고 있었기에 이어서 이런 말을 쓴다. "하늘들과 모든 피조물을 다 합쳐도 그 창조주를 담을 수 없지만, 오직 믿는 영혼만이 그분의 거처이고 옥좌(throne)[ix]이기 때문입니다. 이는 믿지 않는 이들에게는 없는 사랑만으로 이루어집니다."[21] 클라라는 "믿는 영혼만이 그분의 거처이고 옥좌"이기에 인간이 창조주를 담을 수 있다는 놀라운 주장을 하면서 어떻게 그렇게 할 수 있는지를 덧붙여 알려주는데, 바로 사랑을 통해서라고 한다. 우리로 하여금 '하느님을 소유한 이들'이 되게 하며, 우리를 하느님처럼 만들어주는 것은 사랑이다. 하느님은 사랑이시기 때문이다. 그리고 오로지 사랑만이 사랑을 소유할 수 있기 때문이다.

사랑할 능력은 누구나 가지고 있지만, 그들 모두가 사랑을 행동으로 옮기는 것은 아니다. 클라라가 보기에도 믿지 않는 이들은 그렇게 하지 않는 것이 명백했다. 그래서 이렇게 쓰는 것이다. "…여기에 속아 넘어갑니다. 비록 그들의 교만이 하늘까지 이르고 그들의 머리가 구름까지 닿는다 해도, 마침내 그들은 제 오물처럼 영원히 사라져 버릴 것입니다."[22] 그러면 믿지 않는 이들이란 누

[ix] 작은형제회한국관구 역 『아씨시 프란치스코와 클라라의 글』에는 '옥좌' 대신 '자리'라고 번역되어 있다.

구인가? 우리도 그들 중 하나가 아닐까? 여기서 말하는 믿지 않는 이들이란 나쁜 짓을 저질렀거나 애덕의 실천에 실패한 이들일까? 클라라가 말한 믿지 않는 이들이란 사랑에 실패한 이들이라 할 수 있다. 이들은 자기 자신에게만 골몰한 나머지 자기 모습을 왜곡하고, 진정한 자기가 아닌 다른 어떤 것으로 스스로를 생각하게 하는 잘못된 거울을 들여다봄으로써 자신을 기만한다. 그럼으로써 그들은 클라라의 표현을 빌리자면, '오물'을 길어 올리는 것이다. 물질적으로 성공할 수는 있겠으나, 사랑하는 법을 배우는 데 실패하면 인생의 핵심을 놓쳐버리게 된다.

　십자가의 거울을 들여다보는 것은 우리가 하느님의 모상이 되도록 부르심 받았음을 깨닫게 되는 것이고, 하느님의 모상이 된다는 것은 사랑의 관계로 들어가라는 부르심을 받게 된다는 뜻이다. 사랑의 관계라는 자리에서 우리는 자기 자신에 대한 과도한 염려와 자기중심성을 뛰어넘을 수 있고, 본인이 아닌 타인을 향해 손을 뻗칠 수 있으며, 타인을 위한 사랑 때문에 꼭 필요하다면 우리 생명까지도 자유로이 내려놓을 수 있다. 어떻게 하면 우리 삶 안에서 그 자리에 가 닿을 수 있을까? 우리가 매일매일 십자가의 거울을 바라보아야만 한다고 클라라는 말했다. 이 거울이 비춰 보여 주는 것은 인성, 곧 사람됨이다. 우리는 사람이며, 또한 사람이 되도록 부르심을 받았다. 처음에는 이 거울에 비친 인성에서 우리 자신을 볼 수 없을 수도 있다. 이 십자가의 거울에서 우리가 보게 되는 형상은 우리와는 전혀 다른 모습을 하고 있기 때문이다. 그러나 마음으로 바라본다면, 그 거울을 '응시'한다면, 우리가 거울 안에서 보는 형상은 그를 응시하고 있는 사람과 다르지 않게 될 것이다. 클라라는 깊은 자기성찰로 우리를 초대한다. 십자가에 못 박히신 그리스도의 형상은 우리 자신이 누구인지를 보도록 도와준다. 관상을 통하여 또한 우리 자신의 가난, 겸손, 사랑을 통하여 자기의 진실을 볼 수 있다면, 우리는 우리 이웃, 우리 형제자매, 또한 하느님께서 그 안에 숨어 계신 이들 안에서 하느님의 현존을 관상할 수 있게 된다. 우리를 향한 하느님의 사랑과 우리의 사람됨의 한계를 관상함은, 우리의 거짓된 모습을 정화하고 우리를 자유로이 해방시켜 줌으로써 마침내 우리가 아무런 계산 없이 사랑할 수 있게 해 준다.

클라라에게 가난한 이들, 특히 영으로 가난한 이들은 십자가에 못 박히신 사랑의 하느님을 자유로이 바라보고, 남들이 슬픔을 보는 곳에서 기쁨을 보는 이들이었다. 그들은 마음 안에 있는 내면의 눈으로 실재의 심연을 볼 수 있다. 그들은 연약하고 유한한 인성 안에서 드러난 하느님의 심연에 대해 열려 있기 때문이다. 그들은 마음의 눈이 먼 이들에게는 감춰져 있는 것을 보기에 다른 방식으로 사랑을 한다. 그들은 계산 없이 사랑하며, 자기 존재를 다하여 사랑한다. 시성증언록에 따르면, 자매들에게 클라라는 이러한 가난한 이, 그리스도의 거울에 비친 모상의 전형이었다고 한다. 그녀는 자매들의 발을 씻겨 주었고, 그들의 시중을 들었으며, 자기 공동체를 그리스도의 몸에 일치시켜 주는 사랑의 유대 안에 살고자 분투했다. 클라라가 아녜스에게 바란 것은 그리스도 안에서의 변화였다. 그리스도 안에서 변화함으로써 자기 주위의 사람들에게서 하느님의 겸손하신 현존을 관상할 수 있게 되고, 그리하여 새로운 방식으로 사랑하는 그분(그리스도)처럼 사랑하게 되는 것이다. 클라라의 가르침은 단순하다. '매일 십자가의 거울을 바라보고 변화되십시오. 솔직하고 충실하십시오. 그대의 모습 바라보기를 두려워하지 마십시오. 그 거울을 응시할 때 그대는 무엇을 봅니까?'

성찰을 위한 질문

1. '하느님의 모상'으로서 창조되었다는 것이 여러분에게는 어떤 의미인가요? 이 모상 안에서 여러분은 어떻게 자라나고 있나요?

2. 여러분이 자신과 타인을 받아들이는 데 십자가는 어떤 도움을 줄 수 있나요? 십자가의 거울이 그리스도인의 성장에 긍정적인 도구가 되는 방법에는 어떤 것들이 있을까요?

3. 십자가는 어떻게 진정한 인간성을 드러내고 있나요? 진정한 인간성을 추구함에서 십자가에 못 박히신 그리스도와의 관계를 성장시키려면 어떤 방법을 쓸 수 있을까요?

1　Regis J. Armstrong, 「Clare of Assisi: The Mirror Mystic」, 『The Cord』 35 (1985), pp.95-202.

2　Armstrong, 「The Mirror Mystic」, p.197.

3　예를 들어, Ellen L. Babinsky가 번역하고 서문을 달았으며 Robert E. Lerner가 머리말을 작성한 Marguerite Porete의 『The Mirror of Simple Souls』(New York: Paulist, 1993)을 보라.

4　Himes, 『The Sacrament of Creation』 p.43.

5　Bonaventure, 『Hexaëmeron(Hex.)』 1.13 (VIII,331). 『Collations on the Six Days』 volume V, 「The Works of Saint Bonaventure」 José de Vinck, trans. (Paterson, N.J. St.Anthony Guild Press, 1970) p.8. 보나벤투라 저작의 비판본은 『Opera Omnia』 PP.Collegii S.Bonaventurae, ed, 10 vols. (Quaracchi, 1992-1902)를 보라. 라틴 텍스트는 괄호 안에 권차와 페이지 번호를 표시하였다.

6　「아녜스에게 보낸 셋째 편지」 12-13.

7　Miroslav Volf, 『Exclusion and Embrace: A Theological Exploration of Identity, Otherness, and Reconciliation』 (Nashville, Abingdon, 1996), p.141.

8　Volf, 『Exclusion and Embrace』 p.141.

9　Volf, 『Exclusion and Embrace』 p.142.

10　Volf, 『Exclusion and Embrace』 p.142.

11　포옹과 이해하지 않음에 관한 설명은 Volf, 『Exclusion and Embrace』 p.145-146을 보라.

12　프란치스코가 그리스도의 진리를 잘 받아들이는 영을 묘사하고 있는 권고1을 보라. "아버지는 사람이 다가갈 수 없는 빛 속에 사시고, 하느님은 영이시며, 아무도 하느님을 본 적이 없습니다. 그러므로 생명을 주는 것은 영이고 육은 아무 쓸모가 없기 때문에 하느님은 영 안에서가 아니면 볼 수 없습니다. (…) 그래서 주 예수를 영과 신성으로 보지 않고, 인성으로만 보아 그분이 하느님의 참 아드님이시라는 것을 보지도 않고 믿지도 않았던 모든 사람은 단죄받았습니다." (Adm 1.5-8, FA:ED I, p.128)

13　David Townsend, 『The Passion of Dilawar of Yakubi』 National Catholic Reporter (Aug 12, 2005), p.22.

14　Bonaventure, 『Hex』 2.32 (VIII,341), p.39.

15　「아녜스에게 보낸 넷째 편지」 19-23.

16　Michael D. Guinan, O.F.M., 『The Franciscan Vision and the Gospel of John』 Series 4, Franciscan Heritage Series, Elise Saggau, ed. (New York: Franciscan Institute, 2006)의 Part2 (the San Damiano Cross - Jesus' priestly garment)와 Part3 (Francis and John 17)을 보라.

17 「아녜스에게 보낸 넷째 편지」 15.

18 Barbara Fiand, 『Releasement: Spirituality for Ministry』(New York: Crossroad, 1987), p.5.

19 Fiand, 『Releasement』 p.5

20 「아녜스에게 보낸 셋째 편지」 21.

21 「아녜스에게 보낸 셋째 편지」 22.

22 「아녜스에게 보낸 셋째 편지」 27-28.

제4장
모상과 정체성

베네치아 거리에는 형형색색의 가면을 파는 가게들이 늘어서 있다. 가면은 사람이 자기 얼굴을 감추고 다른 캐릭터의 페르소나를 취할 수 있게 한다. 고양이, 새, 토끼, 여왕, 해적, 기사…. 헤아릴 수 없이 많은 가면이 있지만, 그중 우리가 써 볼 수 있는 것은 고작 몇 개뿐이다. 인격(person)이라는 말은 가면을 뜻하는 그리스어 프로소폰prosopon에서 유래했다. 프로소폰은 극장에서 배우가 자기 정체성을 숨기고, 맡은 캐릭터의 목소리를 증폭하기 위해 쓰는 가면이다.[1] 인격(person)에 해당하는 라틴어 페르소나persona는 페르 소나레per sonare라는 구句에서 비롯된 것으로, '~을 통해서 소리를 내다'라는 뜻이다. 가면을 쓴 사람이 그 안에서 소리를 내듯 인격 안에도 그를 '통해 소리를 내는' 목소리가 있다. 그러므로 인격(person)이라는 단어에는 '~을 통해 소리를 낸다'는 의미가 내포되어 있는 것이다. 따라서 어떤 인격이 된다는 것은 다음과 같은 질문을 던지는 것과 같다. 내 삶을 통해서 나는 어떤 목소리를 내고 싶은가? 그것은 나 자신의 목소리인가, 아니면 다른 누군가의 목소리인가? 나는 나 자신의 진짜 정체성을 숨기고, 나의 진짜 목소리를 왜곡하고자 가면을 쓰고 있는가? 클라라는 아녜스에게 보낸 넷째 편지에서 이러한 정체성에 관한 질문들을 제기한다. "이 거울을 매일 들여다보고, 계속해서 그 안에서 그대 얼굴을 살펴보십시오."[2] 클라라는 매일 자기 얼굴을 살펴보라고 권함으로써 우리의 진정한 정체성을 발견할 수 있는 곳은 오로지 십자가의 거울뿐임을 가르쳐 준다.

십자가의 거울과 사람의 얼굴 사이의 관계는 매우 흥미롭다. '얼굴'이라는 개념에는 이 사람을 다른 사람과 구분되게 하는 점, 곧 그가 누구인지를 결정하는 고유함과 구별점이라는 의미뿐만 아니라 어떤 형태 혹은 표현으로서의 의미도 함께 담겨 있다. 사람들이 보는 것은 그 얼굴이기 때문이다. 얼굴은 그 사람을 고유한 방식으로 드러내기에 그 사람의 인격적 정체성, 신원 혹은 자기표현을 반영한다.[3] 우리는 각자의 이름을 지닌 얼굴을 봄으로써 서로를 알아본다. 그런데 얼굴이라는 것이 우리가 알고자 하는 그 사람을 진정으로 드러내고 있는 것일까? 누구나 한 번쯤은 우리가 이미 알고 있다고 생각한 사람의 행동 때문에 깜짝 놀란 경험이 있을 것이다. 그 사람의 얼굴을 익히 보아 왔으니 그를 알고 있다고 생각했는데, 그의 얼굴을 통해 울려 퍼지는 목소리에 대해서는 전혀 몰랐던 것이다. 십자가의 거울을 통하여 자기의 고유한 정체성에 다가서라고 클라라는 아녜스를, 또한 우리를 부른다. 우리가 누구인지, 우리 안에서 울리는 목소리가 무엇인지가 우리 얼굴과 행동을 통해 드러나야 한다. 우리의 존재와 행동이 조화를 이룰 때 우리는 우리가 누구인지를 내적으로 평화로이 수용하고, 외적으로 자유로이 표현한다.

우리가 살고 있는 이 시대 문화에서는 정체성이 위기에 봉착해 있다. X세대들(Gen Xers)[i]은 사이버 공간의 모래상자 안에서 활동하며, 스스로의 정체성에 대해 불안정한 상태다. 사이버 공간의 복잡한 시대는 '가상현실'과 '가상 신원', 말하자면 가상의 정체성이라는 개념을 일으켰다. 현실 세계에서도 많은 사람들이 유명 상표가 붙은 물건으로 자기 자신을 꾸미는 소비자로서 이런 상표들의 화신化身이 되어 가상의 정체성을 취한다.[4] 가상현실이나 소비주의적 문화에서만 이러한 정체성 관련 의문이 제기되는 것이 아니다. 사실 지금은 자기(self)에 대한 질문 자체를 재고하는 시대다. 까마득한 옛날부터 장구한 진화 과정을 거쳐 현생 인류가 등장했다는 것을 현대인들은 이미 널리 인식하고 있다. 인간의 발생에 관한 이러한 인식은 우리가 인간이 아닌 피조물들과 (똑같지는 않되) 생물학적으로 연결되어 있으며, 따라서 우리 인간도 생태계의 한 자리에 위치한다는 사실이 자리 잡는데 배경이 되어 주었다. 최근 들어 관계(relationship)라는 말이 사회적으로 유행하는 주제가 되긴 했지만, 사실 이 단어는 창조된 생명의 근본적 구조에 관한 의미를 내포하고 있으며, 특히 삼위일체적 관점에서 창조를 숙고할 때 더욱 심오한

---

[i] X세대: 인구통계학적으로 2차 대전 직후 출생한 베이비부머 세대와 2000년대 초 출생한 밀레니엄 세대 사이에 위치한 세대로, 학자들은 대략 1960년대 초중반부터 1980년대 초반까지 동안 출생한 이들로 본다.

뜻을 지닌다. 현대 인류학자들은 더 이상 인간을 '독립적 개체' - 보이시우스의 표현으로는 나투래 라씨오나빌리스 인디비두아 숩스탄씨아naturae rationabilis individua substantia - 곧 이성적 본성을 지닌 개별적 실체로 보지 않는다.[5] 오히려 유한하고 우유偶有적인[ii] 각 생명체의 시작은 생태계의 그물에 뭔가가 들어오는 것이며, 한 생명, 새로이 창조된 이 존재 하나가 더해짐으로써 이 그물 전체가 변화하는 것으로 본다. 새로 이루어지는 창조 하나하나는 모두가 공동으로 창조한 것이다. 우리 또한 그렇게 창조되었으며, 단순히 관계의 그물 안에 들어감으로써 새로운 창조에 협력하게 된다. 생태계에 깊이 새겨진 인간은 어떤 '관계'의 전형이라 할 수 있다. 이 관계에서는 관계가 변화함에 따라 개체가 전체에 영향을 미치고, 동시에 전체는 개체에게 영향을 미친다. 현대 학자들은 '자기(self)'라는 개념은 개체 안에 있는 어떤 실체적 부분이 아니라 관계의 패턴이라고 설명한다. 여기서 말하는 관계의 패턴이란 그동안 맺어 온 여러 관계들로부터 영향을 받아 형성된 것이다. '진정한 자기'는 어떤 귀중하고 불변하는 핵(core)이라기보다는 맥박이 뛰는 유기체의 중심

---

ii 우유성에 대해서는 제2장 각주 ii 참고. "하느님께서 절대적 자유로 머무신다면, 하느님 외의 그 어떤 것도 필연적인 것이라 불릴 수 없다. … 모든 것은 상대적이거나 '필연적이지 않다'" (케난 오스본 OFM 저, 김지완 아우구스티노 OFM Conv. 역, 『프란치스칸 사상의 학문적 전통』, 프란치스코출판사, 서울, 2018, pp.129-131).

이라 할 수 있다.⁶ 이런 관점에서 볼 때, 사람의 자기감[iii]을 만들어 가는 데 기여하는 인간의 모든 상호작용은 사람이 자신의 변화를 허용할 수 있는 관계적 능력 혹은 어떤 형태의 상호적 능력을 구체화, 곧 실현시켜 준다고 할 수 있다.⁷

정체성을 찾는 오늘날의 우리에게 클라라의 거울 신학이 어떤 도움을 줄 수 있을까? 클라라는 심리학자가 아니었거니와 인간의 인격에 대해 장황하게 설명하는 데 공을 들이지도 않았다. 그러나 클라라는 심오한 영성을 지닌 여성이었으며, 삶의 뿌리를 성경에 두고 있는 사람이었다. 그녀는 우리가 하느님의 모상 안에서 창조되었음을 믿었기에 하느님 안에서 참된 자기를 찾을 수 있다고 믿었다. 클라라는 우리 정체성의 원천이 십자가라고 보았다. 하느님께서는 우리가 지닌 바로 이 조건, 곧 부서지기 쉬운 인간의 육신으로 우리에게 오셨기 때문이다. 예수의 인격 안에서 우리는 하느님의 참된 모상이 되는 것이 어떤 의미인지 볼 수 있다. 그러니 만약 클라라가 지금 살아 있다면 정체성의 위기를 겪고 있는 우리의 질문에 이렇게 대답할지도 모르겠다. "어째서 공연히 소란을 피웁니

[iii] 자기감(sense of self)은 자기 자신에 대한 인식을 뜻하며, 자기 정체성과 밀접한 관련이 있다. 자기감은 사람이 세상 안에서 자기 자신의 특성, 신념, 목적 등을 바라보고 생각하는 방식이라 정의할 수 있는데, 내적·외적인 자기를 모두 포함하며 계속해서 변화한다. 미국인 심리학자 칼 로저스Carl Rogers는 자기감을 형성하는 세 가지 요소로 자기 이미지(self-image), 자존감(self-esteem), 이상적 자기(ideal self)를 꼽았다.

까?"ⁱᵛ 그녀는 우리의 정체성이 우리의 모상과 관련되어 있다고 믿었기 때문이다. 우리의 정체성은 곧 우리가 누구인지의 문제이고, 우리의 모상은 곧 우리가 무엇이 되도록 부르심 받았는지의 문제다. 우리 각자는 인격적 정체성을 지니며, 각자 고유하게 창조된 대로의 모상을 표현한다. 그리고 이 모상이 십자가의 거울에 비치는 모습을 봄으로써 그 모상을 알 수 있다. 클라라는 아녜스에게, "이 거울을 매일 들여다보고 계속해서 그 안에서 그대 얼굴을 살펴보"라고, 공부(study)하라고 말했다. '여러분이 누구인지, 여러분이 무엇이 되도록 부르심을 받았는지, 여러분이 어디서 사랑에 실패했는지 들여다보고 공부하십시오. 십자가에 못 박히신 그리스도를 바라보며, 여러분의 삶을 살펴보고, 성찰하고, 숙고하십시오.'

우리 모두는 '살펴보는', 곧 '공부(study)하는' 과정을 익히 안다. 공부를 한다는 것은 그냥 읽는 것이 아니라 집중해서 천천히 읽으며, 어떤 개념에서는 멈추어 숙고하고, 개념들을 연결하여 이해와 통찰에 이르는 것이다. 십자가의 거울에 비친 얼굴을 공부하는 것도 이와 다르지 않다. 이는 단순히 십자가를 쳐다보거나, 성당에 들어갈 때 흔히 하듯이 고개만 까딱하는 것이 아니다. 십자가 곁에 앉아서 십자가에 못 박히신 그리스도의 형상에 집중하고, 하느

---

iv 예수께서 회당장 야이로의 딸을 살리실 때 하신 말씀(마르 5,39)을 떠올릴 수 있다. "어찌하여 소란을 피우며 울고 있느냐? 저 아이는 죽은 것이 아니라 자고 있다."

님의 사랑으로서 못 박히심의 의미에 멈추어 숙고하며, 십자가에 못 박히심의 의미와 우리 자신의 삶을 연결 지어 보고, 우리가 무엇이며, 또한 우리 삶을 통하여 무엇이 되라고 부르심 받았는지를 십자가에 못 박히신 그리스도의 시선으로 이해하는 것이다. 클라라에게 이 공부의 과정은 우리가 '관상'이라고 부르는 사랑의 단계에서 필수불가결한 것이었다. 관상은 실체의 진실에 다다르는 꿰뚫는 응시를 뜻한다. 우리가 그저 쳐다보는 것이 아니라 응시할 수 있게 될 때 관상이 시작된다. 이 관상은 육신을 취하시고 십자가에 못 박히신 사랑이신 하느님을 향한 것이다.

클라라는 아녜스에게 십자가의 거울 안에서 자기 모상을 관상하라고 촉구한다. 십자가의 거울 안에 있는 우리 얼굴을 공부하는 것이 관상이라면, 우리는 이 관상을 통하여 하느님의 모상인 우리 자신의 진정한 모상을 완성할 수 있다. 십자가 안에서 우리 얼굴을 공부한다는 것은 우리가 누구인지를 묻는 것이다. 클라라는 '자기'는 하느님에게서 분리된 실체가 아니라 하느님과의 관계 안에서 창조된 것이라고 했다. 우리 정체성이, 하느님의 모상이라는 감춰진 보화를 드러낸다. 우리는 이 모상 안에서 창조되었으며, 이 모상으로 인해 하느님과의 관계 안에 있게 된다. 그러므로 정체성은 하느님의 모상으로서 자기의 성장이자 발전이며, 특히 하느님과 타인과의 관계를 통하여 자기를 창조하는 것이다. 클라라는 이를 "이 세상과 인간의 마음의 밭에 숨어 있는 보물"이라고 표현했다.[8] 십자가의 거울에 대한 응시는 십자가에 못 박히신 정배에 대한 관상으로 이어지며, 그다음에는 반드시 우리 자신의 심연으로 이어진다. 십자가에 못 박히신 분의 거울 안에서 우리가 누구인지의 문제가 분명해진다. 이는 우리가 무엇이 되었는지(우리 '얼굴') 그리고 우리가 내적·외적으로 어떤 덕을 얻었는지로 드러난다. 우리가 하느님과의 관계 안에서 '누군가(who)'가 되도록 부르심을 받고, 바로 그 누군가가 되어감에 따라('자기 정체성'), 하느님께서는 항구하고도 끊임없이 우리의 자기를 창조하심으로써 당신 자신을 온 우주에 드러내신다. 하느님께서는 우리 삶을 통해 울려 퍼지는 목소리가 되신다. 사랑 안에서 하느님과 일치한 자기는 하느님을 반영反影하는 자기가 되며, 이로써 하느님의 모상이 된다. 클라라에게 관상은 하느님께 도달하고자 한 걸음씩 올라가야 하는 사다리나 과정이 아니었다. 오히려 관상은 우리 정체성의 통합이며, 하느님의 모상으로서 우리의 성장이다. 관상은 마치 쌍둥이처럼 반드시 변화와 연결되는 것이라고 클라라는 아녜스에게 보낸 셋째 편지에서 말하고 있다.

> 관상을 통하여 그대 자신 전부를
> 그분 신성의 모습으로 변화시키십시오.[9]

관상과 변화를 통하여 우리 삶 안에서 하느님께서 육신을 취하심으로써 이 세상에 그리스도께서 다시 사시는 것이다.

아녜스에게 보낸 편지에서 클라라는 그리스도인 정체성의 핵심을 곧장 파고들어 정확히 지적했다. 그런데 우리는 프란치스코의 삶이라는 렌즈를 통해서도 정체성 의문에 관해 간략히 살펴볼 수 있다. 프란치스코가 모든 피조물을 사랑하는 형제로 변화한 것은 무슨 마법을 써서 된 일이 아니다.[v] 그는 마음으로부터의 회개, 가난, 연민에 찬 사랑과 평화를 위해 끊임없이 노력했다. 프란치스코는 십자가에 못 박히신 그리스도를 산 다미아노 십자가에서 처음으로 대면하였다. 이 십자가가 바로 프란치스코 자신의 삶에 대해 깊은 곳에서 말씀하시는 하느님의 모상이었다. 성 프란치스코의 전기 중 하나는 그가 십자가 앞에서 홀로 이렇게 중얼거리며 기도를 드렸다고 전한다. "오, 주님, 당신은 누구십니까? 그리고 저는 누구입니까?" 프란치스코가 가졌던 소위 '성공'의 열쇠는 자기 정체성, 곧 하느님 앞에서 자기가 누구인지를 받아들인 것이었다. 토머스 머튼은 하느님은 모든 것이 그들 자신이 되도록 만드시며, 모두가 그들 자신으로 존재할 때 그 안에 하느님의 영광이 계신다고 했다.[10] 움브리아 골짜기의 해바라기와 양귀비꽃이 하느

---

[v] 프란치스코의 유언은 "… 죄 중에 있었기에 나에게는 나병 환자들을 보는 것이 쓰디쓴 일이었습니다."라는 말로 시작한다.

님의 얼굴을 바라보는 성인들인 것은 그들이 다른 어떤 일을 해서가 아니라 오로지 그 자신으로 존재하기 때문이다. 그들과 똑같이 프란치스코도 자기 자신으로 존재하는 법을 배워야 했다. 십자가의 거울을 통해서 프란치스코는 하느님께서 그를 창조하실 때 지어 주신 그대로의 자기, 관계적인 자기, 곧 타인과 맺는 참 사랑의 관계를 통해서만 될 수 있는 참 자기가 되어갔다. 그는 창조계 가족의 식구가 되었다. 이는 그가 자기의 강점과 약점, 재능과 실패를 모두 끌어안고 자기 자신을 받아들였기 때문이다. 이러한 자기 수용의 길을 통해 그는 하느님을 발견했다. 자기 약점 안에서 하느님을 발견함으로써 그는 타인의 연약함과 나약함 안에서 하느님을 발견했다. 프란치스코의 삶이 우리에게 이야기하는 바는 바로 이것이다. 우리가 하느님을 발견할 때 우리 삶도 발견하게 되고, 우리 삶을 발견할 때 다른 이가 우리의 형제자매임을 알아보게 된다. 그들 안에 살아 계신 하느님을 발견하기 때문이다. 바로 얼마 전 내가 학생들에게 정체성에 관한 질문을 던지자, 한 학생은 이렇게 써 냈다. "나는 구매한다. 그러므로 나는 존재한다." 물질적으로 무엇을 소유했는지가 개인의 정체성과 연결된다고 생각하다니 이 얼마나 서글픈 일인가. 그러나 이미 왜곡되어 버린 소비주의적 문화에서는 이 말이 사리에 맞는 대답인 것이다. 토머스 머튼은 내가 나의 참 자기에서 멀어질수록 거짓 자기로 자신을 더

단단히 포장하게 된다고 말했다. 참 자기란 하느님께서 창조하실 때 그렇게 되도록 지어 주신 자기고, 거짓 자기란 내가 스스로 그렇게 되어야 한다고 생각하는 자기다.[vi] 이 거짓 자기는 하느님에게서 엄청나게 멀리 떨어져 있으며, 하느님께서는 이런 자기에 대해서는 전혀 알지 못하신다. 그분이 그것을 창조하시지 않았기 때문이다. 이런 거짓 자기는 어둠 속에 있기 때문에 내 시간과 주의력의 전부를 요구하여 창조계 안에 자리한 나의 참 자기로부터 등을 돌리게 만든다. 우리가 물질적인 것들을 정체성의 근원으로 여기고 그것과 관계를 맺고 있다면, 허무로 가는 위험한 길 위에 있음이 확실하다.

오늘날 우리가 독특한 옷, 헤어스타일, 장신구 그리고 다른 사람과 달라 보이게 해 주는 것이라면 뭐든지 걸쳐서 스스로를 돋

[vi] 참 자기(true self)와 거짓 자기(false self)에 대해서는 위니캇(D.W.Winnicott)의 이론을 참고. "참 자기는 타고난 잠재력을 가리킨다. … 참 자기는 아동의 존재의 연속성을 지원해 주는 모성적 돌봄을 통해서 자체의 고유한 특성을 발달시킨다. 이 참 자기는 개인적 현실감을 가지고 핵심 자기로부터 나오는 진정한 삶을 살 수 있게 한다. 거짓 자기는 자아가 그러하듯이 안정적이고 반복적이며 계속적으로 활동하는 구조이다. … 참과 거짓은 도덕적인 질서에 관한 것이 아니라 자기의 특질을 말하는 것이다. 자발적 표현을 지원하는 경험들은 참 자기에 해당하는 반면, 순응적 삶을 지지하는 다른 경험들은 거짓 자기에 해당한다. … 모든 개인은 어느 정도 거짓 자기 구조와 일치하고 또 그것으로 구성된 사회적 자기의 요소를 가지고 있다.", "참 자기는 아동의 자발적인 몸짓이 지닌 가치를 알아보는 충분히 좋은 양육자의 수용과 돌봄 안에서 발달한다. 이 발달 과정이 방해받을 때 아동은 진정성과 자발성으로부터 철수한다. 이때 아동은 진짜처럼 보이는 거짓 자기를 형성하여 세상에 반응한다"(미국정신분석학회 저, 이재훈 역, 『정신분석용어사전』, 한국심리치료연구소, 2002).

보이게 하려 드는 것은 전혀 놀라운 일이 아니다. 우리의 물질문화는 우리가 무엇이 되어야 하는지, 특정 상품을 소비함으로써 우리가 어떻게 되는지를 보여 주는 이미지를 퍼뜨리면서 정체성 위기도 퍼뜨렸다. 소비주의는 우리가 자기 자신이 아닌 다른 누군가 혹은 다른 무언가가 되어야 한다고 생각하게 하고, 이에 따라 자기 자신을 받아들일 수 없게 만듦으로써 어떤 형태의 '소외'를 양산했다. 우리는 광고에서 날아오는 이미지들의 폭격을 맞아 여러 개의 정체성을 가지고 살아가게 되는데, 그중에 진짜 우리 정체성은 거의 혹은 전혀 없다. 나는 인간성의 소외와 이 시대의 정체성 위기가 소비주의의 만연, 인터넷의 과도한 사용, 빈약한 관계맺음과 관련되어 있다고 생각한다. 우리는 약점이 없는 자기를 찾으며, 우리의 약점에도 불구하고 우리를 사랑해 줄 누군가를 찾는다. 우리는 서로를 위해 창조된 관계적인 존재이다. 그러나 우리가 자신을 받아들일 수 없다면, 다른 이를 받아들이기도 어렵게 된다. 프란치스코는 나병 환자를 받아들임과 동시에 약점과 한계를 지닌 자기 자신을 받아들인 것이다. 나환자에게 입맞춤으로써 그를 받아들일 때 프란치스코는 자기 삶과 나환자의 삶에 하느님을 받아들인 것이다. 프란치스코는 유언에서 주님께서 그를 나병 환자들 가운데로 이끄신 후에는 "나에게 쓴맛이었던 바로 그것이 도리어 몸과 마음의 단맛으로 변했다"고 말한다.[11] 프란치스코는 육신을 입으신 하느님을 체험함으로써 우리의 거절과 퇴짜가 사랑스런 포옹으로 변화됨을 발견했다. 나환자 안에서 육신을 입으신 하느님의 현존을 알아본 일이 그리스도 안에서 회개의 삶으로 그를 이끌었다. 그리스도께서는 우리의 소외된 자기를 참 자기에게로 이어주는 다리이시며, 우리의 참 자기와 타인을 이어주는 다리이시기 때문이다. 우리는 이 일치 안에서 우리의 완성을 발견한다.

프란치스코는 하느님 안에서 자기를 알게 된 사람이 가난한 사람이며, 가난한 사람은 자유롭기 때문에 사랑할 수 있음을 가르쳐 준다. 프란치스코에게 가난, 곧 영적인 가난과 물질적 가난 모두는 하느님과 타인들에게 철저히 의존해야만 하는 자신을 받아들이게 해 주었다. 그는 자기 존재의 원천이 자기 자신이 아니며, 자기 삶 안의 그 모든 것이 선물임을 알고 있었다. 내 자아(ego)의 '나(I)'조차 나에게 속한다고 말할 수 없는 것이다. 프란치스코는 자기의 고유한 길을 통해 '나'도 하느님께로부터 왔으며, 하느님께 속함을 깨달았다. 가난은 프란치스코 자신이 사람임을 그리고 사람이기에 관계적인 존재임을 깨닫게 해 주었다. 자기 자신이 되고자 하면 다른 이들을 필요로 하게 마련이니, 자기 자신이 된다는 것은 곧 하느님께서 그 안에 머무시는 다른 이들(타자)에게 의존하게 되는 것이다. 사람뿐 아니라 땅, 꽃, 벌레, 새, 토끼 등 온갖 미물에게도 말이다. 말년에 그는 육신의 시력을 잃었지만, 전 우주를 향해 열린 시야를 통해서 사랑의 빛나는 그물 안에 모두가 통합된 피조물의 세계를 보았다. 이 그물 안에서 프란치스코는 형제로서의 자기 자리를 발견한 것이다.

  십자가의 거울을 통하여 이와 같은 경지의 자기 인식에 도달하라고 클라라가 우리를 부른다. 예전에는 그저 쳐다보기만 했던 모습을 비로소 관상하기 시작하면, 이 거울은 우리가 책임감을 가지도록 이끌어 준다. 우리 정신과 영혼과 마음을 그 거울 안에 두고 거울에 비치는 것을 새로운 방식으로 포옹할 때, 거울은 우리에게 자기 행동을 숙고해보라고 촉구한다. 관상기도를 통하여 우리는 외적이며 육체적인 인식으로부터 서로 간에 내재하는 심오한 체험으로 이끌리게 된다. 이 거울이 우리에게 주는 '렌즈'는 우리가 자신을 보고 이해하는 새로운 방법을 선사한다. 이러한 가시적인 모상을 통하여 우리는 하느님과 우리 자신이 맺는 새로운 관계 안으로 들어가라는 초대를 받는다. 그리스도는 거울이시다. 이 거울 안에서 하느님께서 우리에게 당신 자신을 드러내시며, 우리도 우리 자신에게 드러난다. 자기가 누구인지에 대한 진실, 곧 자기 정체성이 드러나는 곳이 이 십자가의 거울이다. 그러므로 십자가의 거울을 들여다보는 것은 하느님의 자기증여적 사랑을 바라보는 것이며, 이를 기꺼이 받아들이는 것이다. 우리는 거울에 보이는 '사람'의 행동, 우리 자신을 숙고하되 거울 자체이신 그리스도의 행동과 더불어 이를 살펴보아야 한다. 클라라는 우리에게 세상에서 우리가 행동하는 방식이 그리스도의 덕, 말하자면 그리스도의 겸손, 가난 그리고 사랑을 '반영(reflect)'하고 있는지 숙고해 보라 권한다. 그 거울을 응시함으로써 우리는 우리 내면 깊숙한 곳에 있는 우리 자신과 관계를 맺으시도록 그리스도를 초대하는 것이다. 우리가 거울 안에 있는 그리스도를 보고 그리스도의 얼굴에 비친 우리 자신의 얼굴을 살펴볼 때, 우리로 하여금 그리스도의 참된 반영이 되게 하는 것은 무엇이며, 또한 그 모상을 흐리게 만드는 것은 무엇인지를 인식하게 된다. 클라라의 거울 상징이 지니는 힘은 우리가 자신의 참된 모상을 부인하거나, 그로부터 달아날 수 없다는 데 있다. 십자가의 거울은 우리가 누구인지를 말해 주는 가장 구체적이고도 가시적인 진술이다.

이와 같이 클라라는 성령께서 십자가의 거울을 통하여 사람 마음의 심연을 살펴보심을 알았다. 십자가에 못 박히신 분의 거울은 이 세상에서 우리가 하느님과 가장 비슷한 존재가 되는 때는 바로 사랑을 실천할 때, 특히 고통과 가난과 겸손을 통해 사랑할 때임을 가르쳐 준다. 동시에 이 세상에서 우리가 하느님에게 무슨 짓을 하는지도 드러낸다. 바로 그분을 십자가에 못 박는 일이다. 이 거울에서 우리는 인간이 지닌 크나큰 사랑의 능력과 동시에 인간의 죄성이 지닌 슬픔을 본다. 관상은 실재를 꿰뚫는 진실이다. 우리는 모상에 따라 창조되었으며, 우리가 그 모상을 관상할 때 하느님 안에서 우리가 누구인지에 대한 진실에 이끌려 간다. 그러므로 십자가는 우리 자신의 참된 모상을, 또한 우리 자신 안에서 우리가 바라보아야만 하는 모습들인 우리 자신의 가난, 겸손, 고통을 가리키는 것이다. 우리 자신을 십자가의 거울 안에 두는 것은 우리 자신을 인간 존재의 기쁨과 슬픔에 노출시키는 일이다. 이는 모든 것을 끌어안는 하느님 사랑의 기쁨이며, "멸시받고 얻어맞고 매질 당한" 정배를 바라보는 슬픔이다.[12] 십자가의 거울 안에 우리의 온 존재를, 마음, 정신, 영혼 모두를 놓아야 하며, "관상을 통하여" 우리 "자신 전부를 그분 신성의 모습으로 변화"시켜야 한다.[13] 클라라는 가난, 겸손, 사랑이 '그리스도의 발자취'이며, 우리는 자기 존재 깊은 곳에서 이러한 발자취를 발견하라는 부르심을 받았다고 말한다. 우리는 자기의 강점과 약점, 재능과 실패 모두와 더불어 자기 자신을 받아들여야 한다. 하느님과 더욱 깊이 일치하기를 갈망한다면, 이를 방해하는 것들의 구속으로부터 우리 자신을 해방시키고자 겪어야만 하는 고통과 수난에 직면하기를 준비해야 한다. 진정한 자기 정체성대로 살기를 열망한다면, 우리가 그에 따라 창조된 하느님의 모상이신 십자가에 못 박히신 그리스도와 같은 존재가 되기 위한 길을 방해하는 모든 것을 없애 버려야만 한다.

클라라는 생명으로 가는 길은 죽음이라는 실제적인 감각을 지니고 있었다. 자기의 참된 정체성에 가까이 간다는 것은 '작은 죽음들'을 겪어내는 것이라 할 수 있다. 이는 참 자기를 겹겹이 가리고 있는 거짓 자기의 껍질들을 벗겨내는 것이다. 하느님 안에서 참된 자기가 되기 위하여 우리는 계속해서 죽어야만 한다. 그것도 한 번이 아니라 여러 번, 실로 평생토록 우리는 작은 죽음들을 경험해야만 하는 것이다. 클라라는 죽음이 지닌 힘은 새로운 생명, 하느님의 생명임을 알았으며, 이 생명 안에서 사는 삶이 우리가 창조된 바대로 온전히 사는 삶임을 알았다. 그녀는 이렇게 썼다.

> 그대가 그분과 함께 고통을 겪으면
> 그분과 함께 다스릴 것이고,
> 그분과 함께 슬퍼 울면 그분과 함께 즐거워하게 될 것이고,
> 수난의 십자가 안에서
> 그분과 함께 죽으면
> 성인들의 광채 안에서
> 그분과 함께 천상 거처를 얻게 될 것입니다.[14]

십자가의 거울은 우리의 정체성이 하느님 사랑의 심장부에 숨겨져 있음을 의미한다. 오로지 십자가 안에서만 우리는 자기 자신이 누구인지를 알 수 있으며, 우리가 무엇이 되도록 부르심 받았는지를 알 수 있다.

거울을 더욱 깊이 바라봄에 따라 우리는 인간 존재의 핵심적 신비인 우리의 정체성에 이끌려 가게 된다. 하느님께서는 우리 한 사람 한 사람을 사랑하시어 인격적이고도 고유한 각자의 길을 통해 우리를 존재로 지어내셨다. 클라라는 거울을 바라보는 것은 자기를 비추어 보는 것이라고 했다. 십자가에 못 박히신 그리스도 안에서 드러나시는 하느님이 바로 우리의 모상이다. 바로 이것이 우리가 거울을 들여다보고, 우리가 지닌 사랑의 능력과 우리 자신을 받아들였을 때(受容) 우리 눈에 비치는 자기 모습이다.[15] 우리가 십자가에 못 박히신 분을 바라봄으로써 그리스도를 더욱더 많이 관상할수록 자기 정체성을 더욱더 많이 발견하게 된다. 이 정체성은 하느님께서 지어 주신 것이며, 영원으로부터 우리가 그렇게 되도록 정해져 있는 모습이다. 우리 각자는 절대로 똑같이 반복해서 만들어질 수 없는 개별성(thisness)[vii]을 지닌다. 이는 다른 누구도 똑같이 공유할 수 없는 어떤 인격적이고도 고유한 구분점이다. 이

---

vii '개체성', '개별성', 혹은 '이것성' 등으로 번역하는 thisness는 프란치스칸 신학자인 요한 둔스 스코투스의 헥체이타스haecceitas 개념의 영어 표현이다. 참고하도록 케난 오스본 OFM 저, 김지완 아우구스티노 OFM Conv. 역, 『프란치스칸 사상의 학문적 전통』, 프란치스코출판사, 서울, 2018, p.129의 내용을 소개한다. '사람에게 적용된 스코투스의 헥체이타스 학설은 한 사람이 다른 사람들과 공유하는 어떤 특성이나, 혹은 그(그녀)가 사회에 끼쳤을 어떤 공헌으로부터 완전히 동떨어져서 하느님에 의해 개별적으로 원해졌고, 하느님에 의해 개별적으로 사랑받는 한 사람으로서의 고유한 가치를 각자에게 부여하는 것처럼 보인다. 헥체이타스는 심지어 우리에게 주시는 하느님의 개인적 선물이라고 말할 수 있을 것이다' (Allen B. Wolter, Duns Scotus' Early Oxford Lecture on Individuation, Santa Barbara, CA: Old Mission Santa Barbara, 1992, p.xxvii.에서 재인용).

구분점에 하느님의 권능이 담겨 있으며, 여기서 새로운 방식으로 그분 자신이 드러난다. 우리 자신의 인격적이고 개별적인 자기 안에서 그분이 드러나시는 것이다. 우리의 단점, 실패, 약함과 한계에도 불구하고 말이다. 영원으로부터 하느님께서는 우리 한 사람 한 사람이 각자의 고유한 방식대로 그분의 영광이 되기를, 그분께서 취하시는 영원한 사람의 얼굴이 되기를 갈망하셨다. 하느님께서는 우리의 고유한 손과 발을 지닌 우리 육신을 당신께서 드실 처소로 삼기를 갈망하셨다. 하느님께서는 우리 삶 안에서 당신 자신이 육화하시기를 갈망하신다. 상상하기도 어려운 일이지만 하느님께서 우리의 육신을 취하실 때, 우리가 삶 안에 하느님께서 머무실 자리를 내어 드릴 때 육화는 계속된다. 이 계속되는 육화 안에서 우리는 우리가 진정으로 누구인지를 발견하며, 그리하여 우리 안에 계신 하느님의 기쁨을 발견하게 된다.

클라라에게 십자가는 하느님을 알게 되는 자리이자 하느님 안에서 자기를 알게 되는 자리이기도 했다. 십자가에 못 박히신 그리스도의 모범을 따라 사는 가난과 겸손의 삶은 사람의 마음 안에 숨겨진 보화를 붙잡도록 아녜스를 이끌어 주었으며, 지금의 우리도 이끌어 준다. 이 보화는 하느님의 말씀이다. 이 말씀 안에서 우리가 창조되었다. 우리 삶 안에 그리스도의 모상이 비치는(reflect) 모습을 더욱더 많이 볼 수 있도록 십자가의 거울이 우리를 도와준다면, 우리는 정신과 영혼과 육신으로 어떻게 그리스도가 되어갈지를 숙고해야(reflect) 한다. 이 숙고는 실천과 행동의 수준에서 시작되겠지만 이와 동시에 우리가 누구인지, 우리 마음에 들어있는 것은 무엇인지, 우리 정신을 차지하는 것은 무엇인지, 우리 영혼의 갈망에 불을 붙이는 것은 무엇인지를 더 깊은 차원에서 숙고해야만 한다. '응시함'이 자기를 비춰보는(reflect), 곧 성찰하는(reflect) 일인 까닭은 바로 이 때문이다. 십자가에 못 박히신 그리스도 안에서 우리가 보게 되는 모상이 바로 창조 때의 우리 모습이며, 이 모상 안에 우리 정체성의 기반이 있다. 관상은 거울을 들여다보는 사람을 거울 안에 비치는 모습 그 자체로 변화시킨다. 그렇기에 관상은 창조적인 것이다. 우리가 그리스도를 더 많이 관상할수록 하느님의 모상을 더 많이 발견하고, 더 많이 닮아가게 된다. 그리스도의 거울을 응시하는 사람이 드러내는 하느님의 모상은 믿는 이 안에서 그리스도께서 다시 '탄생'하심으로써 표현된다. 이러한 그리스도의 '탄생'은 어떤 의미인가? 십자가의 거울을 통하여 그리고 십자가의 거울 안에서, 우리가 하느님과 우리 자신과의 더욱 깊은 관계로 들어갈수록 우리는 이 세상에서의 우리 삶을 살펴보며, 우리가 진정 그리스도를 반영하고 있는지 더욱 숙고하게 된다. 한편으로는 십자가 안에서 우리 모습을 살펴보고 우리 행동을 숙고하며, 또 다른 한편으로는 우리가 보는 모습이 육신으로서도 그리스도의 인성과 같아지고 있는지를 숙고하는 것이다. 그리스도와 같이 되는 것은 여전히 어둠 속에 있는 부분까지도 포함해서 우리 자신의 모든 것을 포옹하여 그런 부분들이 빛과 희망을 보게 해 주는 것이다. 이는 어려운 상황, 특히 우리가 베푼 사랑을 되돌려 받지 못할 때 기꺼이 사랑하는 것이다.

클라라의 길을 따르려면 반드시 하느님과 진정한 관계를 맺어야만 하고, 또한 이웃과도 진정한 관계를 맺어야만 하는데, 이런 일은 공동체라는 환경에서 일어난다. 이러한 관점에서 보면, 십자가에 못 박히신 분의 거울을 바라보는 일은 하느님과 사람이 배타적으로 맺는 관계, 곧 초월적인 하느님과의 수직적 관계 맺음이 아님을 알 수 있다. 오히려 하느님은 다른 이들 안에서 육신을 입으시며 우주 어디에나 내재하시기에 그리스도를 따름은, 곧 그리스도를 따르는 사람을 따르는 것이 된다. 그리고 십자가에 못 박히신 분의 거울 안에서 우리를 보는 것은 고통받는 우리 형제자매들의 얼굴에서 우리 자신을 보는 것이 된다. 클라라의 길은 본질적으로 바오로적인 길이다. "내가 그리스도를 본받는 것처럼 여러분도 나를 본받는 사람이 되십시오"(1코린 11,1). 클라라는 아녜스에게 부서지기 쉬운 인성, 곧 공동체의 인간성이라는 육신을 취하신 하느님과의 관계를 통하여 존재의 충만함으로 향하는 길을 가리킨다.[16] 클라라의 관점에서 보면, 공동체 없이 하는 기도는 우리의 진정한 정체성의 충만함으로 이끌어 줄 수 없는 것이다. 우리는 타인이라는 이웃을 사랑하라는 부르심을 받았으며, 공동체의 타인 안에서 비로소 우리 정체성의 거울이 비치기 때문이다. 사랑은 일치시키는 것이기에 사랑은 변화시키는 것이 된다. 연민(compassion)을 통해 우리 이웃을 사랑함으로써 우리는 더욱더 우리 자신이 되어가며, 우리 자신이 되어감으로써 그리스도가 되어간다.

이러한 유형의 사랑은 호의를 되갚아줄 것을 요구하지 않으며, 보상받을 것을 기대하지 않는다. 오히려 이러한 사랑은 다른 이를 위해 기꺼이 사랑하고자 하며, 앙심을 품은 이웃과 성내는 형제와 질투하는 자매라는 고통과 시련을 참아 견딘다. 이것이 클라라가 우리에게 거울에서 살펴보라고 요구하는 것이다. 우리는 그저 거리를 두고 고통을 쳐다보고만 있는가? 우리 삶에서 내쫓아버리려고 하는가? 가능한 모든 수단을 동원해서 그런 것을 통제하려 하는가? 아니면 우리는 하느님과 우리 자신을 더욱 깊이 알고자 다른 이들의 고통에 더욱더 온전히, 기꺼이 들어가고자 하는가? 하느님과의 관상적 일치 안에서 살 때, 우리는 다른 이의 부서지기 쉬운 인간 육신 안에서 하느님 사랑의 숨겨진 달콤함을 맛볼 수 있게 된다. 십자가의 거울 안에서 우리가 누구인지 정체성을 발견함으로써 우리는 자신의 결점과 흠에도 불구하고 자기 자신을 포옹할 수 있는 힘을 얻으며, 그럼으로써 다른 이들이 지닌 결점과 흠에도 불구하고 그들을 포옹할 수 있게 된다. 십자가의 거울 안에서 우리는 우리 자신보다 더 큰 다른 누군가에게 사랑받는 것이 진정으로 어떤 뜻인지를 발견하게 된다. 우리는 그리스도의 신비를 발견한다. 사람이시며 하느님이신 분, 우리와 생명을 나눈 형제, 죽기까지 아버지를 사랑하신 분. 우리는 그분을 들어 올리시고 그분 안에서 모든 피조물에게 새 생명을 주신 하느님의 권능을 발견한다. 그리스도의 신비는 우리의 신비다. 그분의 모상은 우리 모상이다. 그분의 생명이 우리 생명이다. 우리는 그분의 힘을 나누도록 부르심 받았다. 우리는 이 세상에서 다시 사시는 그리스도가 되라는, 그럼으로써 모든 것 안에서 하느님께서 영광을 받으시게 하라는 부르심을 받았다. '하느님의 영광' - 바로 이것이 우리가, 부서지기 쉬운 그릇인 우리가 창조된 목적이다. 우리 삶에 담긴 각기 고유한 인격적 특성과 평범한 인간성 안에서 하느님의 권능이 드러난다.

성찰을 위한 질문

1. 여러분은 예수 그리스도의 십자가와 어떤 관계를 맺고 있나요? 여러분은 그곳을 죄와 심판의 장소로 보고 있나요, 아니면 회개와 자유의 장소로 보고 있나요?
2. 십자가가 여러분이 매일 바라보는 거울이 되게 하려면 어떤 방법들

을 취할 수 있을까요? 여러분의 참된 정체성을 찾는 데 그러한 방법들이 어떤 도움을 줄 수 있을까요?

3. 여러분은 다른 이들을 그리스도의 거울로 여기고 관계를 맺고 있나요? 그 관계들은 여러분이 자기 삶을 비춰 보도록 도와주고 있나요?

4. 여러분이 보기에 여러분 자신은 다른 이들이 보고 따를 만한 그리스도의 거울인가요?

1 ‘person'의 의미에 관한 논의는 Joseph W.Koterski, 「Boethius and the Theological Origins of the Concept of Person」, 『American Catholic Philosophical Quarterly』 (2004), pp.205-206을 보라. Elizabeth Groppe는 프로소폰(prosopon)이라는 단어는 엄밀히는 머리의 한 부분, 곧 두개골 바로 아랫부분을 가리키는 것이며, 프로소페이온(prosopeion)이 "그리스 연극 무대에서 배우가 쓰는 가면을 가리키는 데 사용"된 단어라고 지적했다. Elizabeth Groppe, 「Creation Ex Nihilo and Ex Amore: Ontological Freedom in the Theologies of John Zizioulas and Catherine Mowry LaCugna」, 『Modern Theology』 21.3(2005), p.466을 보라.

2 「아녜스에게 보낸 넷째 편지」 15.

3 포스트모더니즘 철학자 Emmanuel Levinas는 초월의 흔적이 타인의 얼굴에 각인되어 있기 때문에 거짓 없는 타인의 얼굴은 우리를 전체성을 향한 모든 욕망으로부터 해방시켜 주며, 무한에 관한 참다운 감각에 대해 개방되게 해 준다고 주장했다. 타인은 무한하며, 존재와 이해의 통합성이 흘러넘치는 존재이기 때문에 사람은 타인을 지식으로써 이해할 수 없다. Edith Wsychogrod, 『Saints and Postmodernism: Revisioning Moral Philosophy』(Chicago: University of Chicago Press, 1990), p.148과 Robyn Horner, 『Rethinking God as Gift: Marion, Derrida and the Limits of Phenomenology』(New York: Fordham University Press, 2001) pp.64-66을 보라.

4 D.Seiple, book review of 「Consuming Faith: Integrating Who We Are with What We Buy」, 『Journal of American Academy of Religion』 73.2 (2005), p.521.

5 Koterski, 『Theological Origins of the Concept of Person』 p.203.

6 Jane Kopas, 『Sacred Identity: Exploring a Theology of the Person』 (Mahwah, N.J.: Paulist, 1994), p.103.

7 Kopas, 『Sacred Identity』 p.98.

8 「아녜스에게 보낸 셋째 편지」 7.

9 「아녜스에게 보낸 셋째 편지」 13.

10 Merton, 『New Seeds of Contemplation』 pp.29-31.

11 「프란치스코 유언」 2-3.

12 「아녜스에게 보낸 둘째 편지」 20. 클라라는 여기서 "멸시받고 얻어맞고 온몸에 갖가지 방법으로 매질 당하여 십자가의 참혹한 고뇌 가운데 죽어 가시는 그대의 정배"라고 썼다.

13 「아녜스에게 보낸 셋째 편지」 13.

14 「아녜스에게 보낸 둘째 편지」 21.

15 Ilia Delio, 「Clare of Assisi: Beauty and Transformation」, 『Studies in Spirituality』 12 (2002), p.75를 보라.

16 클라라에게 공동체 상황 안에서 그리스도를 따름에 관한 논의는 Ilia Delio, 「Mirrors and Footprints: Metaphors of Relationship in Clare of Assisi's Writings」, 『Studies in Spirituality』 10 (2000), pp.67-181을 보라.

제5장
관 상

반짝이는 기쁨으로 표현되는 어떤 '말'이 있다. 어느 가족이든 최소한 한 번은 이 말을 한 적이 있다. 이 말이 그토록 인기 있는 까닭은 이 말에 관련된 사람이 큰 변화를 겪게 마련이기 때문이다. 바로 이 말 "그가 사랑에 빠졌어." 사실 이것은 아주 흥미로운 표현이다. '빠지다'라는 말은 우리 안전을 지탱하던 땅을 잃어버리고 미지의 장소로 들어간다는 뜻이기 때문이다. 과학적으로 말하자면, 우리가 어딘가에 빠지는 것은 중력 때문이다. 우리가 균형을 잃으면 자기 자신보다 더 큰 것에게로 끌려가게 된다. 말하자면, '사랑에 빠진다'는 것은 우리의 균형을 잃는 셈인 것이다. 어떤 힘이나 중력이 우리를 몰아붙여 우리의 안전을 뒤에 버려두고 모르는 사람의 품속으로 우리 자신을 건네주게 만든다. 이렇게 우리를 끌어당기는 것은 사랑의 중력이다.

클라라에게 관상은 사랑에 빠짐으로써 시작된다. 십자가에 못 박히신 그리스도 안에서 하느님 사랑의 힘에 사로잡혀 우리 자신을 그 사랑에게 건네 드리는 것이다. 이것은 하느님과 어떤 추상적인 형태의 영적 일치를 이루어 영적 기쁨을 누렸다는 기록을 남김으로써 끝나는 것이 아니라 예수 그리스도 안에서 사랑의 하느님을 대면하는 실제적이고 인격적인 만남이다. 십자가에 못 박히신 그리스도를 응시함에 따라 우리는 균형을 잃고 사랑의 신적 포옹에 붙잡히게 된다. 같은 맥락에서 클라라는 관상을 인격적 변화라고 표현했다. 이는 변화의 길 위에 서지 않는 이상 우리는 하느님을 관상할 수 없다는 뜻이다. 하느님 안에서 변화할 때 우리는 비로소 하느님을 관상하게 된다. 이 말을 달리 표현하면, 하느님 안에서 '우리는 변화로써 동화된다(We are conformed as we are transformed)'고 할 수 있다. 아녜스에게 보낸 셋째 편지에 클라라는 이렇게 썼다.

> 그대의 정신을 영원의 거울 안에 놓으십시오.
> 그대의 영혼을 영광의 광채 안에 두십시오.
> 그대의 마음을 하느님 본질의 형상 안에 두고
> 관상을 통하여 그대 자신 전부를
> 그분 신성의 모습으로 변화시키십시오.[1]

관상(contemplation)이라는 단어의 문자적 의미에는 '정신을 하나로 그러모으다'라는 뜻이 담겨 있지만, 클라라의 관점에서 보면 정신은 영혼이나 마음으로부터 분리될 수 있는 것이 아니었다. 그러므로 관상은 정신, 영혼, 마음 모두에 관한 것이며, 사랑하는 이 안에서 변화함으로써 사랑을 더 깊게 하는 것이다. 변화는 관상의 기반이다. 우리 정신과 영혼과 마음이 하느님 체험에 개방되어 있어야만 신적 사랑의 은총이 우리를 어루만져 주실 수 있고, 비로소 우리가 하느님 관상을 시작할 수 있게 되기 때문이다. 이러한 변화는 고립된 상태에서는 일어나지 않으며, 하느님을 대면한 상태에서만 일어난다. 하느님께서는 그리스도의 인성 안에서 우리에게 오시기 때문이다. 그러므로 관상은 관계적인 것이다. 관상은 우리의 평범한 인간성과 피조물 안에 드러나시는 하느님을 만나는 것이다. 또한 관상은 가난하시며 십자가에 못 박히신 그리스도를 응시하고, 그 가난에서 신적 광채의 찬란함을 바라보는 가난한 이가 얻는 열매이다. 관상은 자기반성에 관련된 문제가 아니며, 이 세상을 떠나 날아올라야만 할 수 있는 것도 아니다. 봉쇄 수사나 수녀들만 누리는 특권도 아니며, 이를 누리는 데 어떤 자질을 갖춰야 하는 것도 아니다. 유전적 특질도 아니고 신비 체험도 아니다. 관상은 연약한 인간성을 응시하고, 거기서 하느님의 현존을 보고, 바라본 그것과 일치하는 능력이다.

　그리스도교는 성사적인 종교이다. 성사적이라는 말은 눈으로 볼 수 없는 은총을 외적으로 드러내 보여 주는 상징이라는 뜻이다. 하느님은 당신 자신을 우리에게 계시하셨으나, 동시에 창조계의 겸손한 상징 안에 숨어 계신다. 우리는 너무나 자주 하느님을 이론적으로 이해하려 시도하고, 우리 정신의 희미한 전등 불빛 아래서 그분을 찾으려 한다. 그러나 클라라가 이야기하는 관상은 마음에 관한 것이며, 평범한 현실에서 하느님을 찾는 것이다. 프란치스코는 그리스도의 인성 안에 숨겨진 하느님의 현존을 설명할 때 관상이라는 말을 썼다. 권고 1에서 그는 그리스도의 몸에 대해 말한다.

> 그들은 육신의 눈으로 그분의 육신만을 보았지만, 영신의 눈으로 관상하면서 그분이 하느님이심을 믿었습니다. 이와 같이 우리들도 육신의 눈으로 빵과 포도주를 볼 때, 그것이 참되고 살아 있는 그분의 지극히 거룩하신 몸과 피라는 것을 보고 굳게 믿도록 합시다.[2]

프란치스코에게 관상이란 '영신의 눈'을 통하여 그리스도 안에서 하느님을 보는 것이며, 영적인 시각을 통하여 인간 안에서 신적인 것을 보는 것이었다. 그가 '영신의 눈'을 통해 하느님을 볼 수 있도록 해 주는 것은 그리스도의 인성이다. 평범한 빵 조각 안에, 평범한 인간성 안에, 평범한 피조물 안에 당신을 숨기심이 하느님의 겸손이다. 그가 이렇게 말한다. '보십시오, 하느님의 겸손을!'[3] 프란치스코와 클라라에게 관상은 지적인 단련이 아닌 깊이 있는 시선이었으며, 실재의 핵심을 꿰뚫는 응시였다. 어떤 대상의 '깊이'라는 것은 어떤 현상의 '이면에' 숨어서 드러나기를 기다리고 있는 또 다른 뭔가가 아니다. 그 현상의 (이미) 드러남, 곧 존재 방식 자체가 그 깊이를 드러내는 것이다. 관상은 대상의 깊이를 '바라보는 방법'이라 할 수 있으며, 이 방법은 그 대상을 바라보는 사람을 바로 그 대상과의 일치로 이끌어 간다. 이렇게 '바라보는 방법', 곧 관상은 우리가 자기 자신 안에서 나와 다른 이들 안으로 들어가게 함으로써 우리를 '탈중심화'시킨다. 이것이 '수평적 무아경ecstatic'이다.⁴ 바라봄으로써 우리는 신비 안으로 들어가고, 우리가 바라보는 대상과 일치를 이루게 된다.

관상을 하려면 먼저 응시할 줄 알아야 한다. 이는 뭔가를 그저 쳐다보거나 단순히 육신의 눈으로 보는 것이 아니라 눈으로는 보통 놓쳐버리는 것을 마음으로 꿰뚫는 것이다. 마음의 눈을 뜨는 것은 오로지 지식으로 깨우쳐 주시고,ⁱ 사랑으로 힘입게 하시는 은총을 통해서만 가능하다. 마음의 눈은 클라라가 십자가의 거울을 올바로 바라보는 법을 배우게 해 주었다. 육화하신 하느님의 말씀과 맺은 관계 안에서 우리가 누구인지에 관한 진실을 발견하고, 하느님의 말씀이 우리 삶 안에 육화함으로써 관상을 배우게 된다고 그녀는 말한다. 그녀는 아녜스에게 "그대에 대한 사랑 때문에 당신 자신 전부를 내어 주신 그분을 온전히 사랑"하라고 했다.⁵ 관상으로 이끌어 가는 기도의 진보는 십자가에 못 박히신 그리스도를 바라봄에서 시작하여 이 실재의 깊이를 꿰뚫으며 십자가의 가장자

---

i 여기서 말하는 '지식'에 대해서는 다음을 참고. "그 위에 주님의 영이 머무르니 지혜와 슬기의 영, 경륜과 용맹의 영, 지식의 영과 주님을 경외함이다"(이사 11,2), "여러분이 모든 영적 지혜와 깨달음 덕분에 하느님의 뜻을 아는 지식으로 충만해져, 주님께 합당하게 살아감으로써 모든 면에서 그분 마음에 들고 온갖 선행으로 열매를 맺으며 하느님을 아는 지식으로 자라기를 빕니다"(콜로 1,9-10).

리, 가난과 겸손, 마침내 그리스도의 수난 받으시는 심장 안에 숨겨진 사랑의 마음에 이르기까지 계속된다. 관상을 향한 움직임은 외부에서 시작하여 내부로 향한다. 이 움직임은 십자가 위에 계신 사랑하는 분을 바라봄에서 시작한다. 이 응시는 우리를 이끌어 그리스도와 일치시켜 주시는 성령을 내면화하게 해 준다. 우리는 그리스도 안에 숨겨진 하느님의 신비에 이끌려 간다. 클라라에게 관상의 길은 극렬한 고통의 체험과 연결되어 있는데, 이 체험은 죽어야만 한다는 것이다. 그녀는 아녜스에게 '수난의 십자가 안에서 그분과 함께 죽어야' 한다고 말한다. 하느님에게 온전히 집중하려면, 어떻게든 하느님에게 속하지 않는 모든 것을 씻고 닦아내는 체험을 거쳐야만 한다. 벌레가 고치 안에서 변화하여 나비가 되듯이 하느님은 낡은 인간이 죽고 새로운 인간이 드러나는 거처이자, 고치가 되신다. 한 영혼이 자신과 애착에 대하여 죽는다는 것은 변화하여 고치를 부수고 나오는 것이다. 격렬한 정화를 거치고 난 사람은 사랑받는 이로서 다음과 같은 경험을 하게 된다.

   그분의 애정은 매료시키고
   그분의 관상은 생기를 주며
   그분의 어지심은 채워 줍니다.
   그분의 감미로움은 가득 채워 주며…[6]

우리는 더 이상 우리 자신의 힘으로 살지 않고, 우리 안에서 일하시는 그리스도의 성령으로 살게 된다. 클라라에게 관상은 하느님 사랑이 깃드는 처소인 새로운 피난처에 듦이었다.

사랑이 깊어감에 따라 관상은 끊임없는 실천이자, 계속되는 변화가 된다. 사랑보다 더 실천적이고 해방시키는 것은 없기 때문이다. 이 사랑은 아녜스 같은 이가 자기를 향한 정배의 사랑을 더 깊고도 투명하게 보게 해 줄 뿐 아니라 하느님의 숨겨진 달콤함을 느끼고[7] 맛보게 해 준다.[8] 관상하는 이는 사물의 깊이를 볼 뿐만 아니라 바라보는 시각 자체가 그를 일종의 '느껴지는 사랑', 곧 연민(compassion)[ii]으로 이끌어 간다. 관상은 감각을 일깨우며, 하느님께로 향한 개방성의 새로운 경지로 이 감각들을 이끌어 준다. 우리는 이전과는 다르게 보고, 듣고, 새로운 것들을 맛보며, 다른 이들은 속세의 현실로 인식하는 것들에서 하느님의 현존을 만진다. 관상하는 이, 바라볼 줄 아는 사람에게는 그 어떤 것도 세속적이지 않다는 것을 깨닫게 된다.[9] 이 세상 전체가 하느님의 위대하심으로 가득 채워져 있기 때문이다.

클라라는 이러한 새로운 경지의 감각, 신성한 실재를 보는 이 심오하고도 꿰뚫는 시각을 얻으려면 사랑하는 분 안에서 변화해

---

ii   compassion(불쌍히 여김, 동정)을 com-passion 곧 함께 수난함, 함께 고통받음으로 이해할 수 있다.

야만 함을 그리고 변화하려면 십자가의 거울을 끊임없이 바라보아야만 함을 알았다. 그녀가 관상에 대해 지닌 개념은 지적이거나 사색적인 것이 아니라 사랑 안에 젖어드는 것이었다. 하느님을 관상하는 이는 마음의 중심을 하느님 안에 둔 사람이다. 그러나 이러한 중심성의 경지에 이르려면, 곧 하느님 안에 머무는 사랑 가득한 마음이 되려면, 십자가의 거울을 바라보면서 인간 존재로서의 기쁨과 슬픔을 보아야 한다. 모든 것을 포옹하는 사랑의 하느님의 기쁨과, "멸시받고 얻어맞고 온몸에 갖가지 방법으로 매질" 당하는 정배를 바라보는 슬픔을 보아야 하는 것이다.[10] 클라라는 우리의 전 존재, 마음과 정신과 영혼 전체를 십자가의 거울 안에 두고 "(우리) 자신 전부를 그분 신성의 모습으로 변화"시키라고 말한다.[11] 이렇게 하느님 안에 깃들임으로써, 내재함으로써 우리는 하느님의 모상으로 변화되고, 하느님과 함께 머무르게 된다. 특히 고통받을 때 하느님에게 머무름으로써 하느님께서 우리에게 충실하신 것처럼 우리도 하느님께 충실하게 되고, 이는 한량없는 열망과 영원히 깊어지는 사랑으로 이어진다.

아씨시의 프란치스코는 관상하는 이였다. 보나벤투라는 "가장 그리스도인다운 이 가난한 사람은 자기 앞에 있는 모든 가난한 이들 안에서 그리스도의 모습을 보았다"고 썼다.[12] 프란치스코가 예수의 탄생을 기념했던 그렉치오 일화에서 우리는 그가 구유에 넣

아기 이상의 것을 보았음을 알 수 있다. 원천자료에 따르면, 성탄 장면을 재현할 때 그는 아기를 구유에 누이지 않았다고 한다.[13] 오히려 그는 그 구유 위에 제대를 설치하고 미사를 거행하여 육화의 경이로움을 되새기라고 초대했다. 마음에는 사랑이 불타오르고 눈에서는 눈물이 넘쳐흐르며, 그는 예수의 탄생과 창조계의 아름다움 안에서 우리 위에 부어진 하느님의 넘쳐흐르는 선하심을 떠올렸다. 그에게 예수의 탄생은 과거에 일어났던 일이 아니라 피조물 안에 계신 하느님의 영속하는 현존의 살아 있는 실재였다. 하느님은 추상적인 개념이 아니라 사랑의 살아 있는 실재다. 프란치스코가 육화의 심장부에서 발견한 것은 바로 이 사랑이다. 그리스도를 아는 사람은 이 사랑을 알며, 이 사랑을 아는 사람은 창조의 모든 요소가 바로 이 사랑의 표현임을 안다고 보나벤투라는 말했다. 만나는 모든 사람과 창조계의 모든 사물을 통하여 프란치스코는 모든 사람과 사물이 하느님의 사랑을 표현하고 있으며, 따라서 그리스도를 표현하고 있음을 인식했다. 피조물 안에서 눈으로 볼 수 있는 모습으로 표현된 하느님의 사랑이 바로 그리스도이기 때문이다. 이렇게 프란치스코의 관상적인 마음은 그리스도의 마음을 통하여 하느님의 관상적인 마음을 만졌다. 그에게는 창조계 전체가 그리스도의 살아 있는 이콘이었다. 보나벤투라는 아래와 같이 썼다.

이 모든 것이 신적 사랑을 일깨워 주는 것이었기에 그는
주님의 손이 이루신 모든 일을 기뻐했으며,
그러한 기쁜 일들을 볼 때면
그들에게 생명을 주신 근원이자 원인에게로 날아올랐다.
아름다운 것들 안에서 그는 아름다움 그 자체를 찾았으며,
그들 안에 새겨진 발자취를 통하여
사랑하는 분을 어디까지나 따라다녔다.
그들 모두를 통하여 사다리를 지어냈으니,
이를 통해 오롯이 갈망하올 그분께로 오르고
그분을 끌어안고자 함이었다.[14]

프란치스코가 관상의 시각을 지니도록 해 준 원동력은 하느님을 향한 갈망이었다. 창조계를 바라보는 그의 관상은 그저 수동적인 쳐다봄이 아니라 타자의 진실을 깊숙이 꿰뚫는 응시였다. 하느님을 향한 그의 끊임없는 갈망은 모든 피조물이 각자 고유한 방식을 통해 하느님께서 사랑으로 존재하게 하신 것임을 깨닫게 해 주었다. 그는 마치 그리스도 그분을 포옹하듯이 하느님을 중심으로 하는 모든 피조물을 포옹하였다. 이 모든 것들이 그에게 그리스도의 현존을 이야기했기 때문이다. 이 길을 통해 나병 환자의 일그러진 육신과 창조계의 미물 안에서 하느님 선하심의 신적 선물이 가시적으로 주어진다. 모든 것이 프란치스코를 그가 사랑하는 그리스도께로 이끌어 갔다. 이 모든 것이 어떤 방식으로든 하느님의

말씀을 표현하고 있었기 때문이다.

프란치스코의 관상의 길은 클라라가 아녜스에게 보낸 편지에 담겨 있다. "거울을 매일 들여다보고 … 말할 수 없는 사랑을 관상하십시오. 그분은 이 사랑 때문에 십자 나무 위에서 고통당하시고 거기서 가장 수치스러운 죽음을 맞이하기를 원하셨습니다."[15] 클라라에게 관상은 그 자체가 종착점이 아니라 일치로 가는 길이며, 이 길은 최종적으로 반드시 실천으로 이어져야만 하는 것이다. 하느님을 바라봄은 곧 하느님을 사랑함이며, 사랑은 행동하는 것이기 때문이다. 이는 다소 어려운 일을 요구하는 시각이라고도 할 수 있다. 연약한 육신 안에 숨어 계신 하느님의 진리를 우리가 진정으로 본다면, 도대체 어떻게 그에게서 등을 돌릴 수 있겠는가? 우리가 그토록 갈망하던 하느님에게로 손을 뻗어 그분을 만질 수밖에 없지 않겠는가? 그래서 클라라는 아녜스에게 "그대 안에 이 사랑의 불이 날로 더 활활 타오르게" 하라고 말하는 것이다.[16] 사랑으로 불붙은 관상은 비싼 값을 치러야만 하는 제자됨(costly discipleship)의 기반이다.[iii] 우리가 사람이나 피조물 안에 드러난 하

---

iii 독일의 목사이자 신학자로서 반나치 운동을 전개한 디트리히 본회퍼(Dietrich Bonhoeffer, 1906~1945)의 저서 『나를 따르라』가 연상되는 부분이다. "싸구려 은총은 우리가 우리에게 스스로 부여하는 은총이다. 싸구려 은총은 참회(보속) 없이 용서받을 수 있다는 설교이며, 교회의 계율 없이 베푸는 세례이며, 죄의 고백이 없는 성찬례. … 싸구려 은총은 제자됨(Discipleship)이 없는 은총이고, 십자가 없는 은총이며, 살아 계시며 육화하신 예수 그리스도가 없는 은총이다"(역자가 영문판에서 직접 번역). 한편, 『침묵의 반

느님의 심연을 진정으로 바라본다면, 버림받고 거부당하고 무시당하는 그분을 본다면, 우리는 반드시 행동해야만 한다. 우리가 스스로를 부르는 이름대로 '하느님을 사랑하는 사람' 답게 행동해야만 한다. 이러한 행동은 피상적인 것이 아니라, 연약하고 부서지기 쉬우며 고통받는 인간성 안에서 하느님과 일치하기 위해 우리의 모든 것을 요구한다는 것을 클라라는 알고 있었다. 우리는 거부당하고 감옥에 갇히고 공동체에서 배척당하며 교회에서 추방될 수도 있다. 그러나 진정으로 본다면 진정으로 사랑해야만 한다. 프란치스코와 보나벤투라가 그랬듯이 클라라 역시 십자가에 못 박히신 그리스도께 가는 길은 바로 이 사랑이었다.

관상은 우리를 하느님 안에 있는 새로운 피난처로 이끌어 주기도 하지만, 또한 타인을 위해 자기 목숨을 내어 놓는 고통받는 종에게로 이끌어 주기도 한다. 관상은 개인적이거나 지적이거나 순전히 영적이기만 한 것이 결코 아니다. 왜냐하면 관상은 바라봄에 관한 일이기 때문이다. 우리는 추하고 비열한 것을 피해서 아

역자 - 『디트리히 본회퍼의 생애』(레나테 빈트, 강우식 역, 성바오로출판사, 서울, 1994, p.110)에서는 다음을 인용하였다. "싸구려 은총이 우리 교회의 치명적인 적이다. … 은총이 싸구려 행상인의 물건인 양 시장에서 팔리고, 죄의 용서라는 것도 할인된 가격으로 내다 팔고 … 가치 없는 은총, 노력 없이 은총만을 … 그러한 교회가 있는 사회는 죄를 손쉽게 은폐해버린다. … 죄로부터 벗어나려는 진실한 의지도 없다. 은총이면 만사 해결이라 떠들며 … 그래서 모든 것은 현상 유지될 수 있게 된다. … 예수님 말씀에 대한 순명이 면제되었다는 것으로 이해하는 것은 루터에 대한 가장 치명적인 오해다."

름답고 선한 것만을 보지 않는다. 오히려 우리는 추하고 비열한 것을 아름다운 것으로서 본다. 하느님 사랑은 특히 약한 것 안에 깃들어 있기 때문이다. 멸시받는 것 안에서 아름다움이 드러난다. 관상은 우리가 사물들을 투명하고도 진실하게 바라보도록 이끌어 간다. 관상은 우리가 그들에게 기대하는 모습이 아닌, 있는 그대로의 그들을 바라보게 하는 까닭이다. 복음은 이런 시각에 관한 내용으로 가득하다. "네 눈이 성하지 못하면 온몸도 어두울 것이다"(마태 6,23), "너희의 눈은 볼 수 있으니 행복하고, 너희의 귀는 들을 수 있으니 행복하다"(마태 13,16), 예수께서 바리사이들을 질책하신 것은 그들이 자기들 가운데서 하느님의 선하심을 보지 못했기 때문이다. "너희가 눈먼 사람이었으면 오히려 죄가 없었을 것이다. 그러나 지금 너희가 '우리는 잘 본다' 하고 있으니, 너희 죄는 그대로 남아 있다"(요한 9,41). 하느님을 관상하는 사람은 하느님께 마음을 향하는 사람이다. 관상으로 가는 길은 진리와 아름다움과 선함을 추구함에서 우리 눈을 가리는 마음의 완고함을 없애 준다.

전통적 수도승 생활에서 관상이 하느님 안에서의 휴식으로 이끌어 주는 것이라면, 클라라에게 관상은 행동으로 이끌어 주는 것이었다. 변화와 하느님과의 일치는 봉사와 섬김으로부터 물러남을 뜻하는 것이 아니라 오히려 세상에서 새로운 방식으로 존재함을 뜻한다. 우리가 하느님과 더욱더 일치할수록 우리는 더욱더 하느님처럼 행동하게 된다. 저 높은 곳에서 천사들의 합창단에 둘러싸여 계신 상상 속의 하느님이 아니라 십자가 위의 하느님, 십자가에 못 박히신 그리스도 안에서 우리에게 당신 자신을 드러내신 하느님처럼 말이다. 아씨시의 프란치스코는 오상의 성흔을 받은 후 은수 생활로 물러날 것을 선택하지 않았다. 그는 나병 환자들에게 봉사했으며, 그리스도의 연민에 찬 사랑을 필요로 하는 이들에게 그분을 전해 주려는 열망에 불타올랐다. 프란치스코와 클라라 두 사람 모두 하느님 관상하기를 원하는 사람은, 십자가에 못 박히신 사랑하는 정배를 바라보는 법을 배워야만 한다는 사실을 우리에게 가르쳐 준다. 이는 고통과 사랑의 신비 안에 내재함을 뜻한다. 하느님과의 일치를 찾는 이는 사랑의 종(servant)이 되어야 한다.

   클라라 영성의 중심은 십자가이지만, 이는 죄악과 죄책감이 아닌 자유와 변화의 영성이다. 십자가는 진리의 거울이다. 여기서 우리는 우리가 지닌 사랑의 능력과 우리의 부서진 모습 안에서 우리 자신을 보게 된다. 클라라의 관점에 따르면, 해방이란 다름 아닌 우리의 강점과 약점과 더불어 우리가 누구인지를 솔직하게 받아들이는 것이다. 십자가에 못 박히신 그리스도의 거울 안에 머무름은 그러한 내적 자유로 우리를 이끌어 간다. 이 자유는 정배와의 일치와 성령의 기쁨에서 탄생한다. 클라라는 아녜스에게 매일 거울에 비친 자기 얼굴을 살펴보아 안팎으로 단장하고, 아름다운 옷으로 치장하여 사랑하는 분과의 일치 안에서 변화하라고 조언한다. 안팎으로 단장함은 그리스도를 입음[iv]이며, 그리스도를 나타내 보여 줌이니 변화한다는 것은 곧 닮아간다는 것이다.

클라라가 넷째 편지에서 묘사하는 거울과 자기 정체성 사이의 관계는 그녀가 둘째 편지에서 묘사한 십자가에 못 박히신 분을 바라보는 방법에 대응되는 내용이다. 십자가에 못 박히신 정배를 계속해서 응시하면 궁극적으로 그분을 닮게 된다. 십자가에 못 박히신 정배에게 마음을 다하여 매달리면 우리가 우리 삶 안에서 이 정배의 모상이 되기 때문이다. 클라라는 변화란 자기 정체성과 동떨어져 일어날 수 없다고 본다. 변화는 그리스도를 닮아감이요, 자기 정체성은 하느님과 우리 이웃과의 관계 안에서 자기 자신을 받아들임을 뜻한다. 사랑의 성령께서 우리를 변화시키시도록 우리가 더욱더 많이 허용할수록 우리는 더욱더 참다운 자기 자신이 된다. 그리고 더욱더 자기 자신이 되어갈수록 우리는 하느님과 같아진다. 우리는 각자 고유한 방식으로 이 세상에서 하느님의 사랑을 표현하고, 이 세상에서 하느님의 얼굴을 드러내 보여 주도록 창조되었다. 관상을 통해서 자기 정체성과 그리스도를 닮아감 사이에

---

iv   "그리스도와 하나 되는 세례를 받은 여러분은 다 그리스도를 입었습니다"(갈라 3,27). "밤이 물러가고 낮이 가까이 왔습니다. 그러니 어둠의 행실을 벗어버리고 빛의 갑옷을 입읍시다. 대낮에 행동하듯이 품위있게 살아갑시다. 흥청대는 술잔치와 만취, 음탕과 방탕, 다툼과 시기 속에 살지 맙시다. 그 대신에 주 예수 그리스도를 입으십시오"(로마 13,12-14).

통합적 관계를 이루는 것이 곧 변화의 길이다. 사랑은 이 변화를 통해 고통과 사랑의 십자가를 통해 아름답게 된 한 모상을 이끌어낸다. 우리는 바로 이 모상 안에서 창조된 바 있다.

클라라의 영적 길은 나선형이다. 이 길은 하느님을 향하는 인간 능력[v]의 깊이와, 인간을 향한 하느님 사랑의 능력 사이를 오간다. 클라라는 이 길의 여정을 통찰하며 몇 가지 흔적만을 남겨놓았지만, 프란치스코는 관상이 성령께서 하시는 일임을 한층 더 명확하게 말해 준다. 요한복음서에 관해서 그는 이렇게 썼다. "아버지는 사람이 다가갈 수 없는 빛 속에 사시고, 하느님은 영이시며, 아무도 하느님을 본 적이 없습니다. 그러므로 생명을 주는 것은 영이고 육은 아무 쓸모가 없기 때문에 하느님은 영 안에서가 아니면 볼 수 없습니다"(요한 4,24; 1,18).[17] 관상의 열쇠는 주님의 영이다. 우리는 주님의 영을 지녀야만 한다. 이 영께서 우리를 그리스도와 결합시키시어[18] 사물의 심연을 들여다보게 하신다.[19] 이 또한 클라라의 사상이다. 성령에 대해 열려 있다는 것은 하느님과 역동적인 관계를 맺고 있음을 뜻한다. 아녜스에게 보낸 둘째 편지에서 클라라는 이렇게 말했다.

---

v capacity는 (그릇에 물을 담듯이) 받아들이는 능력 혹은 잠재적 수용 능력을 뜻한다. 주로 일을 잘 해내는 능력을 뜻하는 ability와는 다른 의미다.

안전하면서도 즐겁고 활기차게 … 나아가십시오.
주님의 영께서 그대를 불러 주신 그 완덕에 따라…[20]

우리가 그리스도께 결합되어 있다면 우리는 그리스도의 성령을 지닌 것이며, 따라서 우리의 '얼굴'이라는 표현 그 자체를 통해 그리스도를 닮은 것이다. 하느님께서는 바로 이러한 '얼굴'이 되도록 우리를 창조하셨다. 우리를 그리스도께 동화시키고 피조물 안에 숨겨진 하느님의 심연을 보게 하는 분은 성령이시다. "성령께서는 모든 것을 그리고 하느님의 깊은 비밀까지도 통찰하시기" 때문이다(1코린 2,10). 클라라에게 관상과 변화 사이의 연결고리는, 하느님과의 관계 안에서 우리 자신의 깊숙한 비밀에 다가설 때 우리가 하느님의 성령으로 가득 채워짐을 의미했다. 성령께서는 우리가 마음으로 볼 수 있게 해 주시며, 꿰뚫는 시선으로 다른 이를 관상할 수 있게 해 주신다. 이 관계에 대하여 클라라는 이렇게 썼다.

이 거울 친히 십자 나무에 달리셔서 행인들에게 여기에 생각해 볼 것이 있다고 권하시며 이렇게 말씀하십니다. "오, 이 길을 지나가는 모든 이들이여, 살펴보고 또 살펴보십시오. 내가 겪는 이 아픔 같은 것이 또 있는지."[21]

자기 자신의 고통을 받아들이지 않으면 타인의 고통을 알아보기가 어렵다. 먼저 자기 자신의 진실을 투명하게 보지 않으면 타인의 진실을 투명하게 보기도 어렵다. '보기'와 '되기'의 관계를 다스리는 것은 진실과 사랑이다. 자기 자신에 대한 솔직한 수용과 사랑을 하는 실제적 능력이 우리가 어떤 모습이 될지를 결정한다. 그리스도의 수난을 바라볼 때 우리는 사랑하게 된다. "(이 순간부터) 오, 천상 임금의 왕후시여, 그대 안에 이 사랑의 불꽃이 나날이 더 강렬하게 타오르게 하십시오!"[22vi] 여기서 클라라가 말하는 관상은 변화나 (그리스도를) 닮음에 도달하기 전에 거쳐 가는 예비단계가 아니다. 오히려 그리스도 안에서 우리가 변화되기 위하여 애써 투쟁해야 하는 이유가 바로 그리스도의 진리, 곧 그리스도의 심연을 관상하고자 함이라는 것이다. 하느님 안에서 우리가 누구인지에 대한 진실에 가까이 감으로써 우리는 그리스도 안에서 계속해서 변화되며, 이에 따라 관상이 점점 깊어진다.

그러므로 관상의 길은 그리스도 안에서 하느님 사랑을 받아들임으로써 시작되고, 이 사랑의 진실을 끊임없이 들여다보는 것으로 이어지며, 그리하여 하느님과 관계 안에서의 자기 정체성이 성장하게 되는 것이다. 그리스도와 결합하기 위해서는 내적으로 자

[vi] 이 문장은 역자가 옮긴 것으로, 작은형제회 한국관구 역 『아씨시 프란치스코와 클라라의 글』과 다른 부분이 있다. 위 책에서는 "…이 사랑의 불이 날로 더 활활 타오르면 합니다!"라고 옮겼다.

유로워야 한다. 그리고 오로지 가난한 사람만이, 이 내적 자유를 얻을 만큼 충분히 오랫동안 응시할 수 있다. 성령의 선물은 가난의 열매다. 이 가난은 우리를 내적으로 자유롭게 해 주며, 십자가에 못 박히신 그리스도와의 포옹 안에서 하느님 사랑의 포옹을 받아들이게 해 준다. 가난으로부터 샘솟는 자유는 독립이나 자치권이 아닌 성령의 자유를 말한다. 성령께서는 우리를 그리스도께 결합시켜 주시며, 우리가 그리스도의 마음을 들여다보게 해 주신다. 우리가 자기 삶 안에서 그리스도를 입고 자기 삶 안에서 그리스도의 고통을 보게 될 때, 비로소 다른 이들 안에서도 그리스도를 보고 마침내 그리스도처럼 사랑하게 된다. 우리가 '십자가에 못 박힌 하느님의 사랑'을 응시하면, 이 응시는 우리를 이끌어 우리 자신의 삶 안에서 '십자가에 못 박힌 사랑의 형상'을 드러내게 만든다.

클라라의 관상의 길은 하느님과의 관계에서 중심에 위치한다. 관상은 그 자체가 목표가 아니라 일치와 변화의 도구다. 관상 없이는 변화할 수 없으며, 변화가 없으면 그리스도의 몸이 자라날 수 없다. 그래서 클라라는 아녜스에게, 또한 우리에게 십자가에 못 박히신 그리스도의 사랑에 젖어들라고, 연약하고 부서지기 쉬운 것들을 사랑하기를 두려워하지 않으시는 하느님 안에 우리 마음의 중심을 두고 이 사랑을 닮으라고 요구한다. 바라봄, 사랑함, 닮아감은 관상의 열매이며, 이 열매는 우리가 인간 존재의 가난함을 받아들이고, 이 가난 안에서 하느님과의 일치의 부르심에 응답할 때만 실현된다. 클라라가 성경의 애가에서 인용한 아래의 말씀은 관상하는 마음이 하는 말이다. "이 길을 지나가는 모든 이들이여, 살펴보고 또 보십시오. 내가 겪는 이 내 아픔 같은 것이 또 있는지." 우리는 그리스도의 고통을 실제로 보고 있는가, 아니면 그저 지나가며 그리스도께서 계속하여 십자가에 매달려 계시도록 내버려 두고 있는가?

최근 한 개신교 목회자가 프란치스칸 영성에 관한 내 강의에 등록했다. 우리는 상당히 많은 시간을 할애하여 클라라의 거울 신비와 여기 담긴 그리스도인 삶의 신비에 대한 함의를 토론했다. 이 젊은 남성은 클라라의 영성에 깊은 인상을 받았다. 그는 나에게 그 학기가 끝나갈 무렵, 추수감사절에 그의 어머니가 그를 보러 올 것이라는 이야기를 했다. 그는 자기 어머니에게 몇 년 동안이나 말을 하지 않았으며, 분명히 아주 소원한 관계를 유지하고 있었다. 그러나 그는 클라라의 십자가 거울에 자기를 비춰 보면서 어머니를 새로운 관점으로 바라보게 되었다. 자기를 버리고 학대했던 어머니를 보는 대신, 어머니의 모습 안에서 십자가에 못 박히신 그리스도를 본 것이다. 그리고 그가 본 모습은 그를 움직여 연민으로 행동하게 만들었다. 그가 말하기를, 클라라를 알기 전이라면 분명히 자기는 (마치 문지기가 손님을 안내하듯이) 재빨리 어머니를 나가는 문으로 '모셔가서', 가까운 버스정류장으로 가 장거리 버스에 태워 버렸을 거라고 했다. 그러나 클라라를 바라보고 십자가의 거울을 바라본 다음에는, 십자가에 못 박히신 분의 현존이 어머니 안에 계실 뿐 아니라 자기 자신 안에도 계심을 깨달았다고 했다. 그는 연약함과 나약함으로 못 박힌 어머니를 봄과 동시에 자기 과거라는 괴물에 못 박힌 자신을 보았다. 이 괴물은 바로 그가 자기 어머니를 사랑할 수 없게 만드는 과거였다. 그래서 그는 어머니를 문 밖으로 몰아내는 대신, 새 옷을 사 드리고 지금 살고 계신 보호시설에 직접 모셔다 드리며 어머니의 방이 안락하고 깨끗한지, 적절한 보살핌을 받고 계신지 확인해 보았다고 한다. 십자가에 못 박히신 그리스도의 활짝 펼쳐진 양팔을 통하여 어머니와 아들 사이의 사랑이 회복된 것이다. 이는 아들이 자기 어머니 안에 숨겨진 하느님의 현존을 관상하고, 사랑하고자 하는 열망으로 인해 자기의 한계를 넘어설 수 있었기에 가능했던 일이다.

관상적 시각을 통하여 하느님께로 가는 클라라의 길은 십자가의 수치로 드러난 하느님의 터무니없는 사랑을 진지하게 받아들인다. 우리 시대에는 불합리한 것으로 여겨지는 것들, 곧 연약함, 나약함, 고통 그리고 죽음과 같은 것들이 당대의 많은 여성 신비가들도 그랬듯이 클라라에게는 신적인 사랑으로 가는 확실한 길이었다. 사람의 마음이라는 밭에 숨겨진 이 사랑을 찾아내는 열쇠는 관상이다. 프란치스코와 같이 클라라에게도 관상은 천상의 것들을 바라봄과 동시에 이 지상을 바라보는 것이었다.[vii 23] 이는 모든 것을 있는 그대로 진실하게 보는 것이다. 비록 그들이 약하고 부서졌다 할지라도 우리 자신을 그들에게 투사하지 않고, 우리가 바라는 바대로 그들이 되기를 바라지 않고, 있는 그대로 보는 것이다. 관상으로 가는 그녀의 길은 우리가 우리의 지상 여정에서 무엇을 보고 있는지를 자문하게 만든다. 이 세상을 돌아다니며 우리는 무엇을 찾고 있는 것일까? 관상은 그리스도 안에 중심을 둔 마음의 시각이라고 클라라는 우리를 다시금 일깨운다. 이 창조된 세계의 약함 안에 숨어 계신 하느님을 우리가 보고, 우리가 본 그분을 사랑하지 않는다면 우리는 계속해서 눈먼 상태로 있을 것이며, 이 세상은 계속해서 어둠 속에 남아있을 것이다. 엠마오로 가는 길 위의 제자들처럼 우리는 어리석은 질문을 던지게 될 것이다. "못 들으셨어요? 못 봤단 말입니까?" 그리스도께서 우리 가운데 계심을 내내 깨닫지 못한 채로 말이다.

[vii] 프란치스코의 권고 16에는 "지상의 것들을 멸시하고(look down upon earthly things) 천상의 것들을 찾으며(seek those of heavens)"라고 되어 있다. 위 본문에서 저자는 '멸시하다' 곧 '낮추어 보다(look down upon)'는 권고의 표현에서 '낮추어(down)'라는 말을 뺌으로써 '보다(look upon)'라는 표현으로 바꿔, "looking upon the Earth while seeing the things of heaven"라고 썼다.

성찰을 위한 질문

1. 여러분이 매일 세상을 바라보는 시각과 관상은 어떻게 통합되고 있나요?
2. 관상을 향한 여러분의 열망에서 십자가는 어떻게 중심적인 역할을 수행하고 있나요?
3. 여러분은 관상과 변화의 관계를 어떻게 이해하고 있나요?
4. 여러분은 관상 생활을 풍요롭게 하고자 어떤 방법들을 취하고 있나요?

1 「아녜스에게 보낸 셋째 편지」 12-13.

2 「프란치스코의 권고」 1, 20-21.

3 「형제회에 보낸 편지」 28.

4 Michael Blastic, 「Contemplation and Compassion: A Franciscan Ministerial Spirituality」, 『Spirit and Life: A Journal of Contemporary Franciscanism』 volume7, Anthony Carozzo, Vincent Cushing, Kenneth Himes, eds. (New York: Franciscan Institute, 1997), p.168.

5 「아녜스에게 보낸 셋째 편지」 15.

6 「아녜스에게 보낸 넷째 편지」 11-12.

7 「아녜스에게 보낸 셋째 편지」 14. 클라라는 "그대도 … 숨겨진 감미로움을 맛보면서 그분의 벗들이 느끼는 것을 느끼게 될 것입니다."라고 썼다.

8 「아녜스에게 보낸 셋째 편지」 14.

9 이것은 예수회원이자 과학자이며 신비가인 피에르 테이야르 드 샤르댕의 통찰이다. 그의 저서 『The Divine Milieu: An Essay on the Interior Life』 William Collins 역. (New York: Harper and Row, 1965), p.66을 보라.

10 「아녜스에게 보낸 둘째 편지」 20. 클라라는 여기서 "멸시받고 얻어맞고 온몸에 갖가지 방법으로 매질 당하여 십자가의 참혹한 고뇌 가운데 죽어 가시는 그대의 정배"라고 썼다.

11 「아녜스에게 보낸 셋째 편지」 12-13.

12 보나벤투라의 「성 프란치스코 대전기」 8,5.

13 그렉치오 이야기에 관해서는 첼라노의 토마스가 쓴 "아씨시의 프란치스코의 생애"를 참고. (※역주 - 본문은 역자가 직접 번역한 것이다. 한국어 독자들은 『아씨시의 프란치스코의 생애』 제1생애 84-87(프란치스코회 한국관구, 왜관, 분도출판사, 1986, p.139)을 참고할 수 있다. 이하 이 책에서 인용하는 부분은 모두 역자가 번역한 것이나, 작은형제회역 한국어판을 참고하도록 간략한 주를 함께 표기하겠다.)

14 『보나벤투라의 성 프란치스코 대전기』 9,1.

15 「아녜스에게 보낸 넷째 편지」 23.

16 「아녜스에게 보낸 넷째 편지」 27.

17 「프란치스코의 권고」 1,5-6.

18 또다시 프란치스코는 그리스도 안에서의 삶을 가능하게 해 주신 힘과 주도권을 주님의 성령께 돌리고 있다. "성령으로 말미암아 신실한 영혼이 우리 주 예수 그리스도께 결합될 때 우리는 정배들입니다." (※역자 주 - 위의 인용문은 「신자들에게 보낸 편지」 1의 8절)

19 꿰뚫는 시각에 관한 개념은 프란치스칸 관상에 있는 독특한 점이다. 보나벤투라는 이 꿰뚫는 시각을 설명하고자 Contuition이라는 용어를 사용하는데, 이는 대상 그 자체를 봄과 동시에 하느님과 그 대상 간의 관계를 보는 것을 뜻한다. Contuition의 개념에 대해서는 Ilia Delio, 『Simply Bonaventure』 p.199를 보라.

20 「아녜스에게 보낸 둘째 편지」 13-14.

21 「아녜스에게 보낸 넷째 편지」 24-25.

22 「아녜스에게 보낸 넷째 편지」 27.

23 「프란치스코의 권고」 16 "마음의 깨끗함"에서, "진정 마음이 깨끗한 사람들은 지상의 것들을 멸시하고 천상의 것들을 찾으며, 살아 계시고 참되신 주 하느님을 깨끗한 마음과 정신으로 항상 흠숭하고 바라보는 일을 그치지 않는 사람들입니다."라고 썼다.

제6장
변화

성인들이 지닌 비범한 점은 자기만족에 빠지지 않으면서도 대중에게 길들여지지 않는다는 것이다. 성인들은 가장 궁극적인 것, 곧 하느님과의 일치보다 낮은 차원의 것에는 안주하지 않는다. 클라라도 예외가 아니었다. 그녀의 편지글에서는 내적 확신과 더불어 그 강인한 성품이 빛을 발한다. 그녀는 하느님과 일치하기 위해서 뿐만 아니라 변화하기 위해서도 분투했다. 아녜스에게 쓴 편지에는 이런 엄청난 표현이 있다.

> 관상을 통하여 그대 자신 전부를
> 그분 신성의 모습으로 변화시키십시오.[1]

이보다는 좀 작은 야망을 품을 수도 있었을 터다. 조금 덜한 것을 바랄 수도 있었을 테고, 아녜스에게 '매일을 즐기도록 노력하세요.'라든가 '그대가 만나는 사람들에게 친절한 행동을 보여 주도록 노력하세요.' 정도의 말을 건넬 수도 있었을 것이다. 그러나 클라라는 인격적이고 직접적이며 궁극적인 목표인 변화를 지향했으며, 이 변화는 관상을 통해서만 가능한 것이었다. 우리가 하느님 안에서 우리 자신을 보고, 우리 안에서 하느님을 보며, 또한 우리 이웃 안에서 하느님을 보지 않으면 결코 하느님의 사랑에 젖어들 수 없다. 이 사랑이 바로 관상의 핵심이다. 관상은 사랑에 젖어드는 것이며, 참 사랑에는 변화가 따르기에 관상과 변화는 연결되는 것이다. 보나벤투라는 사랑은 변화시키는 것이라고 했다. 사랑은 일치시키는 것이기 때문이다. 사랑은 사랑하는 이를 그가 사랑하는 대상과 비슷하게 바꿔놓는다. 참 사랑은 타인과의 관계에서 일어나는 완성의 행위 안에서 자기 자신을 초월하기 때문이다. 50년 이상 결혼생활을 한 부부를 본 이는 누구라도 어떤 형태의 변화를, 곧 한 사람이 다른 사람에게 너무나 잘 맞춰져 조화롭게, 심지어 동시적으로 움직이는 것을 목격했을 것이다. 나는 월터 취제크 Walter Ciezak라는 거룩한 사제 한 분을 뵐 기회가 있었다. 그분은 시베리아에서 투옥과 추방에도 불구하고 하느님께 충실하고자 참으로 엄청난 사투를 하신 분이다. 그분께서 돌아가시기 약 일 년 전 뉴욕 브롱크스에서 뵈었을 때, 나는 내가 사랑으로 변화한 사람의 현존 앞에 있음을 알 수 있었다. 그분이 하느님께 대해 이야기할 때면, 그 맑고 푸른 눈에서 빛살이 뻗쳐 나왔다. 월터 취제크 신부님의 얼굴에서 하느님의 얼굴을 보았다고, 나는 믿는다.

변화(transformation)라는 단어는 일상생활에서 자주 쓰이는 말이 아니다. 그렇기에 클라라의 영적 길에서 이 개념이 왜 그토록 중요한 것이었는지를 이해하려면, 먼저 "그대 자신 전부를 그분 신성의 모습으로 변화시키십시오."라는 말이 무슨 뜻인지를 생각해 보아야 한다. 형상(form)이라는 단어는 어떤 내용(말하자면, 모상image)

의 구체적 표현을 일컫는 말이다.[i] 형상이라는 말의 의미에는 그것이 표현하는 내적 존재, 곧 질료(matter)의 모양, 크기, 생김새, 그리고 다른 특징들이 모두 내포되어 있다. '대상'이 겉으로 어떻게 드러나는지를 보여 주는 것이 그 '대상'의 형상이라 할 수 있다. 예를 들어, 십자가는 금속으로 만들어질 수도 있고, 나무나 쇠로 만들어질 수도 있다. 이런 것이 그 내용물, 곧 질료(matter)다. 이것이 두 막대기가 수직으로 교차하는 모양으로 생겼다면, 그것은 형상(form)이다. '형상을-바꾼다(trans-form)'는 것은 '무엇'의 생김새나 모양 등을 한 표현에서 다른 표현으로 바꾼다는 뜻이다. 예를 들어, 쇠로 만든 십자가를 녹여서 말발굽에 다는 편자를 만들 수도 있다. 질료는 똑같이 그대로이지만 (그것은 여전히 쇠이므로) 형상이 바뀐 것이다. 이러한 철학적 범주의 형상과 질료를 인간에 적용하자면 편자 이야기보다 좀 더 복잡해지긴 하겠지만, 어쨌든 형상이 변화할 수 있다는 개념은 동일하다. 클라라가 아녜스에게 "그대 자신 전부를 그분 신성의 모습으로 변화시키십시오."라고 한 말을 달리 표현하

---

[i] 이하 내용은 아리스토텔레스 형이상학의 질료형상론을 기초로 전개된다. 플라톤이 이데아 세계와 현상계를 분명히 나누어서 세계를 이원화한 데 비해 아리스토텔레스는 형상(eidos)과 질료(hyle)의 상호관계로써 세계를 일원론적으로 보았다. 가능태(dinamis)인 질료가 목적인 형상을 실현하여 현실태(energeia)가 된다. 실현된 현실태, 곧 사물은 또다시 다른 어떤 상위 사물의 질료가 된다. 이렇게 반복되는 과정의 최고 경지, 곧 순수한 현실태이자 목적 그 자체인 형상은 '형상 중의 형상'인 '제1형상', 곧 완전현실태(entelecheia)가 된다. 완전현실태는 모든 운동의 시원으로서 순수형상, 제1원리, 부동의 동자不動의 動子로도 불린다.

면, '그대가 사랑하는 분으로 변화하십시오.'라고 할 수 있다. '바뀌십시오, 그것도 적당히가 아니라 엄청나게 많이. 인간으로서의 존재 방식을 바꾸십시오. 하느님의 생명이 그대의 생명이 되게 하십시오. 말씀의 새로운 육화가 되십시오. 예수 그리스도가 그대 안에 사시게 하십시오. 그대가 본인의 유전자 조합을 바꾸지는 않겠지만 하느님의 은총의 힘이 그대 안에서 역사하실 때, 사랑이 그대 마음을 사로잡을 때, 그대는 자신을 새로운 방식으로 표현하게 될 것입니다. 바로 사랑의 방식으로 말입니다.'

변화를 이야기하는 클라라의 언어는 닮음의 언어로도 표현할 수 있다. 그녀는 아녜스에게 "(그분을) 닮기를 갈망하면서 … 그분을 응시하십시오."라고 했다. 열쇠는 바로 갈망이다. 우리는 변화하기를 '갈망'하는가, 아니면 지금의 모습에 만족하는가? 사람들은 흔히 '내가 ~가 될 수 있다면 좋을 텐데' 혹은 '내가 ~라면 얼마나 좋을까'라는 말을 한다. 이런 말은 변화를 향한 갈망을 표현하는 게 아닐까? 지금의 자기 모습에 불만족하고 있음을 이런 말로 표현하는 게 아니겠는가? 클라라는 아녜스에게 사랑은 인간의 마음이 지닌 실제적(real) 갈망이며, 직접적인 욕구 충족을 넘어서는 초월적 사랑의 수준을 얻게 되면, 우리가 언제나 원했던 모습인 온전히 살아 있는 인간 존재가 될 수 있다고 했다.

클라라에게 변화의 자리는 십자가에 못 박히신 그리스도의 인격이었다. 사랑 안에 젖어듦으로써 우리는 변화될 수 있다. 십자가에 못 박히신 그리스도를 응시함은 우리 삶의 모습이 십자가에 못 박히신 그리스도의 모상이 되게 만든다. 아녜스는 자기의 고귀하고 왕족다운 길을 버리고 자기 정배이신 분, 사랑으로 십자가에 못 박히신 분을 닮아가야 했다. 여왕이 될 운명을 타고난 여성에게 이것은 엄청난 도전이었을 것이다. "매일 십자가의 거울을 바라보십시오."라고 클라라는 아녜스에게 말했다. 고통받고 십자가에 못 박힌 형상이 어떻게 우리 마음이 갈망하는 목표이자, 변화시키는 사랑의 중심이 될 수 있을까? 이는 생명, 아름다움, 즐거움, 행복을 추구하는 모든 서구 문화에 대한 도전이 아닌가? 그러나 클라라는 피상적인 신심을 조장하는 것이 아니다. 요즈음에 쓰이는 말로 표현하자면, 그녀는 '그것을 알았다(get)', 그녀는 십자가의 의미를 이해한 것이다. 십자가에 대해 '파악'하거나, 그 신비를 퍼즐처럼 풀어서 과학적이고 이성적인 지식으로 십자가를 이해한 것이 아니다. 오히려 그녀는 십자가를 마음으로 이해했다. 십자가를 응시함은 그녀를 꿰뚫는 통찰(insight)로 이끌어 주었고, 거기서 지성(mind)이 한계를 발견하고 마음에 자리를 내어 준 것이다. 지식은 우리를 하느님의 문간까지 데리고 갈 수 있지만, 그 신비 안으로 들어가게 해 주는 것은 사랑이다. 다른 많은 성인들처럼 클라라도 약한 인간성 안에 있는 하느님의 권능을 이해했다. 바오로는 "그리스도께서 되살아나지 않으셨다면, 여러분의 믿음은 덧없고 여러분 자신은 아직도 여러분이 지은 죄 안에 있을 것입니다."(1코린 15,17)라고 했다. 고통과 죽음 가운데서 하느님의 권능을 알아보는 클라라의 통찰은 그녀의 마음을 십자가에 못 박히신 그리스도께로 돌려놓았고, 그분에게서 그녀는 생명의 약속을 보았다.

> 오, 거룩한 가난이여,
> 가난을 지니고 열망하는 이들에게
> 하느님께서 하늘나라를 약속하시고….[2]

고통과 죽음 가운데 있는 하느님의 권능을 앎으로써 클라라는 생명의 충만함으로 가는 길은 십자가에 못 박히신 그리스도라는 내적 확신을 얻었다.

> 그분과 함께 고통을 겪으면
> 그분과 함께 다스릴 것이고,
> ……
> 수난의 십자가 안에서
> 그분과 함께 죽으면
> 성인들의 광채 안에서
> 그분과 함께 천상 거처를 얻게 될 것입니다.[3]

여기서 클라라는 고통을 찬양하는 것이 아니다. 그녀가 아녜스에게 말하는 것은 오히려 이것이다. '그대가 하느님의 힘을 진정 믿는다면, 그대에게 겨자씨만한 믿음이 있다면, 무한한 사랑의 품 속으로 그대 자신을 던진다면, 그러면 그대는 십자가를 두려워하지 않을 것이며 고통도 죽음도 두려워하지 않을 것이니, 하느님 안에는 죽음이 존재하지 않으며 오로지 생명뿐이기 때문입니다.' 십자가를 피하는 사람은 죽을 것이다. 하느님 없이는 모든 생명에 종말과 한계가 있기 때문이다. 그러나 십자가를 짊어지기로 선택하는 이들은 살 것이다. 하느님께서 고통과 죽음을 생명으로 변화시키는 당신의 권능을 보여 주셨기 때문이다. 하느님 안에 머무는 사람은 사랑 안에 머무는 것이며, 사랑 안에 머무는 이는 온전히 살아 있는 것이다! 십자가에 못 박히신 그리스도가 하느님께로 가는 길이신 이유는 바로 이것이다. 그분은 사랑으로 가는 길이시기 때문이다. 보나벤투라는 "십자가에 못 박히신 분의 불타오르는 사랑을 통하지 않고는 다른 길은 없다."고 했다.[4]

클라라가 십자가에 못 박히신 정배를 관상한 것은 하느님과 일치하고자 함이었지만, 일치 자체가 하느님과 맺는 관계의 목표인 것은 아니었다. 오히려 목표는 닮음, 곧 자기 삶에 그리스도를 모시는 것이었다. 십자가에 못 박히신 정배를 응시함은 정배를 닮아감으로 이어진다. 이 닮음은 그리스도를 문자적으로 흉내 내는 것이 아니라 변화를 통하여 사랑하는 분의 모상이 되는 것이다. 클라라에게 관상을 통한 닮아감은 십자가의 거울 안에서 우리가 누구인지에 대한 진실에 가까이 갈 때 일어나는 일이었다. 그녀는 아녜스에게 '매일 거울을 들여다보고 그대 얼굴을 살펴'봄으로써 '갖가지 장식으로 휘감고 차려 입어 안팎으로 속속들이 단장'하여 사랑하는 분과 일치 안에서 변화되라고 하였다. 십자가에 못 박히신 분을 바라보면 우리는 더 깊은 수준의 자기 인식, 곧 하느님과 관계 안에서의 우리 정체성에 도달하게 된다. 이러한 새로운 수준의 자기 앎은 우리 마음을 새로운 길로 일깨워 줌으로써 마침내 '옛 사람'이 죽고 새 사람, 곧 '그리스도다운 사람'이 태어나게 하는데 이 새 사람은 우리의 얼굴을 지니고 있는 것이다.

  클라라의 관점에 따르면, 십자가에 못 박히신 정배를 매일 응시함으로써 궁극적으로 그분을 닮아가게 된다. 우리 마음을 다하여 십자가에 못 박히신 정배에게 매달리면 우리가 사랑 안에서 정배와 같이 되기 때문이다. 그리고 이 정배는 우리 자신의 삶 안에 계신 십자가에 못 박히신 분의 모상이다. 클라라가 이야기하는 것은, **변화**(그리스도를 닮아감)란 자기 정체성(하느님과의 관계 안에서 자기 자신을 받아들임)과 별개로 동떨어져 일어나지 않는다는 것이다. 우리 각자는 이 세상에서 고유한 방식으로 하느님의 사랑을 표현하고, 이 세상에 하느님의 얼굴을 보여 주기 위해 창조되었다. 관상을 통하여 자기 정체성과 그리스도를 닮아감을 통합하는 것이 변화의 길이다. 이 길을 통해서 사랑은 우리가 그에 따라 창조된 모상, 곧 고통과 사랑의 십자가를 통하여 아름답게 된 모상을 이끌어낸다. 하느님 안에서 우리가 자기의 심오한 진실로 가까이 가면 우리는 하느님의 성령으로 가득 차게 된다. 성령께서는 우리가 꿰뚫는 응시로 십자가 위에 못 박히신 그리스도를 관상할 수 있게 해 주신다. 그리고 이와 같은 응시로 우리는 연약한 인간성 안에 숨겨진 하느님의 사랑을 보게 된다.

클라라가 아녜스에게 그리스도를 닮음으로써 그리스도의 모상이 되라고 가르친 것은 그 당시로서는 매우 대담한 일이었음이 틀림없다. 여성이 하느님을 나타내 보일 수 있다는 생각은 중세 작가들 사이에서 매우 큰 논란의 근원이었기 때문이다. 중세에는 여성이 남성보다 열등한 존재로서 육적이고 나약하며 더럽혀지기 쉬운 존재라고 인식되었다. 여성은 죄악의 근원이자 하느님의 이류 모상으로 여겨졌다. 여성의 영혼은 결핍되어 있으며, 특히 지성의 범주에서 모자란다는 이런 생각은 일찍이 아리스토텔레스가 여성을 단지 질료와 관련지었던 탓이기도 하다.[ii] 여성은 오로지 육신으로만 정의되는 존재들이기에 하느님의 참다운 모상으로 존

---

ii   앞의 각주 i의 질료 개념을 참고.

재할 수가 없다고 여긴 것이다.[5]

　그녀 역시 중세 여성으로서 이런 이류 존재라는 지위를 부여받았음에도 불구하고, 클라라는 자기의 성별이 열등하다거나 불완전하다고 생각하지 않았다. 오히려 클라라는 말씀이 육신을 취하셨고, 본인도 육신을 입고 있으니 자기는 하느님과 일치할 수 있는 존재이며, 하느님의 모상이라고 보았다. 육화하시고 십자가에 못 박히신 말씀께서 몸을 지니셨다는 사실은 그녀에게 신적 사랑으로 가는 길을 열어 주었으며, 하느님의 모상으로서 존재함의 의미를 계시해 주었다. 그래서 클라라는 그리스도를 따르는 이는 누구나 '그리스도를 입고'(갈라 3,27) 신적 사랑 안에서 변화하도록 부르심을 받았다고 했다.

　변화(transform)는 우리 삶이 실제로 달라질 것을 요구한다. 우리 삶의 '형상을-바꾼다(trans-form)'는 것을 달리 표현하면, '회개한다'는 말이다. 회개한다는 말은, 오늘은 내가 죄인이지만 내일은 성인이 될 거라는 뜻이 아니다. 오히려 회개는 우리가 약한 존재이며, 하느님을 필요로 하고 완전함을 갈망하며 은총에 열려 있어야(開放性) 함을 깨닫는 일이다. 회개는 우리가 기꺼이 그리고 자유로이 변화하고자 함을 뜻한다. 우리는 하느님께로부터 왔기에, 오늘을 사는 우리 삶이 비록 불완전할지라도 내일이면 하느님 안에서 완전해질 수 있다. 어떻게 이러한 완성에 도달할 수 있는지는 우리가 무엇을 선택하는지에 달려 있다. 하느님은 우리가 완성되기를 애타게 고대하시지만, 우리 없이는 그 완성을 이루지 않으신다. 십자가의 거울을 바라봄으로써 우리는 회개로 부르심 받는다. 회개는 개방과 자유와 은총 안에서 끊임없이 하느님께로 가까이 가는 것이다. 변화와 마찬가지로 회개에도 반드시 달라짐이 수반되는데 이는 지금의 우리 모습과 다른 어떤 것이 되는 것, 곧 말씀의 새로운 육화가 되는 것이다. 영원으로부터 우리는 바로 이 말씀의 새로운 육화가 되기로 예정되었다. 우리가 하는 선택에 대해 좀 더 의식하고, 우리가 통제할 수 없는 문화적, 종교적, 정치적 세력으로부터 어떤 영향을 받고 있는지 좀 더 의식하고, 인간 존재로서 우리의 가난에 대해 좀 더 의식하고, 하느님께서 그 안에 사시는 우리 이웃에 대해 좀 더 의식하고, 은총의 샘인 교회의 성사 생활에 대해 좀 더 의식하고, 우리가 그리스도의 지체임을 좀 더 의식할 때만 이러한 변화가 일어날 수 있다. 그리고 이러한 의식은 반드시 우리 마음에 영향을 끼쳐야 한다. 우리 마음에서 흘러나오는 것이 우리가 무엇인지, 어떻게 행동하는지 그리고 우리 행동을 통하여 우리가 무엇이 되어 가는지를 결정하기 때문이다.

델리어 브루넬리는 "클라라의 관상에는 증거, 실행 그리고 복음 선포의 측면이라는 고유한 결이 있다. 그리스도의 거울에서 변화되는 사람은 누구나 그가 그리스도의 거울을 통해 변화되었다는,

오로지 그 이유 하나 때문에 그분의 모상을 반사하고 증거한다."고 했다.[6] 이 말은 우리에게 어떤 의미를 지니는가? 우리가 진정 우리 삶 안에서 그리스도의 현존을 가시적으로 드러냄으로써 십자가에 못 박히신 그리스도를 증거할 수 있을까? 이 질문에 클라라는 '할 수 있다'고 답한다. 할 수 있을 뿐만 아니라 우리는 바로 그렇게 우리 삶에서 하느님의 말씀을 드러내고자 창조된 것이다. 사실 이러한 목적이 없다면 우리는 계속해서 미완성인 존재, 애매모호하고 길 잃은 존재로 불안하고도 쉼 없는[iii] 상태로 남아있을 것이다. 클라라는 우리에게 우리가 아닌 다른 무엇이 되라고 요구하지 않는다. 오히려 본래 창조된 대로 진정한 우리가 될 것을 요구한다. 그것은 바로 그리스도의 이콘이다. 우리가 하느님 안에서 참다운 자기 정체성에 따라서 살면, 곧 자기 자신으로서 살면, 그리스도께서 우리 안에서 사시고 우리의 생명이 되신다. 그리스도를 입는다는 것은 하느님께서 우리 마음에 뿌리를 내리시고 우리 육신을 입으시도록 해 드리는 것이다. 하느님을 우리 마음 안의 조그만 주머니 속에 가두어서 우리가 신앙을 가진 사람임을 아무도 알지 못하게 하거나, 우리 믿음에 대해 함구함으로써 아주 사

---

iii 아우구스티노의 『고백록』의 유명한 서두와 같은 표현. "님 위해 우리를 내시었기 님 안에 쉬기까지는 우리 마음이 찹찹하지 않나이다"(아우구스티노 저, 최민순 역, 『고백록』, 바오로딸, 서울, 2011, p.30).

적으로만 종교적인 사람이 되지 않고, 오히려 약하고 부서지기 쉬운 그대로의 우리 삶을 통해서 하느님의 은총이 빛나게 하는 것이다. 우리 삶은 성사가 된다. 몸에 성스러운 별이 문신으로 새겨지거나 하는 드라마틱한 방법으로가 아니라 은총의 그릇이 되는 단순한 방법으로 말이다. 마더 데레사가 종종 말한 바와 같이 평범한 인간의 수단으로 비범한 사랑의 실천을 하는 것이다. 현대 작가 질 베일리는 이렇게 말했다.

> 인간은 자연적 성사다. 사람은 언제나 (본인이 아닌) 다른 것(another)을 구성하는 흔적을 지니고, 또다른 타자(the other)로 인해 일깨워진 갈망을 상징하며, 인격을 그리스도에게로 향하기 때문이다. 이러한 모방적 실재를 의식으로 끌어냄으로써(conscious), 그리스도교는 인간의 이 자연적 성사에 종교적 중요성을 부여한다. 이는 그리스도교적 주관성을 (여타의 것들과) 구분 짓는 고유한 특성이다.[7]

아씨시의 프란치스코는 성사적 사람의 좋은 예로, 회개의 은총과 관상과 변화 안에 산 사람이다. 프란치스코의 인생 여정의 중심 주제는 육화라 할 수 있다. 그가 이 세상에서 어떤 길을 걸을지를 결정한 것이 바로 육화다. 프란치스코는 그리스도에게 사로잡힌 사람이고, 그리스도는 하느님의 흘러넘치는 선하심이 예수의 인격 안에서 계시된 것이다. 프란치스코의 생애는 그가 성경에서, 성체성사에서, 형제자매들 안에서 만난 그리스도로 가득하다. 그의 전기를 집필한 첼라노의 토마스는 프란치스코가 완전히 예수로 가득 찬 사람이었다고 기록했다.

> 그는 언제나 예수와 함께 있었다.
> 예수는 그의 마음에
> 예수는 그의 입에
> 예수는 그의 귀에
> 예수는 그의 눈에
> 예수는 그의 손에 있었으며,
> 그는 온 몸에 예수를 지니고 다녔다.[8]

이렇게 하느님에게 '사로잡힘'으로써 프란치스코는 새로운 시각으로 인간의 품위를 보게 되었으며, 새로운 감각으로 피조물을 가족으로 느끼게 되었고, 새로운 관점에서 하느님을 너그러우신 사랑으로 보게 되었다.

프란치스코가 그리스도 안에서 발견한 것은 관계의 가치였다. 그리스도로 인해 그는 맨 먼저 자기 삶 안에서 하느님 사랑의 힘을 깨달았다. 다음으로 그는 하느님께서 모든 사람과 각기 유일하고도 고유한 방식, 두 번 다시 반복할 수 없는 고유한 길을 통해 관계 맺고 계심을 알았다.[iv] 마지막으로 그는 우리가 서로 관계를 맺고 있음을 알았다. 각 사람이 모두 하느님 안에 자기 원천을 두고 있기 때문이다. 그리스도를 아는 것은 우리 사이에 흘러넘치는 선함 안에 숨겨진 하느님을 아는 것이다.

보나벤투라는 프란치스코가 생애에서 이룬 발전을 '사람됨(personhood, 인간성)'의 진보라고 표현한다. 스스로 고립된 실체로부터 다른 이에게 본질적으로 개방되고, 그들과 관계를 맺는 자기에게로 옮겨갔다는 뜻이다. 십자가에 못 박히신 분의 가시적 형상 안에서 하느님의 사랑을 체험함으로써 프란치스코는 참된 관계의 사람이 되었다. 그는 스스로에 대한 염려와 자아의 속박에서 벗어나 하느님의 무한한 선하심이 담겨 있는 타인에게로 건너갔다. 그리스도의 신비로 인하여 프란치스코의 인간성은 자기를 중심으로 하는 '나'로부터 '너'를 필요로 하는 관계적인 자기로 발전해 갔다. 자기의 '나'가 '너'를 필요로 함을 깨달았기에 그리스도와의 관계가 깊어질수록 다른 이들과의 관계도 깊어져 갔다. 프란치스코가 그리스도와 더욱더 깊이 있는 관계를 맺을수록 이웃들도 더 이상 객체로 그의 외부에 존재하지 않고 형제로서 더욱 깊은 관계를 맺게 되었다.

프란치스코가 겪은 이 변화를 가장 잘 설명하는 예는, 나병 환

---

iv '개별성(haecceitas)'에 관하여 제4장 각주 vii을 참고.

자 이야기일 것이다. 젊은 시절 프란치스코는 나병 환자를 경멸했고, 그들이 보이기만 하면 등을 돌려 다른 길로 가곤 했다. 그러나 십자가에 못 박히신 그리스도 안에서 하느님의 연민에 찬 사랑을 만난 후 그의 마음이 바뀌었다. 십자가의 자기비움(kenosis)으로 표현된 하느님의 사랑은 프란치스코에게 깊은 인상을 남겨서 역겨운 대상, 말하자면 나병 환자 같은 사람이 그의 사랑의 대상이 되었다. 프란치스코의 이러한 회개 체험은 보나벤투라가 십자가의 관점에서 설명한 프란치스코의 변화의 출발점이 되었다. 보나벤투라는 프란치스코가 영적 여정을 시작하던 때 십자가에 못 박히신 그리스도가 그의 '외부'에 있었으며, 그가 나병 환자와 아무런 관계가 없었듯이 그리스도와도 아무런 관계가 없었다고 했다. 프란치스코의 지식과 사랑이 자라남에 따라 그리스도와의 관계가 바뀌었고, 그럼으로써 나병 환자와의 관계도 바뀌었다. 그는 나병환자를 '그리스도인 형제'라고 부르며, 그들 가운데서 봉사하기 시작했다. 보나벤투라는 프란치스코의 삶의 변화는 사랑 안에서의 변화, 곧 '십자가에 못 박히신 그리스도의 불타는 사랑'의 가시적 표현이라고 설명한다. 프란치스코가 단식과 기도를 하려고 찾아간 라 베르나에서 그의 변화된 삶은 정점을 찍는다. 거기서 그는 십자가에 못 박히는 체험을 얻는다. 보나벤투라는 이를 사랑의 무아경 체험으로 묘사했다. 프란치스코는 불타오르는 열정으로 가득 차 있었다.

십자가에 못 박히신 그리스도와 똑같은 모습으로
그는 완전히 변화되어야 했다.
육신의 순교가 아니라,
영혼을 불사름으로….[9]

프란치스코는 주님의 새로운 가시적 성사가 되었다. 그가 받은 오상에 대해 최근 들어 여러 가지 해석들이 나오고 있지만,[10] 어쨌든 오상은 프란치스코의 생애에 있었던 극적인 뭔가를 가리키며 그가 어떤 길을 통해 그리스도와의 일치 안에 살았는지 이야기해 준다. 프란치스코는 그러한 심오한 경지의 초월적 사랑을 얻었기에 '제2의 그리스도(alter Christus)'로 여겨지는 것이다.

프란치스코의 삶에서 드러나는 그리스도 중심성은 피상적인 신심이나 막연한 헌신에서 비롯된 것이 아니다. 오히려 그는 그리스도의 신비 안에서 형상을 갖추게 된, 곧 '양성'된 것이다. 프란치스코가 자기 삶을 통하여 그리스도의 신비에 더 깊이 들어갈수록 자기를 둘러싼 피조물과 사람들 안에서 그리스도를 더 많이 알아보게 되었다고 보나벤투라는 이야기한다. 프란치스코는 모든 사람과 피조물 각자가 지닌 재현 불가능한 고유성 안에 그리스도께서 계심을, 그럼으로써 세상 모든 것이 자기만의 고유한 방식으로 그리스도를 포옹하도록 이끌리고 있음을 보았다. 그에게 하느님은 추상적 관념이 아니라 살아 계시는 사랑의 실재였다. 바로 이 사랑을 그는 육화 안에서, 창조계의 심장부에서 발견한 것이다. 그리스도를 아는 사람은 이 사랑을 알며, 이 사랑을 아는 사람은 창조계의 모든 것이 이 사랑의 표현임을 안다고 보나벤투라는 밝힌다. 만나는 모든 사람과 피조물 안에서 프란치스코가 인식하게 된 것은 모든 사람과 사물은 각기 하느님 사랑을 표현하고 있으며, 그로써 그리스도를 표현하고 있다는 것이었다. 하느님 사랑이 창조계 안에서 가시적으로 표현된 것이 그리스도이기 때문이다. 그리스도를 향한 그의 지극한 사랑은 자기 삶 안에서, 타인의 삶 안에서 그리고 온 세상에서 하느님의 신비를 관상하도록 그를 이끌어 갔다. 그리스도 안에서 그의 삶이 깊이를 더해갈수록 그 모든 것이 그에게 그리스도를 이야기했으며, 그가 사랑한 분을 포옹하도록 이끌어 주었다. 클라라의 언어를 빌려 표현하자면, 프란치스코는 사랑하는 분을 관상함으로써 그 사랑하는 분을 포옹함으로 이끌렸으며, 사랑하는 분을 포옹함으로써 사랑 안에서 사랑하는 분과 같아지게 되었다. 첼라노의 토마스는 프란치스코가 이렇게 말하며 세상을 돌아다녔다고 전한다.

우리를 지극히 사랑하신 분에 대한 사랑이
지극히 사랑받으셔야 합니다. [11]

그는 실로 지극히 사랑했다. 생애 말년에 그는 자기가 그토록 충실하게 따르며 사랑한 분과 같은 모습이 되었다. 첼라노의 토마스는 프란치스코 사후 그의 꿈을 꾼 한 형제의 이야기를 자세히 기록했는데, 여기서 프란치스코는 그리스도와 구분이 되지 않을 정도다.

그날 저녁 같은 시각, 영광스러우신 사부께서 칭송받아 마땅한 생활을 하고 있는 또 다른 형제에게 나타나셨는데, 당시 그 형제는 기도에 잠겨 있었다. 사부께서는 왕이 입는 자줏빛 대관식 예복을 입으셨는데 수없이 많은 군중이 그분을 따르고 있었다. 그중 몇 사람들이 무리에서 나와 형제에게 물었다. "이분은 그리스도가 아니신가, 형제여?" 그가 대답했다. "그분이십니다." 다른 사람들이 그에게 물었다. "이분은 성 프란치스코가 아니신가, 형제여?" 그러자 그 형제는 똑같이 그분이시라고 대답했다. 그 형제에게도, 또한 무리의 사람들에게도, 그리스도와 성 프란치스코는 정말로 한 사람인 것으로 보였다.[12]

프란치스코의 생애가 그리스도의 거울 이미지가 되어갔다는 것, 곧 그가 그리스도와 똑같은 모습이 되어갔다는 점에는 의심의 여지가 거의 없다. 사람들은 그의 안에서 '그리스도의 현존'을 보았으며, 이는 사람들에게 깊은 영향을 미쳤다. 그리스도의 생명 혹은 삶(life)이 프란치스코 안에서 가시적으로 재생(renew)되었으며, 이러한 그리스도의 현존은 다른 이들이 자기 삶을 변화시키도록 몰아가는 힘이 되었다.

클라라도 프란치스코의 삶에서 깊은 영감을 받았다. 그녀는 프란치스코 안에 뿌리박은 나무로서 그에게 깊은 유대를 느꼈으며, 프란치스코 안에서 그리스도의 모범을 보았다. 클라라의 것으로 여겨지는 유언에 이렇게 적혀 있다. "하느님의 아드님께서 우리에게 길이 되어 주셨고(요한 14,6 참조), 그분을 참으로 사랑하고 본받은 분이셨던 복되신 우리 사부 프란치스코께서 말과 모범으로 이 길을 우리에게 보여 주셨고 가르쳐 주셨습니다."[13] 그녀의 관점에 따르면, 그리스도를 관상하고 변화됨이 곧 그리스도를 증언함이요, 그럼으로써 믿는 이의 삶(life)을 통하여 그리스도의 생명(life)이 빛나도록 허용하는 것이다. 그리스도인의 삶은 가시적 현존이다. 우리는 그리스도를 따를 뿐만 아니라 우리 삶 안에서 그리스도를 낳아야 한다. 클라라의 영적 여정은 신비적이다. 이는 '어머니됨'(모성)의 신비라 할 수 있는데, 하느님의 숨겨진 현존을 찾을 뿐만 아니라 우리 삶 안에서 그분의 사랑이 태어나게 할 것을 요구하기 때문이다. 클라라는 이 신비적 여정의 본보기로 하느님의 어머니 마리아를 꼽는다. 그녀는 '하늘도 담을 수 없는 그런 아드님을 낳으신 그분의 지극히 감미로우신 어머니께 매달'려야 한다고 아녜스를 가르친다.[14] 인간이 자기 삶 안에서 하느님께서 현존하시게 할 수 있을 정도의 잠재력(potential)을 지녔음을 클라라는 본 것이다. 셋째 편지에서 그녀는 마리아처럼 믿는 사람의 영혼은 하늘보다도 더 위대하다고 말하며 '하늘들과 모든 피조물을 다 합쳐도 그 창조주를 담을 수 없지만, 오직 믿는 영혼만이 그분의 거처이자 옥좌'라고 이야기한다.[15] 그녀는 사람의 영혼이 지닌, 하느님을 품을 수 있는 능력[v]을 강조한다. 성령으로 인하여 그리스도께 결합된 사람 안에는 삼위일체께서 거하실 수 있다. 가난과 겸손은 이렇게 하느님의 거하심을 가능케 함으로써 아녜스가 그랬듯이 궁극적으로 하느님을 소유할 수 있게 한다. 사람이 이 지상 생활 중에 하느님을 소유할 수 있게 되는 것이다. 클라라는 계속해서 이렇게 말한다.

> 동정녀들 중에 영화로우신 동정녀께서
> 육신으로 그분을 품으셨듯이
> 그대도 그분의 발자취,
> 특히 그분의 겸손과 가난의 발자취를 따른다면 (1베드 2,21 참조)
> 의심할 여지없이 그대의 순결한 동정의 몸 안에서
> 영적으로 그분을 항상 품을 수 있습니다.
> 그리하여 그대와 모든 사물들을 담으시는 분을
> 그대가 담을 것이며 (지혜 1,7)….[16]

---

v   제5장의 각주v 참고.

만물의 창조주를 사람 마음의 유한한 공간 속에 품을 수 있다니, 깊은 기도의 여인이 길어낸 이 통찰은 얼마나 심오한가! 우리가 무한히 하느님과 일치함으로써 하느님의 생명이 우리 생명이 되고 우리 생명이 하느님의 생명이 되지 않는다면, 도대체 어떻게 하느님을 소유할 수 있겠는가? 우리 마음의 태중에 하느님을 품고, 우리 삶 안에 그리스도를 낳는 신비 속으로 들어오라고 클라라가 우리를 초대한다. 이는 프란치스코가 "우리의 마음과 몸에 그분을 모시고 다닐 때 우리는 어머니들입니다. … 거룩한 행위로써 우리는 그분을 낳습니다."라고 쓸 때 갈망했던 바로 그 영적 이상이다.[17]

프란치스코와 같이 클라라의 관점에서도, 그리스도를 낳는 사람은 그리스도의 정배로서 성령으로 인해 그분께 아주 밀접히 결합되어 있기에 사랑의 거룩한 잔치에 참여하는 이들이다. 넷째 편지에서 그녀는 이렇게 쓰고 있다.

> 온 마음을 다하여 그분께 매달려
> 이 거룩한 잔치를 나누게 된 여인은
> 참으로 복됩니다.
> 그분의 아름다움을
> 천상의 모든 복된 무리가 끝없이 경탄하며….[18]

친밀함을 그려낼 때 클라라가 사용하는 언어는 시각적이다. '매달리다', '소유하다'라는 말은 믿는 이의 삶(생명, life)으로부터 그리스도의 삶(생명, life)을 결코 떼어놓을 수 없을 정도로 결합된 그리스도와의 일치를 뜻한다. 우리 삶에 그리스도를 품는다는 것은 은총에 흠뻑 젖어드는 것이다. 그분의 생명이 우리 생명이 되고 그분의 사랑이 우리 사랑이 된다. 변화는 어떤 절차나 방법이 아니라 우리 삶의 에너지의 방향을 다시 잡는 일이다. 이는 우리 삶 안으로 기꺼이 받아들인 생명의 성령, 곧 우리 정신을 밝혀주시며 우리 마음을 하느님께서 내재하시는 처소로 재창조하시는 성령의 이끄심에 따라가는 것이다. 변화를 여는 문은 가난이다. 우리가 하느님께 의지해야만 함을 깨달을 때, 우리 삶 안에 하느님께서 드실 공간을 기꺼이 내어 드릴 때, 그리고 마음의 영적인 눈으로 십자가의 거울에 비친 우리 자신의 모습을 바라볼 때, 바로 그럴 때 변화가 가능하다. 그때 비로소 우리는 자유로이 되어 하느님의 손에 붙잡힐 수 있고, 하느님으로 변화될 수 있으며, 우리 본성에 의해 신적인 존재가 되는 것이 아니라 우리 삶을 통하여 신성이 빛나도록 허용할 수 있게 된다. 클라라에게 이러한 변화의 의미는 마리아가 그랬듯이 우리가 또 다른 테오토코스Theotokos, 곧 하느님을 모신 이가 되는 것이다. 믿는 이의 삶 안에서 하느님께서 새로이 육신을 취하시기에 하느님을 모신 이는 그리스도를 증거하는 것이다. 그리스도께서 새로이 탄생하신다는 것은 참으로 기쁜 소식, 복음이다.

성찰을 위한 질문

1. 여러분은 일상에서 어떻게 변화에 주의를 기울이고 있나요?
2. 하느님께로 가는 여러분의 여정에서 십자가는 어떻게 중심적 역할을 하고 있나요? 십자가는 어떻게 자기 성찰의 거울이자 변화의 자리가 되어주나요?
3. 여러분은 자기 삶 안에서 '닮음', '모상', '십자가에 못 박힌 사랑'의 개념을 어떻게 이해하고 있나요?
4. 클라라의 '어머니됨의 신비'는 여러분에게 어떤 말을 건네고 있나요?

1 「아녜스에게 쓴 셋째 편지」 13.

2 「아녜스에게 쓴 첫째 편지」 16.

3 「아녜스에게 쓴 둘째 편지」 21.

4 보나벤투라, 「하느님께로 나아가는 정신의 여정」, 서언 3.

5 George H. Tavard, 『Women in Christian Tradition』 (South Bend, Ind.: Notre Dame, 1973), p.115. 또한 Eleanor Commo McLaghlin, 「Equality of Souls, Inequality of Sexes: Women in Medieval Theologh」 『Women in Western Thought』 Martha Lee Osborne, ed. (New York: McGraw Hill, 1979), pp.62-66도 보라.

6 Delir Brunelli, "「Contemplation in the Following of Jesus Christ : The Experience of Clare of Assisi", 『The Cord』 52.4 (2002), p.167.

7 내가 질 베일리(Gil Bailie)에게 개인적으로 연락(문의)하였을 때 그는 이 인용문의 출처는 알려지지 않았다며 이렇게 대답했다. "제가 언제 어디서 그 말을 썼는지 모르겠습니다. 아마도 출판하지 않은 강의록인 것 같습니다."

8 토마스 첼라노, 『아씨시의 프란치스코의 생애』, FA:ED I, p.283.

9 보나벤투라, 『아씨시의 성 프란치스코 대전기』, 13,3.

10 이에 대한 예로, 『Francis of Assisi: A Life』 John Bowden trans., (London: SCM, 1998) pp.118-147에 실린 키아라 프루고니(Chiara Frugoni)의 글 "The Stigmata: A Discovery, A Pious Story or an Invention"을 볼 수 있겠다. 프루고니는 프란치스코의 사망 시점까지는 오상에 대해 보고된 바가 없다는 사실에 비추어 오상의 진정성에 대해 비판적으로 분석하고 있다.

11 토마스 첼라노, 『한 영혼의 열망에 대한 기억』 148, FA:ED II, p.373.

12 토마스 첼라노, 『한 영혼의 열망에 대한 기억』 165, FA:ED II, p.389.

13 「클라라의 유언」 13.

14 「아녜스에게 쓴 셋째 편지」 18.

15 「아녜스에게 쓴 셋째 편지」 21-22.

16 「아녜스에게 쓴 셋째 편지」 24-26.

17 「신자들에게 보낸 편지」 10.

18 「아녜스에게 쓴 넷째 편지」 9-10.

제7장
성체성사

신앙생활을 제도권 교회에 결부하고 영성은 내적 확신과 느낌에 결부하는 이 포스트모던 영성의 시대에 성체성사는 개인적 신심과 기도의 영역으로 밀려나 버린 듯하다. 하느님 품속에서 보내는 시간 동안 이 세상은 잠깐 지워버린 듯 내적 영혼과 예수만이 즐기는 사적인 만남처럼 되어버린 것이다. 그러나 성체성사는 결코 밀실에서 일어나는 사랑 놀음 같은 것이 아니다. 성체성사는 예수 생애의 정점으로서 하느님의 영속적 현존의 가장 공적인 표현이다. 성체는 금 접시 위에 놓인 작은 빵조각이 아니라 그리스도의 몸과 피이며, 따라서 우리 삶의 몸과 피다.

프란치스코와 클라라 두 사람 모두 성체성사를 꼭 집어 언급하지는 않았지만, 그 의미를 깨치고 있었던 것으로 보인다. 클라라가 아녜스에게 보낸 편지에 성체성사라는 단어가 쓰여 있진 않지만, 그녀가 그리고 있는 사랑은 성체성사적 사랑이다. 이는 다른 이를 위하여 쏟아붓는 사랑이며, 사람으로 하여금 그리스도의 몸인 교회를 구성하는 살아 있는 지체가 되게 하는 것이다. 클라라에게 그리스도의 몸은 교회를 의미했다. 그녀는 아녜스에게 성체성사적 사랑을 추구하라고 격려하며, 오로지 이 길을 통해서만 자기 삶을 통하여 그리스도의 지체에 힘을 줌으로써 교회를 다시금 세우는 데 협력할 수 있다고 했다. 아녜스에게 보낸 셋째 편지에서, "(나는) 그대를 하느님 자신의 협력자이며(1코린 3,9; 로마 16,3 참조), 그분의 형언할 수 없는 몸의 넘어지는 지체들을 떠받치는 이로" 여긴다고 했다.[1] 인생의 대부분을 소란스런 이 세상을 떠나서 보낸 여인에게서 나온 것으로 보기에는 참으로 놀라운 통찰이다. 성체성사적 삶을 산다는 것은 우리 삶(life)을 통하여 그리스도의 지체가 되는 것이며, 교회의 생명(life)에 살아 있는 참여자가 되는 것이다. 그리스도의 몸과 교회는 서로 떨어진 실체가 아니라 우리의 부서지고 죄스러운 세상과 밀접히 엮인 하느님의 영속하는 현존의 단일한 신비다.

철저히 육화에 기반하는 클라라의 영성은 교회의 생명에 그 뿌리를 두고 있다. 완벽하고 영적인 교회가 아니라 흐트러지고 인간적이며, 육화의 신비와 씨름하는 교회 말이다. 중세에는 카타리 같은 이단 분파가 많이 있었는데, 그들은 영적 완성을 추구하며 교회에서 갈라져 나간 이들이다. 반면 프란치스코와 클라라는 참된 그리스도인 생활을 위해 투쟁하면서도 계속해서 교회에 순종했다. 성체성사적 영성에 대한 클라라의 영적 확신은 그녀가 쓴 편지에 한 올 한 올 곱게 수 놓여 있는데, 그 중심에는 그리스도의 몸이 위치한다. 그리스도의 몸이 믿는 이의 몸이 될 때, 곧 누군가가 사랑의 열정 때문에 십자가에 못 박히신 그리스도처럼 사랑으로 불타오를 때, 그 사람은 복음을 위해서 기꺼이 자기 목숨을 내놓게 된다고 클라라는 확신했다. 그녀의 관점에서 보면, 사랑하는 이는 사랑 안에서 그 사랑하는 대상처럼 십자가 형상이 되는 것이다.

십자가의 형상을 한 사랑이라는 클라라 고유의 표현은 그녀가 사라센의 침략으로부터 수도원을 보호한 일화에 반영된다. 시성 조사 증언록에 이 이야기가 실려 있다. 제9 증인인 프란체스카 자매는 사라센이 수도원에 접근하던 때 클라라가 그리스도의 몸을 모셔오게 했으며, 그 앞에서 자매들과 도시를 보호하기 위한 희생 제물로 스스로를 봉헌했다고 말했다. 증언은 아래와 같다.

수도원 회랑에 사라센이 들어왔을 때 클라라는 수도원 식당 입구로 자기를 데려가게 하고, 우리 주 예수 그리스도의 지극히 거룩하신 성체를 모신 작은 함을 모셔오게 하였습니다. 그는 바닥에 몸을 내던져 엎드려서 기도하며 눈물로 애원하는 가운데 이런 말을 하였습니다. "주님, 당신의 이 종들을 굽어 살펴 주십시오. 제가 이들을 보호할 수가 없나이다." 그리고 본 증인은 경탄할 만큼 감미로운 목소리로 이런 말씀이 들려오는 것을 들었습니다. "나는 언제까지나 너희를 보호할 것이다!" 그러자 그는 도시를 위해 이렇게 기도하였습니다. "주님, 이 도시도 보호해 주십시오!" 같은 목소리가 이렇게 들려왔습니다. "도시는 많은 위험을 견뎌야만 하겠지만, 지켜질 것이다." 그러고 나서 클라라는 자매들에게 몸을 돌려 말했습니다. "두려워하지 마십시오. 내가 여러분을 위한 인질이 되었으니 여러분이 하느님의 계명을 지킬 것을 희망하는 한, 지금과 또한 어느 때라도 여러분은 어떠한 해도 입지 않을 것입니다." 그러자 사라센은 아무런 손실이나 해를 끼치지 않고 떠나갔습니다.[2]

이 증언은 클라라의 성성을 증명하는 데 중요할 뿐만 아니라 그녀의 삶에서 성체성사가 얼마나 중요했는지를 밝히는 데도 중요하다. 그리스도의 몸이 클라라 앞에 모셔져 온 후에 그녀가 엎드려 기도하며, 자매들이 해를 입지 않도록 자신을 인질로 선언한 일은 매우 눈에 띄는 부분이다.[3] 그리스도와 같이 그녀도 자기 자매들의 목숨을 구하고자 기꺼이 자기 목숨을 내어 놓았다. 이와 같이 십자가 형상을 한 사랑의 정신은 클라라가 주님을 향한 사랑 때문에 순교하고자 모로코로 가기를 열망했다는 일화에서 또다시 드러난다. 이는 시성조사 과정에서 제6 증인이 증언한 바 있다.[4]

십자가 형상의 사랑으로서의 성체성사는 아씨시의 프란치스코의 생애에서도 명확히 드러난다. 첼라노의 토마스는 바오로 서간의 논지에 따라 그리스도의 십자가에 못 박히신 몸과 프란치스코의 몸 사이의 관계에 대한 내용을 전개한다. 성체성사에 관한 바오로의 개념에는 헬레니즘적 가르침에 대한 반박도 다소 담겨 있다. 헬레니즘적 관점에서 보면, 일자(the One)[i], 곧 하느님께 대한 봉

---

i 신플라톤주의 철학에서 절대적 제1원리를 의미하는 용어로서 참된 실재이자 유일한 근원을 가리킨다. 플로티노스는 일자의 유출로써(일자 그 자체는 아무런 손상을 입지 않으면서

헌에는 육신을 멸시하는 의미가 내포되어 있다. 헬레니즘 사상에 따르면, 일자에 대한 봉헌, 곧 하느님과의 일치는 서로 다른 점을 없애는 것이다. 영적 완성을 추구함에서 육신은 초월하거나 부인해야 하는 것이라고 보았기 때문이다. 미로슬라프 볼프가 지적했듯이 인간성의 통합을 추구했던 바오로가 일자 안에서 찾아낸 것은 육신을 벗어난 초월이 아니라 십자가에 못 박히고 부활하신 예수 그리스도였다. 이러한 일치의 원리는 이름을 지니며, 이 이름은 십자가 위에서 수난하는 몸을 지니신 한 사람에게 주어졌다.[5] 십자가로 인하여 인종이나 성별에 관계없이 모두가 하느님의 자녀로서 한 몸을 이룬다(갈라 3,28 참조). 바오로는 이렇게 말한다. "빵이 하나이므로 우리는 여럿일지라도 한 몸입니다. 우리 모두 한 빵을 함께 나누기 때문입니다"(1코린 10,17). 바오로가 말하는 하나의 빵은 십자가에 못 박히신 그리스도의 몸이다. 이 몸은 스스로를 봉쇄하는 단일성을 거부하고, 자기를 개방하여 다른 이들이 자유로이 참여하고 나눌 수 있게 하는 몸이다.[6] 볼프는 이렇게 설명한다.

바오로의 사상은 하느님 메시아의 수난하는 몸이 지니는 수

만물이 산출된다고 하였다(유출설). 일자에서 생긴 하위의 존재사물은 동일한 작용과 기능에 의하여 그 아래에서 또 다른 존재사물을 낳는다. 이렇게 세계는 다양한 존재자로서의 위계질서(지성, 영혼, 물질 등)로 파악된다. 신플라톤주의에서의 철학은 영혼을 가진 존재사물인 인간이 이 세상을 떠나서 자기 원천인 일자에게로 돌아가는 과정이다. 이런 관점은 중세 신비신학에도 큰 영향을 끼쳤다.

치스런 특수성에 담긴 일치와 보편성에 기반을 두고 있으며, 이 때문에 여타의 신앙과는 구조적으로 다른 심오한 차이점을 지닌다.(바오로 사상이 아닌) 여타의 신앙들은 '육신 안에 존재함을 부끄럽게 여기는'(당대) 만연했던 획일적인 정신을 아주 중요하게 여겼다. [7]

십자가에 못 박히신 그리스도가 특별한 것은 만인에 대한 일인의 투쟁이 아닌, 만인을 위한 일인의 자기증여이기 때문이다. 십자가에 못 박히신 메시아는 자기 자신을 내어 줌으로써 일치를 창조한다. 그리스도께서 십자가 위에서 수난하심으로써 서로 다른 많은 몸들을 하나의 몸으로 일치시켰기에, 참된 그리스도인 공동체의 기반은 바로 자기증여적 사랑으로 십자가에 못 박히신 분의 '자기 내어 줌'이 된다.

첼라노의 토마스가 쓴 프란치스코 전기에서도 위와 같이 일치의 기반이 되시는 그리스도의 몸에 대한 이해가 드러난다. 토마스는 성체성사의 기저에 깔려있는 주제를 그리스도의 몸과 프란치스코의 몸 사이의 관계로 표현했다. 바오로는 성체성사를 십자가에 못 박히신 그리스도의 몸으로 보았는데, 프란치스코가 라 베르나에서 받은 오상에도 이런 의미가 담겨 있다. 첼라노의 토마스는 이를 다음과 같이 시각적인 사건으로 묘사하였다. "(프란치스코가) 하느님의 환시 안에서 한 사람을 보았다. 그는 프란치스코 위에 있었으며, 세라핌 천사처럼 여섯 개의 날개를 가졌는데 양팔은 펼치고 발은 모은 채로 십자가에 고정되어 있었다."[8] 프란치스코는 그 환시의 의미를 식별하려 애쓰는 가운데 기쁨과 슬픔이 뒤섞인 감정을 느꼈다. 첼라노의 토마스에 따르면, 프란치스코가 그리스도의 상처로 낙인을 받고 그 산에서 내려올 때 이 환시의 의미가 프란치스코 자신의 몸에서 드러났다. 토마스는 영과 육에 관한 바오로의 가르침에 비추어 이 오상을 해석한다. 참된 영성은 영과 육의 조화다. 바오로가 육(flesh)이라는 말을 사용할 때는 신체를 가리키는 것이 아니라 하느님을 거스르는 모든 것을 지칭하는 것이다. 십자가에 못 박히신 그리스도께 동화된(conformed), 곧 그분과 같은 형상(form)을 하게 된 프란치스코는 참으로 영적인 사람이 되었다.

> 그의 안에서는 육이 영과 그토록 조화를 이뤘으며
> 또한 그토록 순종하였으니
> 영이 모든 거룩한 것에 이르려 노력할 때
> 육은 이에 저항하지 않고
> 오히려 앞질러가려 할 정도였다.[9]

이와 비슷한 조화를 클라라 안에서도 찾아볼 수 있다. 그녀는 눈에 보이는 오상을 받지 않았으며, 그녀가 영적으로 얼마나 성숙했었는지에 대해 전기 자료에서 시시콜콜 설명하지도 않는다. 그러나 『동정 성녀 클라라 운문 전기』의 저자는 많은 지면을 할애하여 육신의 고행에 대해 다루었다. 이는 클라라가 영을 하느님께로 향하고자 자기 영이 해방되기를 원했으며, 이 목적을 이루기 위해 육신이라는 짐을 정복하려는 노력의 일환으로 엄격한 극기 생활을 했음을 암시한다.[10] 첼라노의 토마스는 프란치스코가 고통을 끌어안음으로써 그 영혼이 자유로워져 하느님께 갈 수 있었다고 했다. 토마스가 프란치스코를 참으로 영적인 사람이라고 한 것은 그의 상처 입은 몸을 염두에 두고 한 말이다. 토마스는 이렇게 썼다.

> 자연의 법칙과 인간의 조건에 따라 육신은 나날이 쇠퇴해야만 했으나, 내적 존재는 새로워져갔다. 그러므로 하늘의 보화가 감춰진 귀중한 그릇은 산산이 부서지며 모든 힘을 잃어갔다. … 육신이 약해짐에 따라 정신은 점점 더 강해졌다.[11]

토마스는 십자가에 못 박히신 그리스도의 몸이 이 세상의 치유와 완성의 원천이 되었듯이 프란치스코의 부서지고 약해진 몸은 영적 힘의 원천이자 구원에 도움이 되었다고 보았다. 그리스도의 상처 입은 몸에서 흘러나온 영은 프란치스코의 상처 입은 몸에서 흘러나온 영과 같은 분이었다. 육신이 죽어가고 있음에도 불구하고 그는 여전히 그리스도와 함께 하고자 하는 내적 갈망을 붙잡고 있었으며, 토마스가 쓴 바와 같이 "아직 그리스도의 수난에서 모자란 부분을 자기 몸으로 채우지는 못하고 있었다."[12] 토마스는 프란치스코의 상처 입은 육신을, 이 세상의 구원을 완성하기 위하여 그리스도의 수난에 참여하는 것으로 보았다. 이렇게 평화와 화해를 위하여 그리스도처럼 기꺼이 수난을 겪음으로써 프란치스코는 참된 그리스도인 삶의 표양이 되었다. 토마스에 따르면, 프란치스코를 또 하나의 그리스도가 되게 한 것은 그의 활동 자체가 아니라 그리스도처럼 기꺼이 고통받기를 원함으로써 증거된 그 흘러넘치는 사랑이었다. 클라라도 이런 사랑을 지녔는지 구구절절 설명하는 기록은 남아있지 않지만, 시성조사 과정에서 자매들이 증언한 바를 살펴보면 이는 참으로 명백한 일이다. 많은 자매들이 클라라가 환자들을 보살피고 도움이 필요한 이들에게 관심을 기울이는 등 사심 없는 사랑을 베풀었다고 이야기했다. 예를 들어 제2 증인은 클라라의 깊은 겸손에 대해 이렇게 진술했다.

> 클라라 자매는 경탄할만한 겸손을 지니고 있어서 늘 자기 자신을 낮추어 보았으며, 더욱 비천한 일들을 직접 자기 손으로 하였습니다. 그는 아픈 자매들의 뒤를 자기 손으로 닦아 주기까지 하였습니다. … 더욱이 복된 클라라는 자매들의 손에 물을 부어 씻겨 주었으며, 밤에는 그들이 춥지 않게 덮어 주곤 하였습니다.[13]

사랑이 예수를 살아 있는 그리스도로 변화시켰듯이 사랑이 클라라의 몸과 프란치스코의 몸을 십자가에 못 박힌 몸으로 변화시켰다고 할 수 있다. 첼라노의 토마스의 표현과 같이 사랑은 프란치스코를 용광로 안에서 단련하여 궁극적으로 그리스도가 되게 만들어냈다. 그 사랑은 이러한 것이다.

> 그의 가슴을 가득 채운
> 찬란히 빛나는 사랑의 샘이
> 밖으로 뿜어져 나왔다.[14]

이와 똑같은 사랑이 클라라의 마음에도 있었다고 나는 믿는다. 프란치스코와 클라라를 그리스도 안에서 변화시켜 다른 이들이 보고 따를 수 있는 또 하나의 그리스도가 되게 한 것은 사랑의 힘이다.

사랑의 힘은 성령이시다. 우리를 그리스도께 동화시키는 분은 바로 그리스도께서 보내 주신 성령이시기 때문이다. 우리가 그리스도와 같은 모습이 되게 하고자 성령께서는 우리 정체성을 지워 버리지 않으시고 오히려 우리 인격을 창조 때에 정해진 대로 사랑의 그릇으로 만들어 주신다. 사랑 안에서 우리를 자유롭게 해 주시는 성령께서는 우리가 사랑을 위해 존재하게 하신다. 성령께서는 하느님 안에서 우리가 누구인지에 대한 진실로 우리를 이끌어 주시며, 우리는 하느님 안에서 우리의 자유를 발견한다. 우리를 참된 자유로 이끌어 주지 않는 것은 무엇이든 거절해야 한다. 그것은 참된 것이 아니기 때문이다. 그러므로 복음은 우리를 끊임없이 자유로 부르시며, 헛된 이 세상의 질서나 그저 우리에게 주입된 어떤 암호 같은 것들에게 영향을 받지 말고 자기 자신의 삶을 스스로 지어가라고 초대하신다.[15] 프란치스코는 성령의 힘 안에서 살았기에 참으로 자유로운 사람이었다. 이 사랑의 힘 안에서 그는 이 세상에서 그리스도의 새로운 생명이 되었다. 죽은 이들 가운데서 부활하신 그리스도께서 프란치스코 안에 사셨다. 프란치스코의 삶을 적셔 준 사랑의 힘이 프란치스코를 둘러싼 세상도 적셔 주었다. 프란치스코의 삶은 그를 둘러싼 세상에 큰 영향을 미쳤다. 그에 대해 쓰인 이야기가 얼마나 많은지를 생각해보라. 프란치스코로 인해 온 우주가 좀 더 그리스도화 되었으며, 하느님 안에서의 완성을 향해 전진하였다.

프란치스코의 삶을 불붙은 향과 같이 만든 사랑은 십자가의 형상을 한 사랑이다. 이 사랑은 섬기는 자, 종의 사랑이기 때문이다. 이 사랑은 기꺼이 허리를 굽혀 다른 이의 발을 씻어주는 사랑이다. 프란치스코와 클라라가 자기 자신을 '종'이라 지칭했음은 익히 알려진 바다. 그들은 허리를 굽혀 자기 형제자매의 발을 씻겨 주기를 겁내지 않았다. 클라라의 시성조사 증언록에는 겸손에 관한 증언이 반복하여 강조된다. 예를 들어 제3 증인은 이렇게 말한다.

어느 날 클라라가 수도원에서 봉사하는 자매 중 한 사람의 발을 씻겨주며 몸을 굽혀 그녀의 발에 입을 맞췄습니다. 이 자매는 서투르게 발을 빼내려다가 거룩하신 어머니의 입을 걷어차 버리고 말았습니다. 그럼에도 불구하고 클라라는 겸손했기에 그 종의 발바닥에 입 맞추기를 단념하지 않았습니다.[16]

마이클 블라스틱은 발을 씻어주시는 그리스도의 모상이 프란치스코와 클라라에게 권위의 역할을 규정해 주었다고 말했다. 공관복음에 나타난 성체성사 이야기는 요한복음에서 발을 씻어주는 모습으로 옮겨지는데, 성체성사를 위해서는 상호 간에 섬기고 존경하는 공동체가 반드시 필요함을 암시한다.[17] 이와 비슷한 맥락에서, 프란치스코와 클라라에게 성체성사는 단순히 그리스도의 몸을 모시는 것만이 아니라 하느님의 내재하는 사랑의 심오한 현존 안에서 사는 것이었다. 이는 부서지기 쉬운 인성 안에 숨어계신 하느님의 겸손을 관상적으로 '바라봄'과, 이 겸손한 사랑 안에서 '변화함'을 의미한다. 프란치스코와 클라라의 삶이 우리에게 보여 주는 것은, 성체성사적 삶을 산다는 것은 사랑의 관대함 안에서 하느님께 응답하는 것이며, 그렇기에 이는 실천이자 존재방식, 곧 형제자매들 사이의 관계를 형성하는 존재방식이라는 것이다. 성체성사적 삶은 관상과 변화의 삶이다. 그리스도를 관상함은 그리스도 안에서 변화됨이며, 그리스도 안에서 변화됨은 다른 이들을 향한 예수의 관심과 섬김을 육화하는 것이기 때문이다. 이를 클라라의 언어로 표현하면, 그리스도의 발자취를 따르고 그리스도의 거울이 되는 것이다. 곧 다른 이들이 보고 따를 수 있도록 자기 삶을 통하여 그리스도를 비추는 거울이 되는 것이다.

당신을 내어 주시는 사랑의 하느님과 맺는 깊은 사랑의 관계는 우리를 그분과의 일치로 이끌어 줄 뿐만 아니라 우리 자신의 삶에서 그 사랑이 육신을 입도록, 곧 그 사랑을 구체화 해 준다고 클라라는 믿었다. 이러한 관점에서 그녀의 어머니됨의 신비와 성체성사적 영성이 서로 엮이게 된다. 그녀가 사용하는 모성의 언어는 십자가에 못 박히신 정배와의 깊고도 꿰뚫는 사랑의 관계 저면에 잔잔히 흐르는 음악과도 같다. 사랑의 일치가 말씀을 잉태하고, 말씀을 품고, 말씀을 낳으며, 또한 말씀 안에 비춰 보인다. 이러한 '어머니됨'은 그리스도를 닮는 것 외에 다른 것이 아니기에, 영혼이 말씀을 받아 모시며 '이는 내 몸이다' 하고 부르짖을 때 말씀은 믿는 이의 삶 안에서 그리스도의 참된 모상이 된다. 클라라의 영성에 따르면, 우리가 사랑을 하면 그 사랑하는 대상이 되어가듯이 우리가 내면에 무엇인가를 잉태하고 있으면 바로 그 잉태한 무엇인가가 되어갈 수밖에 없다. 클라라의 영성의 길은 우리를 실천적 사랑으로 부르며, 오로지 십자가에 못 박히신 정배와의 일치에 들어가는 사람만이 사랑으로 십자가에 못 박히신 정배와 같이 될 수 있음을 가르쳐 준다.

클라라의 관점에서 보면, 성체성사적 삶은 그리스도 안에서의 변화를 중심으로 하며, 우리 삶 안에서 그리스도께서 다시 사심이 그리스도의 몸인 교회의 기반이 된다. 그리스도의 몸은 그 지체들이 수동적으로 듣기만 하는 사람들이 아니라 실천적으로 사랑하는 사람들이어야만 자라난다. 교회의 구성원이 된다는 것은 그리스도의 생명과 느슨한 협력관계를 맺는 것이 아니라 그에 적극적으로 참여하는 것이다. 은총으로 굳건해진 이들은 그분의 지체 중에 더 약한 이들을 도와줌으로써 그분의 몸이 하느님 안에서 자라나 완성을 향해 가도록 해야 한다. 클라라는 하느님을 관상하고 하느님 안에서 변화되며, 하느님께로 가는 길 위에 있는 사람만이 교회의 진정한 구성원이라고 보았다. 가난에서 출발하여 변화에 이르는 그녀의 영적 길을 살펴보면, 교회가 실로 가난과 겸손과 사랑 위에 세워졌음을 알 수 있다. 우리가 가난하지 못하면 사랑하지 못하며, 우리가 사랑하지 못하면 그리스도의 몸이 약해지고 교회는 쇠퇴하게 된다. 가난으로 돌아가는 것이 교회 쇄신의 핵심이다. 가난으로 돌아감은 성체성사적 삶으로, 곧 생명이시며 이 세상에서 하느님 현존의 성사인 성체께로 돌아감이다. 클라라가 자기 글에 성체 혹은 성사라는 단어를 쓰지 않았지만, 그녀의 영성의 중심에는 그리스도의 몸은 믿는 이의 몸이 되고, 믿는 이의 몸은 교회의 생명이 된다는 생각이 있다.

그리스도의 몸 안에 산다는 것은 그리스도를 따르는 모든 이의 몸 안에서 복음을 쇄신함을 의미한다. 앨버트 하아스는 저서 『태양에서 헤엄치다(Swimming in the Sun)』에서 이렇게 말했다. "우리는 지상에 있는 그리스도의 지체다. 그리고 매일 우리는 어떤 방식, 어떤 모습, 어떤 형상으로든 이 세상의 배고픔을 채우기 위해 쪼개지는 빵이 되라는 도전을 받는다."[18] 성체는 배고픈 세상을 위해 쪼개지고 먹히는 빵으로서 존재한다. 성체는 모든 이방인이 사랑받을 수 있도록 힘을 주는 양식이다. 또한 성체는 하느님의 신비로운 십자가 형상의 사랑에 우리 삶을 다하여 응답하는 "예!"라는 외침이다. 그리고 우리는 성체의 공적인 본성도 기억해야 한다. 성체성사는 붐비는 식당에서 대가족이 나누는 식사와 같은 것이다. 여기에는 다른 이들에 대한 주의집중, 인내, 경청, 나눔 그리고 마지막 한 조각의 음식을 차지하는 형제자매들에 대한 용서도 필요하다. 미로슬라브 볼프는 이렇게 썼다.

> 우리가 가장 심오하게 오해하고 있는 것은 성체성사다. … 그것이 단순히 하느님의 포옹의 성사고 우리는 운 좋게 그 혜택의 수혜자가 되었다고 생각하고 있다. 그러나 하느님 은

총의 핵심에 아로새겨져 있는 법칙은 우리가 은총의 중개자가 되기를 거절하지 않을 때에만 (우리가) 비로소 그 은총을 받을 수 있다는 것이다. 우리에게 일어나는 일은 반드시 우리에 의해서도 일어나야 한다.[19]

볼프는 성체성사와 십자가 사이에 연결선을 긋는다. 그의 저서 『배제와 포옹(Exclusion and Embrace)』에 따르면, 십자가에 못 박히신 그리스도의 활짝 펼쳐진 두 팔은 타인을 향한 하느님 당신 안의 공간이자, 그 안으로 들어오라고 원수들을 부르시는 초대를 상징한다.[20] 십자가는 그리스도의 수난일뿐만 아니라 하느님의 수난이다. 이는 당신에게서 떨어져 나간 인류에게 손을 뻗치시며 모든 이방인을 사랑하는 이로 끌어안으시는 하느님의 온전한 자기증여적 사랑을 드러낸다.[21] 십자가 안에서 우리는 삼위일체의 각 위격이 서로를 사랑하는 사랑과 똑같은 사랑으로 우리를 사랑하시는 사랑의 삼위일체의 품에 안기는 것이다. 그리하여 십자가 안에서 우리는 사랑의 삼위일체 하느님의 영원한 포옹에 들게 된다.[22] 볼프에 따르면, 활짝 펼치신 그리스도의 양팔은 삼위일체 하느님의 팔이며, 십자가에 못 박히신 그리스도의 이 사랑의 포옹이 의미하는 바가 바로 성체성사다. 볼프는 이렇게 썼다.

"이처럼 성체성사는 '우리를 위한 공간을 만드시고, 그리로 들도록 우리를 초대'하신 신성을 기념하는 전례적 시간이다. 그러나 이는 단순히 하느님께 안겨있는 것이 아니라 하느님 사랑으로 힘입는 것이기도 하다. 하느님 사랑으로 힘입어 우리는 다른 이들을 끌어안아야 한다. 원수들까지도 포함해서 말이다. 말하자면, 하느님의 포옹을 받은 우리는 우리 안에 타인을 위한 공간을 만들고 그들을 초대해야만 한다. 원수들까지도."[23]

성체성사가 하느님 사랑의 내면화임을 이해하면, 가톨릭Catholic 신자 생활의 토대인 성체성사를 중심으로 살게 된다. 정교회 신학자인 요한 지지울라스에 따르면, 진정으로 보편적인(catholic) 인격은 성체성사의 신비를 중심으로 하는 것이다. 각 사람은 성체를 받아 모심으로써 그리스도 전체를 온전히, 곧 그분의 머리와 지체들을 모두 받아 모시는 것이며, 그로써 온몸이 각 지체 안에 현존하게 된다.[24] 이 길을 통하여 성체성사에 참여하는 모든 이가 각각 교회의 사람이 되며, 이 각각의 모든 이가 서로의 존재 자체 안에 내재하게 된다. 그러므로 성체성사는 각 지체가 다른 지체의 외부에 머무르지 않고, 그리스도의 몸을 이루는 또 다른 지체 안에 내적으로 관계 맺음을 뜻하는 것이다. 우리가 그리스도와 맺는 관계는 곧 우리가 다른 이들과 맺는 관계이다. 십자가에 못 박히신 그리스도의 포옹에 우리가 "예"라고 응답한다면, 우리는 그 포옹을 우리 이웃과 형제자매에게 - 그들이 어떤 사람이든지 간에 - '기꺼이' 그리고 '반드시' 주어야 한다. 우리가 기꺼이 포옹하고자 하는 그 사람은 이미 그리스도의 포옹을 받고 있기 때문이다.

성체성사는 그리스도의 몸 안에서 상호 내재함을 의미하며, 타인에게 자기를 내어 주고 타인을 자기 안으로 받아들임을 기념하는 것이다.[25] 그러나 이러한 내어 줌과 받아들임에는 고통이 따른다. 클라라는 십자가의 거울 안에 비친 이러한 고통의 형상을 설명했다. 우리는 십자가에 못 박히신 그리스도 안에 비치는 고통받는 인류의 모상을 응시하고 관상해야 한다. "이 길을 지나가는 모든 이들이여, 살펴보고 또 보십시오. 내가 겪는 이 내 아픔 같은 것이 또 있는지."[26] 클라라는 우리가 바라본다면 우리는 사랑해야만 한다고 말한다.

"이 순간부터 … 그대 안에 이 사랑의 불꽃이 나날이 더 강렬하게 타오르게 하십시오!"[27]

고통을 보는 것만으로는 충분하지 않다. 우리는 사랑의 길을 통해 우리가 본 것과 일치해야만 한다. 이것이 성체성사의 의미다. 그리스도의 찔리신 옆구리에서 흘러나온 성령께서는 서로 떨어져 있는 여러 몸들을 사랑의 일치 안에서 결합시키시기 때문이다. 우리가 하느님의 품에 안기고 또한 타인을 우리 품에 끌어안는 것이 성체성사의 의미라면, 이러한 포옹에는 상처 입으신 그리스도의 낙인이 새겨져 있는 것이다. 성체성사에 참여하면 우리는 피할 도리 없이 그리스도의 상처에 이끌리게 된다. 동시에 약하고 부서지기 쉬운 인간성을 받아들일 수 있게 된다. 이는 우리가 지어 놓은 경계선, 곧 우리의 혐오, 분노, 상처, 질투 그리고 우리를 갈라놓는 모든 것들을 치워버리고 사랑 안에서 손을 내뻗는 것이다. 우리는 어떤 특정인 한 사람과 함께 살기를 원하지 않을 수도 있다. 그러나 우리와 마찬가지로 약하고 부서지기 쉬운 그들의 인간성 안에서 우리는 하느님의 선하심이 비치고 있음을 보는 것이다.

프란치스코와 클라라의 삶이 그토록 의미 있는 이유는 그들이 그리스도를 헌신적으로 따른 사람들이었기 때문이 아니다. (물론 그들이 그리스도를 헌신적으로 따른 사람들인 것은 사실이지만) 그 이유는 그들이 십자가에 못 박히신 하느님의 포옹에 자기를 내맡겼으며, 화해를 이루시는 사랑의 상처를 자기 몸 안에 지녔기 때문이다. 볼프가 말한 바와 같이, "십자가에 못 박히신 하느님의 활짝 펼치신 양팔에 안긴 우리는 원수들을 위해서 우리 안에 자리를 만들고, 그들을 초대하고자 우리의 양팔을 펼쳐야 한다. 그리하여 삼위일체 하느님의 영원한 포옹 안에서 다 함께 기쁨을 누리게 될 것이다."[28] 그리스도의 상처의 낙인을 지닌 프란치스코는 또 하나의 그리스도가 되었다. 그가 자기 형제들을 끝까지 사랑했기 때문이다. 심지어 그를 거부한 이들까지도 포함해서 말이다. 첼라노의 토마스는 이렇게 쓰고 있다.

> (그는) 한때는 온 열망을 다하여 더 높은 것들을 얻으려 애쓰던 이들이 이제는 비천하고 값싼 것의 수준으로 떨어져 버린 일을 두고 슬퍼했다. … 그리하여 그는 하느님께 자비를 베푸시어 자기 아들들을 자유로이 해 주십사 기도하였으며, 그들에게 주어진 은총 안에 그들을 지켜 주십사고 열렬히 간구하였다.[29]

우리 자신이 원수를 비롯하여 다른 모든 이들과 내적으로 관계 맺고 있음을 발견하고 사랑 안에서 그들을 포옹하는 것이 성체성사의 의미라면, 이는 참으로 보편적(catholic) 인격의 원천이며, 전 인류가 사랑의 일치 안에 결속되는 새로운 창조의 씨앗이다. 프란치스코의 전기 작가가 그를 일컬어 비르 가톨리쿠스 vir catholicus, 참으로 보편적인 사람이라고 칭하는 것은 우연이 아니다. 보나벤투라는 이를 두고 각각의 모든 피조물과 화해를 이룸으로써 본래의 순수한 상태로 상징적으로 회귀함이라고 했다.[30] 그리스도의 몸 안에 산 프란치스코는 고통과 사랑의 신비를 통하여 그리스도의 몸이 되었다. 산 다미아노 십자가 안에 계신 하느님 연민의 사랑의 품에 안긴 프란치스코는 타인을 포옹함으로써 하느님의 그 사랑에 응답하고자 분투노력했다. 그의 응답은 나병 환자, 자기를 적대시하는 형제 등 타인들을 포옹하며, 용서와 화해를 통해 그들을 자기 자신의 사랑의 품에 끌어안고 받아들인 것이었다.

그리스도의 성체로서 프란치스코의 표양은 폭력과 증오로 가득 찬 세상을 사는 오늘날의 우리에게 말을 걸어온다. 가족 혹은 종교 공동체 내부의 불화, 종교 간, 국가 간 소용돌이치는 증오와 같은 반목은 오로지 사랑 안에서 다른 이를 기꺼이 포옹함으로써만 극복될 수 있다. 앨버트 하아스는 코리 텐 붐의 이야기를 전한다. 그녀는 가족과 함께 라벤스브뤼크에 있는 유대인 수용소에 보내졌고 거기서 홀로 살아남았다. 전쟁이 끝난 후 그녀는 용서와 화해를 주제로 한 강연에 헌신했다. 하아스는 이렇게 썼다.

어느 날 독일 뮌헨에서 강연이 끝난 후 한 남자가 다가와 그녀의 이야기에 감사를 표했다. 코리는 자기 눈을 믿을 수가 없었다. 그 남자는 라벤스브뤼크 수용소의 여자 샤워실에서 근무하던 나치 간수들 중 하나였다.
그는 코리에게 손을 내밀어 악수를 청했으나 그녀는 얼어붙고 말았다. 용서에 대해 그렇게도 열변을 토한 다음이었는데도 그녀는 우정으로 손을 내밀 수가 없었다. 그녀의 육신은 수용소에서의 공포와 사랑하는 자매의 죽음을 너무도 날카롭게 기억하고 있었다. 분노와 증오와 슬픔이 남긴 치명적이고 아픈 흔적 때문에 정서적으로 꽉 닫혀버린 것이다.

충격으로 얼어붙은 채 서 있는 동안 그녀의 내부에서 분노의 싸움이 일어났다. 폭력과 복수로써 정의의 저울의 눈금을 맞추고 싶은 유혹적인 갈망과, 자기가 그토록 자주 설교한 용서를 향한 예수의 도전 사이에서 산산이 부서질 지경이었다. 그래서 그녀는 침묵 속에 기도했다. "예수님, 저는 이 사람을 용서할 수 없습니다. 당신의 용서를 제게 주십시오."

이 기도를 바치며 그녀의 정신의 눈은 잔혹, 고통, 굴욕, 죽음의 그 세월을 되돌아보았다. 그러자 갑자기 그녀의 손이 번쩍 들리는 것이었다! 예전에 죄수였던 그녀는 예전에 간수였던 그에게 단 한마디의 말, 자기가 어떻게 해야 할지를 몰랐던 그 말을 했다. "나는 당신을 용서합니다, 형제여. 내 마음을 다해서…"[31]

독일인 신학자 디트리히 본회퍼는 용서는 수난의 한 가지 형태라고 했다.[32] 용서는 복수하고자 하는 갈망을 포기하는 것이기 때문이다. 프란치스코가 자기의 이상을 배신한 이들을 용서하려 애쓰며 알게 된 수난의 한 형태인 용서를, 코리 텐 붐은 예전의 간수를 대면했을 때, 본회퍼는 몸소 강제수용소의 어둠을 겪으며 알게 된 것이다. 그러나 용서는 또한 새로운 미래를 만드는 행위이다. 용서는 충만한 선善을 선사함으로써 과거를 흘려보내고 새로운 미래를 창조하게 해 준다. 베아트리스 브루토는 이렇게 썼다. "자신을 내어 주는 이러한 강렬한 선사(giving)가 아가페의 핵심(heart)이다."[33] 우리가 자신을 놓아 버리고 겸손한 사랑의 하느님께서 들어오시도록 할 때, 용서하는 몸짓 하나 하나는 모두 창조의 새로운 행위가 된다. 용서의 행위는 은총 안에서 자라나고 사랑으로 힘입어야 한다. 용서하려면 자기를 초월해야만 하는 까닭이다. 자기 초월이란 성체성사의 언어로 표현하자면, 쪼개지고 피 흘림으로써 다른 이들이 생명을 얻게 하는 것이다. 프란치스코는 자기를 따르는 이들에게 성체를 합당하게 모시라고 말한다. 성체성사라는 하느님과의 일치 안에서 우리는 그리스도의 어머니요 자매요 형제들이기 때문이다.

> 우리 주 예수 그리스도의 몸과 피를 받아 모시는 모든 사람들은 … 신성한 사랑과 순수하고 진실한 양심을 지니고 우리의 마음과 몸에 그분을 모시고 다닐 때 우리는 어머니들입니다. 표양으로 다른 이들에게 빛을 비추어야 하는 거룩한 행위로써 우리는 그분을 낳습니다. … 그러한 형제와 그러한 아들인 우리 주 예수 그리스도를 모시는 것이 오, 얼마나 거룩하고 얼마나 소중한지! 그분은 당신의 양들을 위해 목숨을 바치셨고….[34]

그러나 그는 또한 만약 우리가 타인과 내적으로 관계를 맺지 않고 사랑 안에서 서로를 포옹하고 있지 않다면, 그리스도의 몸과 피를 받아 모시지 않는 편이 더 낫다고 지적한다. 그는 이렇게 말했다. "주님의 몸을 분별없이, 곧 식별하지 못하고 합당하지 않게 받아 모시는 자는 자신에 대한 심판을 먹고 마시는 것이기에, 우리는 합당하게 먹고 마셔야 합니다."[35] 비록 클라라는 성체성사에 대한 글을 남기지 않았지만, 주위 사람들은 모두 성체를 향한 그녀의 사랑을 볼 수 있었다. 그녀의 운문 전기의 저자는 클라라 삶의 중심이 성체성사였음을 짚어냈다. "정신은 그 일의 열매로써 자기를 드러내고 / 외형은 그 지향을 드러내니 / … / 그녀는 앉아서 실을 자아 천을 지어내고, 이를 잘라 작은 보를 만들어 / … / 거룩하신 성체와 제대를 꾸미는 고결한 행동이로다."[36] 전기 작가는 우리가 삶에서 무엇이 되어 가는지가 우리의 행동을 통해서 겉으로 표현됨을 지적한다. 클라라의 삶은 십자가에 못 박히신 정배를 향한 사랑의 실로 곱게 짠 천과도 같은, 성체성사의 표현이었다.

프란치스코와 클라라의 삶 안에서 그리스도의 몸은 실제로 살과 피였음을 볼 수 있다. 아빌라의 데레사는 이렇게 말했다. "그리스도께는 그대의 몸 외에는 다른 몸이 없으시다. 그대의 손 외에는 다른 손이 없으시며 그대의 발 외에는 다른 발이 없으시다. 그리스도께서 이 세상을 연민으로 바라보시는 눈은 바로 그대의 눈이다."[37] 클라라는 '세상이 살아나게 하려면' 우리가 '그리스도를 살아나시게 해야 한다'며, 교회의 생명에 참여하라고 우리를 부른다. 교회법적 구속과 제약 아래에서 봉쇄 생활을 한 여인이 이토록 활동적으로 교회에 대한 참여를 표현하다니, 진정 놀라울 따름이다. 십자가에 못 박히신 그리스도처럼 사랑의 불길로 타오르는 사람은 복음을 위해서 자기 목숨을 기꺼이 바친다는 것을 클라라는 알고 있었다. 이러한 자기 봉헌은 교회를 길러주는 생명의 양식이다.

    클라라의 영적 길은 행동하는 사랑을 요구하며, 십자가에 못 박히신 정배와 일치로 들어가는 사람만이 그 정배와 같아질 수 있다고 이야기한다. 클라라의 관점에서 볼 때, 교회는 그 구성원들이 수동적 청취자가 아닌 실천적 애덕자일 때만 살아 있으며 성장한다. 교회가 가질 수 있는 가장 위대한 힘은 바로 그리스도의 살아 있는 증거자다. 교회에게 이보다 더 큰 기쁨은 없으며, 돈으로 살 수 있는 더 큰 부요도 없다. 클라라에 따르면, 그리스도인의 삶은 곧 그리스도의 삶이다. 기도를 통해 우리 삶이 쇄신되고 하느님과 일치 안에서 사랑이 깊어질 때, 교회는 더 충만하게 그리스도의 몸이 되어간다. 그리스도의 이 몸은 세상을 위한 생명이며, 우리는 이러한 생명의 거룩한 잔치에 초대된 것이다.

성찰을 위한 질문

1. 성체성사는 어떻게 여러분의 삶을 지어 가고 있나요? 세상을 보는 여러분의 관점에서 성체성사가 어떤 역할을 하고 있나요?

2. 여러분은 성체성사와 포괄성(inclusivity)을 어떻게 연결 짓고 있나요? 여러분이 화해와 용서의 영 안에서 살아가는 데 성체성사는 어떤 도움을 주나요?

3. 성체성사와 봉사의 관계는 공동체에 어떤 영향을 주나요? 성체성사와 교회, 성체성사와 교회일치 운동과의 관계는 어떠할까요?

4. 세계 종교 간의 화해를 위한 길에서 클라라의 그리스도 신비가 어떤 포석을 놓아 주고 있나요?

5. 여러분으로 인하여 온 우주가 더욱 그리스도답게 되어가고 있나요? 어떤 면에서 그러한가요?

1 「아녜스에게 보낸 셋째 편지」 8.

2 「클라라 시성조사 증언록」 9,2.

3 시성조사 증언록의 제3 증인의 진술에 따르면 (3,18) 클라라가 자매들에게 이렇게 선언했다고 한다. "여러분이 아무런 나쁜 일도 당하지 않도록 내가 여러분을 위한 인질이 되겠습니다. 그들이 오면, 그 앞에 나를 내다 놓으십시오."

4 「클라라 시성조사 증언록」 6,6.

5 Volf, 『Exclusion and Embrace』 p.47.

6 Volf, 『Exclusion and Embrace』 p.47.

7 Volf, 『Exclusion and Embrace』 p.47.

8 토마스 첼라노, 『아씨시의 프란치스코의 생애』 FA:ED I, p.263 (※역주 - "아씨시의 프란치스코의 생애" 제1생애 94)

9 토마스 첼라노, 『아씨시의 프란치스코의 생애, FA:ED I, p.266. (※역주 - "아씨시의 프란치스코의 생애" 제1생애 97)

10 "The Versified Legend of the Virgin Clare" XV, Early Documents, p. 203을 보라. 클라라가 실천한 고행은 대단히 혹된 것이었다. 최소한 '동정 성녀 클라라 운문 전기' 저자가 전하는 바에 따르면 그렇다. "말총으로 지은 매듭으로 육신을 괴롭히고, 맨 땅바닥, 때때로 부러진 나뭇가지로 침상 삼고, 나무토막을 베개 삼아 … 일 년 내내 드는 음식이라곤 빵이요 음료는 물이었도다. 두 사순절 동안 월요일, 수요일, 금요일엔 아예 먹지 않았으며, 포도주는 오로지 가끔 주일에만 마셨더라." 저자가 전하는 바로는, 그녀의 고행이 너무나 심했기 때문에 프란치스코는 이를 완화하라고 명령해야만 했다.

11 토마스 첼라노, 『아씨시의 프란치스코의 생애』 FA:ED I, p.266. (※역주 - 아씨시의 프란치스코의 생애 제1생애 98)

12 토마스 첼라노, 『아씨시의 프란치스코의 생애』 FA:ED I, p.266. (※역주 - "아씨시의 프란치스코의 생애" 제1생애 98)

13 「클라라 시성조사 증언록」 2,1-3.

14 토마스 첼라노, 『아씨시의 프란치스코의 생애』 FA:ED I, p.283. (※역주 - "아씨시의 프란치스코의 생애" 제1생애 115)

15 N. Max Wildiers, The Theologian and his Universe: Theology and Cosmology from the Middle Ages to the Present, (New York: Seabury, 1982), p.222.

16 「클라라 시성조사 증언록」 3,9.

17 Michel W. Blastic의 글 "Clare of Assisi, The Eucharist and John 13"은 『Clare of Assisi: Investigations』 F. Edward Coughlin, ed. (St.Anthony Messenger Press, 1993), pp.143-144를 보라.

18 Albert Haase, 『Swimming in the Sun: Discovering the Lord's Prayer with Francis of Assisi and Thomas Merton』 (Cincinnati: St.Anthony Messenger Press, 1993), pp.143-144.

19 Volf, 『Exclusion and Embrace』 p.129.

20 Volf, 『Exclusion and Embrace』 p.126.

21 Volf, 『Exclusion and Embrace』 p.127.

22 Volf, 『Exclusion and Embrace』 p.129.

23 Volf, 『Exclusion and Embrace』 p.129.

24 John Zizioulas, 『Being as Communion: Studies in Personhood and the Church』 (Crestwood: St. Vladimir's Seminary Press, 1985), p.58.

25 Volf, 『Exclusion and Embrace』 p.130.

26 「아녜스에게 보낸 넷째 편지」 24-25.

27 「아녜스에게 보낸 넷째 편지」 27.

28 Volf, 『Exclusion and Embrace』 p.131.

29 토마스 첼라노, 『아씨시의 프란치스코의 생애』 FA:ED I, p.274. (※역주 - "아씨시의 프란치스코의 생애" 제1생애 104)

30 보나벤투라, 『아씨시의 성 프란치스코 대전기』 8,1. 또한 보나벤투라는 "하느님께로 나아가는 정신의 여정"에서 이렇게 말한다. "참된 신앙심은 … 기도를 통하여 그를 하느님께로 이끌어 갔고, 연민을 통하여 그를 그리스도로 변화시켰으며, 겸손을 통하여 그를 이웃에게 이끌리게 하였고, 각각의 모든 피조물과 우주적 화해를 이룸으로써 원죄 이전 본래의 순수한 상태로의 회귀를 상징적으로 보여 주었다."

31 Albert Haase, pp.162-163.

32 Dietrich Bonoeffer, 『The Cost of Discipleship』 R.H.Fuller, trans. (New York: Macmillan, 1963), p.100.

33 Beatrice Bruteau, 『The Grand Option: Personal Transformation and a New Creation』 (South Bend, Ind.: University of Notre Dame Press, 2001), p.129.

34 「신자들에게 보낸 편지」 1의 1, 3, 10, 13.

35 프란치스코, 신자들에게 보낸 편지 2의 24.
36 "The Versified Legend of the Virgin Clare", XXIV, Early Documents, p.211.
37 이 기도는 데레사의 작품으로 추정한다.

제8장
성령의 힘

프란치스칸 영성을 배우는 학생들은 예수 그리스도 인성의 중심에 하느님과의 관계가 자리하고 있음을 상당히 빨리 알게 된다. 이러한 '중심성'은 아씨시의 프란치스코의 글에서, 보나벤투라의 글에서 그리고 특히 클라라의 글에서 아주 두드러지게 나타난다. 지금까지 우리는 바라봄의 가난에서 출발하여 변화의 산으로 가는 길을 걸어왔다. 그렇지만 더 다루어야 할 것들이 아직 남아있다. 클라라의 사상은 은총으로 가득 찬 마음 한가운데 깊은 곳에서 올라오는, 고운 천에 수놓인 십자수와도 같다. 수놓는 이의 숙련된 손길을 통하여 고운 자수刺繡 문양의 아름다움이 한 땀 한 땀 드러나듯, 믿는 이의 기도스런 삶을 통하여 그리스도의 아름다움이 드러난다. 수놓는 이가 집중력, 세심한 주의, 섬세한 수공手工을 통해 아름다운 문양을 창조하듯 믿는 이 안에서는 믿음, 하느님 현존에 대한 세심한 주의, 성령의 내적 활동을 통해 그리스도의 생명이 지어진다. 수놓는 이가 그러하듯 믿는 이도 성령께 열렬히 집중해야만 한다. 성령께서는 생명의 힘이시며, 모든 것을 새로이 창조하시는 분이시기 때문이다. 클라라는 솜씨 좋게 수놓는 이였다. 그녀는 성령의 힘이라는 실이 자기의 육화된 삶이라는 천을 관통하여 수를 놓으시도록 허용하였다.

그리스도를 중심으로 한 클라라의 영성은 성령께로부터 힘을 받은 것이다. 그리스도의 신비 안으로 들어오도록 그녀를 부르신

분은 성령이시며, 그녀가 곧장 그 신비 안으로 뛰어들 때 그녀의 생활에 에너지를 주신 분도 성령이시다. 프란치스코는 그리스도를 따르려면 '내적으로 깨끗해지고, 내적으로 빛을 받고, 성령의 불에 타올라"야 한다고 했다. 그는 성령으로 '채워져야' 한다고 말하지 않고, 성령으로 '불타올라야' 한다고 말했다. 마치 커다란 화톳불과도 같이 성령께서 영혼 한가운데서 타오름으로써 그 영혼을 하느님께로 밀고 가는 것 같은 모습이다. 그는 클라라의 삶 안에서 이러한 불꽃을 본 듯하다. 성령께서는 클라라의 삶에 불을 지르셨고, 클라라는 성령의 그 불길로 인해 하느님과의 일치라는 산으로 이끌려 갔다. 클라라 또한 성령에 대해 이야기할 때 믿는 이를 하느님께로 끌어당기는 사랑의 중력(gravity)처럼 성령을 묘사했다. 그녀의 관점에서 보면, 성령은 사랑의 자석과도 같은 것이다. 자기 자신에게만 완전히 골몰한 나머지 우리 안에 있는 하느님 사랑의 불길을 전혀 알아차리지 못하는 지경이 아니라면, 이 자석을 피할 도리가 없다. 성령은 신적인 생명을 주시는 에너지로서 하느님을 향해 역동적으로 움직이도록 영혼을 이끌어 주신다.[i]

---

[i] 일견 평범해 보이는 이 문장은 사실 물리학 원리를 고려하여 정확히 기술한 말이다. 물리학 용어를 사용하여 문자 그대로 옮기면, '성령은 신적인 생명부여 에너지로서, 영혼을 끌어당겨(그 영혼이) 하느님을 향한 역학적 운동을 하게 만든다.'이다. 저자는 성령의 힘을 에너지에 빗대 설명하며(마치 운동에너지, 위치에너지, 열에너지처럼) '생명부여에너지'라는 이름을 붙임으로써 성령의 모습과 그분께서 하시는 일을 명확히 설명하고 있다. 또한 멈추어 있는 물체에 힘이 가해지지 않으면 계속해서 머물러 있을 수밖에 없다는 관성

클라라가 아녜스에게 보낸 둘째 편지에는 이런 말이 있다. "안전하면서도 즐겁고 활기차게 행복의 오솔길로 조심스레 나아가십시오. 주님의 영께서 그대를 불러주신 그 완덕에 따라…"²

주님의 영은 삼위일체의 위격 중에서도 파악하기가 다소 어려운 부분이다. 성부에 대해서는 쉽게 떠올릴 수 있고, 또 그분과 성자의 관계를 형성해보는 것도 어렵지 않은데, 성령을 이해하기는 훨씬 더 어렵다. 왜냐하면 성령은 오로지 '영'이시기 때문이다. 그러나 성령은 분명히 한 위격이시며, 그렇기에 (삼위일체라는) 구체적 실재를 형성하는 데 필수불가결한 요소이다. 성령께서 위격이신 이유는 성령께서 성부와 성자의 위격과 긴밀히 결합되어 계시며, 성령께서 바로 성부와 성자의 사랑의 유대이시기 때문이다. 이

의 법칙(뉴튼운동의 제1법칙)을 전제하면, 성령께서 영혼에게 에너지를 주고 영혼을 끌어당기지 않으면(곧, 힘을 가하지 않으면), (멈추어 있는 물체와도 같은) 영혼은 스스로는 하느님을 향해 움직여갈 수 없다는 뜻도 설명하고 있다. 그리고 제1장의 각주 v에서 설명한 바와 같이 에너지의 크기는 물체가 할 수 있는 일의 양을 의미하기에, 영혼은 성령으로부터 에너지를 받은 그만큼만 하느님을 향해 움직여갈 수 있다는 의미도 담게 된다.

본문에 '역동적 움직임'으로 옮긴 Dynamic movement는 물체가 실제 역학적으로 운동(이동 혹은 진동 등)하는 것을 뜻한다. 따라서 이 말은 저자가 앞에서 내내 강조한 '우리 삶을 통하여 실제로 바뀌는' 변화의 의미를 내포한다고 볼 수 있다.

덧붙여 앞에서 저자가 '정적(Static)' 개념을 사용하여 표현한 부분들이 있는데, (예: 제1장 하느님의 가난 중 '삼위일체의 사랑이란 정적인 위격들이 맺은 고정적 관계가 아니라 위격들 사이에 흐르는 에너지의 조화와 같은 것' / 제3장 십자가의 거울 중 '클라라에게 이 십자가는 정적으로 멈추어는 사건이 아니라, 살아 있고 역동적인 하느님 체험이었음을 알 수 있다.' 등) 여기서 저자는 동적(Dynamic)/정적(Static)의 개념을 대비함으로써 많은 묵상거리를 던져주고 있다. 클라라도 자기 글에서 삶과 죽음, 가난과 부요함, 천상과 지상, 영원과 시간, 하늘의 것과 지상의 재화 등 상반되는 여러 개념을 사용했음을 떠올리게 하는 부분이다.

유대는 악수 같다기보다는 자녀와 같은 것으로서 한 존재가 다른 존재를 사랑할 때만 탄생한다. 클라라가 성령에 관하여 상세한 신학을 전개하지는 않았지만 영적 생활의 세 가지 면모를 설명한 바 있는데, 성령께서 그녀의 삶 안에서 심오한 역할을 맡으셨음이 바로 여기에 드러난다. 이 세 가지 측면은 기쁨, 자유 그리고 역동적 움직임이다. 성령의 이러한 면모는 클라라가 아녜스에게 보낸 편지를 가득 채우고 있다.

아녜스에게 보낸 넷째 편지는 클라라가 죽기 얼마 전 병상에서 쓰인 것인데, 여기서 클라라는 '성령 안에서의 기쁨'을 이야기한다. "나는 그대와 더불어 영의 즐거움으로 기뻐 뛰놀고 있답니다"(1테살 1,6). 만약 클라라가 성령의 불꽃으로 타오르고 있지 않았다면, 위와 다른 이야기를 했을 것이다. 아마도 이렇게 말하지 않았을까. "나는 가난 특전을 얻어내고 우리 생활의 고유성을 지키려고 끈질기게 투쟁하며 그 긴 세월을 겪어냈습니다. 어쩌면 누군가는 반란이라고까지 표현하겠지요. 난 정말 이렇게 말하고 싶어요, 난 정말 할 만큼 했다고요. 난 충분히 했어요. 난 하느님 계신 본향으로 돌아갈 준비가 다 되었어요." 그러나 클라라의 이야기에는 이런 흔적이 조금도 묻어있지 않다. 클라라는 아녜스에게 보낸 마지막 편지에서 마치 자신이 영적 여정의 초창기, 청춘에 있기라도 한 듯이 말한다. 마치 이제 막 행복의 근원인 값진 진주를 발견한 것처럼 그녀는 희망, 사랑, 갈망으로 가득 차 있다.

> 그분께 온 마음을 다 바쳐
> 이 거룩한 잔치를 누리게 된 여인은
> 정녕 복됩니다.
> 그분의 아름다움을
> 천상의 모든 복된 무리가 끝없이 경탄하며,
> 그분의 애정은 매료시키고
> 그분의 관상은 생기를 주며
> 그분의 어지심은 채워 줍니다.
> 그분의 감미로움은 가득 채워 주며
> 그분의 기억은 동트듯 부드럽게 빛납니다.
> 그분의 향기에 죽은 이들이 다시 살아나고,
> 그분의 영광스러운 뵈옴은
> 천상 예루살렘 시민들을 모두 복되게 할 것입니다.
> 그분은 영원한 영광의 광채이시고,
> 영원한 빛의 광채며
> 티 없는 거울이십니다.[3]

이토록 기쁨으로 가득 찬 청춘의 영은 대체 어디에서 오는 것일까? 믿기 어려운 일이지만 그 답은 클라라 영성의 열쇠인 '티 없는 거울', 곧 십자가의 거울이다. 이 근원은 십자가에 못 박히신 그리스도를 바라보는 깊고 성숙한 관상적 눈길이며, 평생토록 계속되는 응시이다. 이 응시가 클라라 안에서 하느님 사랑에 대한 신뢰의 성령을 일으켰으며, 그녀 자신의 삶이 그리스도의 모상이 되는 영적 변화를 이루어냈다.

육신의 고통과 공동체 생활의 어려움 한가운데서 클라라는 기쁨이 솟아나는 샘물을 성령 안에서 발견했다. 이 기쁨은 그녀가 자기 인간 존재로서의 가난을 받아들임에서, 그녀의 자기 정체성에서, 덕스런 생활을 함에서 그리고 타인의 고통을 알아보고 응답하는 사랑 가득한 마음에서 솟아났다. 그런데 클라라의 기쁨은 또한 자유에서도 솟아났다. 십자가의 가난과 하느님의 흘러넘치는 사랑은 클라라가 하늘나라의 약속에 대한 확신을 지니게 해 주었고, 이는 클라라의 첫째 편지에 드러나 있다. "오, 거룩한 가난이여, / 가난을 지니고 열망하는 이들에게 / 하느님께서 하늘나라를 약속하시고 / 의심할 여지없이 영원한 영광과 복된 생명을 베푸시리니!"[4] 생애 초기부터 프란치스코의 삶의 길을 따르기로 한 그녀의 결심은 가난하시며 십자가에 못 박히신 분을 따르고자 그녀 자신이 스스로 자유로이 결정한 것이었다.[ii] 엄청난 어려움과 숱

---

ii 클라라의 수도규칙 6,1('나는 자원하여 나의 자매들과 함께 그분에게 순종을 약속했습니다.')과 유언 25('주님께서 나의 회심 직후에 나에게 주신 몇몇 자매들과 함께 나는 자원하여 사부님께 순종을 약속했습니다.')에 반복적으로 '자원하여'라는 표현이 나옴을 눈여겨보기 바란다. 클라라가 '스스로 자유로이 결정'했음에 대해서는 Marco Bartoli (Sr. Frances Teresa Downing 역), Saint Clare, St.Anthony Messenger Press, Cincinnati, U.S.A.의 제3장 회개, 특히 pp.51-59, 63을 참고

한 장애물을 마주하고서도 계속해서 이 길을 따라가게 해 준 어떤 내적인 힘이 그녀에게 있었음이 틀림없다. 이 내적인 힘은 십자가 위에서 드러난 그녀를 향한 하느님의 흘러넘치는 사랑에 대한 그녀의 영적 깨달음 그리고 이를 붙잡음에서 솟아난 것이라고 나는 생각한다. 십자가 암시하는 고통과 죽음도 클라라를 막을 수 없었다. 오히려 그녀는 영원한 생명의 약속을 확신했기에 십자가의 역설적인 생명을 살 것을 선택했다. "수난의 십자가 안에서 / 그분과 함께 죽으면 / 성인들의 광채 안에서 / 그분과 함께 천상 거처를 얻게 될 것"이라고 그녀는 아녜스에게 썼다.[5] 우리가 죽기에 자유롭다면 살기에도 자유로울 것이니 우리가 바로 하느님을 위하여 자유롭기 때문이다. 하느님을 위하여 자유로운 것이 진정한 자유로움이고, 가난한 사람만이 진정으로 자유로울 수 있다. 가난한 이는 오직 하느님에게만 매달리며, 하느님 외의 그 무엇에도 매달리지 않기 때문이다. 십자가의 역설 안에서 살아가는 이 자유가 클라라의 기쁨의 원천이었다. 바로 이 자유가 영원히 풀 수 없는 사랑의 유대라는 끈을 자아내어 클라라를 삼위일체의 영원한

도움이 될까하여 조금 옮긴다. "클라라는 라틴어로 볼룬타리(voluntarie)라고 쓰는, '자원하여'라는 표현을 아주 강조한다. 그토록 많은 세월이 지난 후에도 클라라는 자기 선택이 자유에서 비롯되었음을 강조하고 있는 것이다." / "젊은 회개자(프란치스코)가 책임을 맡았음은 분명한 사실이다. 그러나 똑같이 분명한 것은, 이 젊은 귀족 여인이 많은 이가 미친놈이라고 여겼던 사람에게 온전히 자기 자신을 내맡길 정도로 그를 신뢰했다는 점이다."

포옹에 묶어주었으며, 그로써 하느님 안에서 그녀의 삶이 점점 더 깊이를 지니게 되었기 때문이다.

클라라는 하느님을 향해 가는 움직임에 대한 현실적 감각을 보여 주었다. 그녀가 사용하는 언어는 역동적이며 명확한 방향을 가리킨다. 아녜스에게 쓴 편지에서 그녀는 망설이거나 주저하지 않고, 영원한 생명의 약속과 하느님 사랑에 대한 확신과 결단력을 보여 준다. 그녀는 믿음으로 자라나는 희망 안에서 살며, 이 희망으로 인하여 아직 눈에 보이지 않는 것들에 대한 확신을 지니는 것이다. "안전하면서도 즐겁고 활기차게 / 행복의 오솔길로 조심스레 나아가십시오. / … / 그대의 결심을 멎게 하고, / 그대의 길에 걸림돌을 놓는 / 그 누구도 믿지 말며, / 그 누구에게도 동의하지 마십시오."라고 아녜스에게 보낸 둘째 편지에 적혀있다.[6] '하느님께로 나아가십시오.' 우리는 종종 확신을 잃어버리거나 실패로 체념하여 하느님에게서 등을 돌려버린다. 예수께서도 말씀하셨다. "쟁기에 손을 대고 뒤를 돌아보는 자는 하느님 나라에 합당하지 않다"(루카 9,62). 클라라가 그랬듯이 예수께서도 우리가 하느님 나라를 향해 똑바로 나아가기를 원하신다. 그렇지만 모든 일이 실패로 돌아가고 우리 주변의 모든 것이 무너져 내릴 때 무엇이 우리를 하느님께로 향하게 할 수 있을까? 이 질문에 대한 클라라의 대답은 '성령의 힘(power)'일 것이라고 나는 생각한다. 뭐라 표현하기 어려운 성신(Holy Ghost)이 아니라 십자가에 못 박히신 사랑의 영, 구체적 실재이신 그 영 말이다. 우리를 끌어당겨 주시고, 뒤에서 밀어 주시고, 우리가 십자가 한가운데 살고 있을 때도 우리 삶이 삼위일체의 중심을 향하도록 힘을 주시는 분은 성령이시라고 클라라는 말한다. 교회의 위계질서가 자기 공동체의 생활을 뒤흔들던 바로 그때, 그녀는 아녜스에게 안전하면서도 즐겁고 활기차게 하느님께로 나아가라고 말한다. 클라라를 일으킨 것은 분명 하느님의 사랑이었으며, 이 사랑을 완전히 체험하기까지 클라라는 절대 어디에도 안주할 수 없었다. 심지어 오랜 병고로 쇠약해져 자리에 누운 생애 말년에도 클라라의 영은 사랑에 빠진 청춘의 경쾌함을 보여 준다.

"포도주 방으로 나를 데려가실 때까지 / 지침 없이 달려 가리이다. / 당신 왼팔을 내 머리에 베게 하시고 / 당신 오른팔로 나를 행복하게 안아주시고 / 당신 입술로 더없이 행복한 입맞춤을 해 주실 때까지!"[7]

클라라에게 하느님 안에서의 생활은 사랑의 일치의 영속적 심화이자 "선에서 더 나은 선으로, 덕에서 덕으로" 끊임없이 나아가는 진보였다.[8] 클라라의 사랑의 영성에는 4세기 학자인 니싸의 그레고리오의 에펙타시스Epektasis 이론과 비슷한 면이 있다.[9] 그레고리오에 따르면, 영혼은 끊임없이 하느님을 그리워하며 끊임없이 그분을 향해 손을 뻗는다. 그러나 여기에는 궁극적 충족, 최종적 결합, 영혼의 일치를 이루는 황홀경 같은 것은 없다. 오히려 에펙타시스는 영혼의 영속적인 성장, 말하자면 긴장(tension)[iii]과 확장(expansion)[iv] 같은 것이다. 이는 영혼의 끊임없는 움직임으로서 지나간 것은 잊어버리고 새로운 은총을 향해 계속해서 개방되는 상태를 표현하는 말이다. 영혼은 사랑의 무한한 원천을 향하여 영원히 팽창하는 하나의 영적인 우주라고 이해할 수 있다.[v] 한 인간의 영혼은 클라라가 그랬듯이 한계를 모르는 사랑 안에서 끝없이 팽창

[iii] 사실 이 말은 물리학적으로 정확히 '장력'을 뜻한다. 그러나 많은 고민 끝에 우리가 일상에서 흔히 쓰는 용어인 '긴장'으로 옮겼다. 긴장으로 옮긴 이 말 tension은 본래 물리학에서 장력(줄에 걸리는 힘의 크기)을 뜻한다. 물체에 연결된 줄을 팽팽하게 잡아당기면 줄도 물체를 잡아당긴다(제1장 각주 v 참조). 이때 줄이 팽팽히 당겨진 '긴장' 상태에 있게 되는데, 이 힘을 가리키는 말이 줄의 장력이다. 이 말은 현악기의 조율 상태를 표현할 때도 사용된다.

[iv] 이 역시 더 정확히는 물리학적 '팽창'을 뜻하나, 일상에서 흔히 쓰는 용어인 '확장'으로 옮겼다. 물체의 질량은 일정하게 유지되면서 부피가 늘어나는, 곧 '커지는' 현상을 팽창이라 한다(예: 온도와 기압에 따른 기체의 팽창).

[v] 천문학에서는 우주가 일정하게 팽창하고 있다고 본다. 허블은 은하의 거리와 스펙트럼선의 적색편이를 측정하여 허블의 법칙(먼 은하일수록 빠른 속도로 우리로부터 멀어지며, 멀어져가는 속도는 각 은하까지의 거리에 비례함)을 발견했다. 별이 멀어질 때 별빛의 파장이 길어지기에 스펙트럼 흡수선이 붉은색, 곧 장파장 쪽으로 치우치는 현상을 적색편이라 하는데, 허블의 실험에서 이 적색편이는 우리가 보는 우주가 팽창하고 있다는 뜻으로 해석된다. 우주팽창은 빅뱅이론과 아주 밀접한 관련이 있다. 우주가 팽창하고 있다는 것을 거꾸로 말하면, 곧 필름을 거꾸로 돌리듯 시간을 거슬러 올라가보면, 아주 먼 옛날 언젠가는 우주가 아주 밀도 높은 한 점이었다는 말이 되기 때문이다. 저자는 뒤에서 이 빅뱅이론을 언급한다.

한다. 한편 여기에는 하느님과의 확실한 접점이 있는데, 진정한 참여와 신화神化다. 영혼은 진정한 의미에서 신성으로 변화하며, 참되게 성령에 참여한다. 그러나 하느님께서는 말 그대로 무한한 사랑이시기에 언제나 영혼의 위에 계시며, 그렇기에 영혼은 더 많이 깨치려고 끊임없이 자기 자신으로부터 탈피하여 지금의 단계 너머로 뻗어나가야 하는 것이다. 그러므로 이러한 각각의 단계는 '영광'이지만, 또한 이 단계의 '영광'의 찬란함은 다음 단계의 새로운 '영광'으로 인해 흐려지고, 영혼은 한 영광에서 다음 영광으로 나아간다(2코린 3,18). 변화는 영혼이 성장하고 있다는 표지다. 반면 성장하기를 최종적으로 거절하는 것이 죄다. 그레고리오의 관점에서 보면, 영혼의 안전은 변화 안에 있다. 만약 영혼이 성장과 변화를 멈추면 안전함으로부터 멀리 떨어진다. 하느님께 참여함으로써 영혼의 갈망이 각 순간 충족되고 어느 정도 완덕을 얻으면, 이러한 참여가 영혼을 더욱 확장시켜 더 높은 수준의 참여를 가능케 한다. 그러므로 영적 성장에서 각각의 새로운 단계는 완전히 새로운 실제의 전개다. 하느님께로 가는 여정은 나선형이다. 영혼의 성장에서 각각의 단계는 완전히 새로운 시작이다. 모든 결말은 새로운 시작이며, 모든 도착지는 새로운 출발지가 된다.

  클라라가 그레고리오의 신학적 언어를 써서 말하지는 않지만, 하느님께로 가는 그녀의 움직임에는 분명히 하느님의 무한한 사랑에 이끌려 행복과 충만함과 한량없는 기쁨을 향해 가는 영속적 상승의 의미가 담겨 있다. 하느님의 한량없는 사랑을 깨치는 각각의 발견이 그녀에게는 새로운 출발점인 듯 클라라는 밝고도 경쾌하게 거룩함을 추구한다. 그녀는 아네스에게 "재빠르고 가벼운 발걸음으로 / 발이 돌에 걸려 넘어지지 않도록 하여 / 그대의 발걸음이 먼지조차 일으키지 않도록" 하느님께로 나아가라고 말한다.[10] 여기서 어떤 이는 만약 클라라에게 날개가 있었더라면 하느님께로 날아갔을 거라는 인상을 받을 것이다. 그녀는 공기처럼 가벼운 언어를 사용함으로써, 연약하며 부서지기 쉬운 우리의 유한한 존재의 핵심(core)은 언제나 하느님이시기에 지상의 것들이 우리를 짓누르지 못하도록 해야 한다는 뜻을 전하고 있다. 생의 끝자락에서도 클라라는 하느님과의 포옹을 이야기한다. "지침 없이 달려가리이다!" 그녀는 성령으로 가득 찼을 뿐 아니라 영원히 심화되는 길, 십자가에 못 박히시고 영광 받으신 그리스도와 이루는 일치의 길을 통해 사랑의 성령께로 이끌려 간 사람이다. 십자가에 못 박히신 분의 거울과 자신이 묶여 있으며, 이 결합은 절대로 풀 수 없다고 클라라는 기쁨에 넘쳐 이야기한다. 그리스도의 십자가를 통하여 성령께로부터 힘을 받는 클라라 영성의 신비 중 하나가 여기에 깔려있다. 고통이 우리를 짓누르고 죽음이 끝인 듯 보일지라도 클라라는 십자가 한가운데서 희망을 보고 신성한 약속을 바라는 것이다.

히브리서의 저자는 이렇게 말한다. "믿음은 우리가 바라는 것들의 보증이며 보이지 않는 실체들의 확증입니다"(히브 11,1). 클라라는 보이지 않는 것들에 대한 확신을 지니고 있었다. 하느님을 추구하는 길에서 겪어야만 했던 그토록 많은 어려움 앞에서 좌절할 수도 있었지만, 그럼에도 불구하고 그녀의 영적 방향성은 다른 것을 가리켰다. 그녀는 자기 삶의 가장 깊은 곳에서부터 인간의 본성은 약하며 죄는 현실이고, 인류의 약함 안으로 하느님께서 들어오셨으며, 그분의 자비하심이 모든 것을 이긴다는 것을 알고 있었다. 그녀는 십자가를 실패의 상징이 아닌 영광의 상징으로 보았다. 이 생애에서 우리가 겪는 고통은 우리를 기다리고 있는 영광에 비하면 아무것도 아니라고 그녀는 확신했다. 십자가의 신비 안에서 자기 삶을 관상하며, 클라라는 십자가에 못 박히신 사랑의 성령에게서 힘을 얻었다. 이 때문에 그녀는 아녜스에게 십자가의 거울을 매일 들여다보라고 하는 것이다. 이는 그리스도 안에서 변화하려는 것일 뿐 아니라 성령 안에서 기쁨을 얻으려는 것이다. 하느님 사랑의 헤아릴 수 없는 심연에까지 우리를 이끌어 주시는 분은 성령이시기 때문이다.

이제 우리는 클라라가 자아낸 영성의 실로 온전한 삼위일체 문양의 천을 짤 수 있게 되었다. 클라라가 자기 마음의 중심을 가난하고 십자가에 못 박히신 정배께 두고, 십자가 안에서 흘러넘치는 하느님 사랑에서 시작하여 성령 안에서의 기쁨으로 끝맺었으니 말이다. 그런데 그녀는 이 삼위일체 문양이라는 천을 지을 때 믿는 이의 삶이라는 실도 함께 엮어 넣는다. 충실한 영혼은 육화의 심오한 신비를 그저 구경하는 사람이 아니라 이 신비의 삶에 참여하는 사람이다. 보나벤투라의 관점에 따르면, 우리가 그리스도의 모상에 따라 창조된 이유는 우리의 구원이 그리스도의 완성에 필수적이기 때문이다. 클라라도 아녜스에게 "나는 그대를 하느님 자신의 협력자이며, 그분의 형언할 수 없는 몸의 넘어지는 지체들을 떠받치는 이로"(1코린 3,9, 로마 16,3) 여긴다고 했다.[11] 이 성인들이 이해한 바로는, 우리가 하느님 안에서 어떻게 삶을 살아가는지에 따라 아주 심대한 차이가 발생한다는 것이다. 우리는 그리스도의 몸을 건설하는 데 협력할 수도 있고, 아니면 그 몸을 쇠약하게 할 수도 있다. 보나벤투라의 관점에서처럼 클라라의 관점에서도, 우리는 우리 삶에서 그리스도를 입음으로써 그리스도의 몸을 건설하는 데 협력하는 것이다. "이제는 내가 사는 것이 아니라 그리스도께서 내 안에 사시는 것입니다"(갈라 2,20). 그리스도를 입는다는 말은 이해하기에 다소 어렵지만, 바로 이것이 그리스도인 생활의 정수다. 보나벤투라가 쓴 영적 글에서는, 우리가 그리스도를 입지 않으면 우리가 '그리스도'라고 이름 붙인 신비가 불완전하게 된다고 했다. 그리스도의 완성이 우리에게 달려 있기 때문이다. 클라라도 자기 고유의 길을 통해 이 사상에 기여했다. 그녀는 아녜스를 그리스도의 몸을 이루는 약한 지체들을 떠받치며, 사랑 안에서 그리스도의 몸을 건설하는 하느님의 '협력자'라고 부른다. 이러한 협력자가 되려면, 교회와 세상 안에서 특별한 직분을 갖거나 특별한 활동을 해야만 한다고 생각하는 사람도 있을 수 있다. 그러나 클라라는 자기 수도원의 봉쇄 안에서 이 편지를 쓴 것이다. 클라라가 인간이라는 렌즈를 통해 그리스도의 신비를 숙고할 수 있게 해 준 특별한 요인은, 말하자면 그녀의 영성 생활이 처했던 지리적 환경이라고 나는 생각한다. 프란치스코와 보나벤투라가 그리스도의 우주적 보편성을 강조한 반면, 클라라는 특별히 그리스도 신비를 강조했다. 그녀는 하느님의 모상으로서 우리 각자의 고유한 사람됨이 그리스도 안에서 완성되고, 우주의 의미를 포함하는 그리스도의 신비가 우리 인간성 안에서 완성된다고 보았다. 어떤 의미에서 보면, 부활하시고 영원히 사시는 예수 그리스도께서 우리의 이 유한한 지상 생활을 통해 우리가 무엇이 되도록 부르심 받았는지를 보여 주신다고 할 수 있는데, 이는 바로 아버지께 찬미와 영광이 되는 것이다. 예수 그리스도의 생애는 우리 자신의 생명뿐만 아니라 온 창조계를 위하여 사랑의 통합을 이루신 모범이다.

    그리스도와 믿는 이 사이의 이러한 관계는 놀랍고도 엄청난 신비다. 레이몬 파니카는 이렇게 말했다. "하느님은 신비이시며, 우리 또한 이 신비 안에 존재한다."[12] 우리는 성부와 성자의 '나-그대' 관계 안에 들게 되며, 예수께서 그러하셨듯이 우리 또한 성부의 '너'가 된다.[13] 비록 우리는 하느님의 성자는 아니지만 하느님의 말씀(the Word)의 작은 낱말들(words)이며, 성자 안에서 표현된 성부의 무한하신 사랑의 유한한 표현이다. 그러므로 우리 또한 성부의 무한한 '그대이심(Thou-ing)' 안에 휘감겨 들어간다. 우리가 삼위일체의 놀라운 신비에 들어간다는 것은 이해하기 어려운 일이다. 성부는 연로하신 할아버지로, 성자는 우리 형제로, 성령은 어떤 생각에 잠겨서 우리를 감싸고 있는 무엇인가로 상상하는 편이 훨씬 쉽다. 그러나 사실 삼위일체의 중심이며, 창조계의 중심이신 그리스도의 신비에 우리 생명이 이미 연결되어 있다. 그리스도는 모든 피조물의 맏이이시며, 조화로운 우주(cosmos)의 의미이시며, 하느님의 사랑이 향하는 첫 대상이시다. 우리가 그리스도의 신비에 참여하지 않으면, 피조물은 의미와 목적을 잃고 사랑하고자 하시는 하느님의 뜻은 좌절될 것이다. 실로 피조물과 인류가 없다면 그리스도는 존재하지 않는다. 그리스도는 육화하신 말씀이시며, 이 말씀의 육화는 우리 안에서, 또한 우리를 통해서 피조물 안에서 실현되기 때문이다. 클라라가 직접적으로 이런 사상을 전개하지는 않았지만, 그리스도의 첫째성(primacy)을 강조하는 프란치스칸 특성을 그녀도 지니고 있었다.¹⁴ ⱽⁱ 십자가에 못 박히신 그리스도를 중심으로 하는 그녀의 육화 영성은 죄와 심판이 아닌 사랑과 변화에 중점을 둔다. 하느님의 사랑하고자 하시는 의지의 첫 대상이 그리스도라는 사상을 그녀도 분명히 따르고 있다. 클라라가 아녜스에게 쓴 편지에서 "그분을 온전히 사랑하십시오. … 그분의 아름다움은 해와 달이 경탄하며…"라고 표현한 바와 같이, 그리스도는 우주의 의미이시다.¹⁵ 우리는 그리스도 안에서 변화해야 한다. 우리는 사랑 안에서 변화해야 한다. 사랑이 우주의 의미이며, 목적이기 때문이다. 육화는 인류의 기다림이 비로소 끝나는 결말이 아니라 영원으로부터 우리와 모든 피조물이 본래 부르심 받은 대로 되기 위한 출발점이며, 그렇기에 육화는 또한 그리스도의 충만함이다. 부서지기 쉬운 인성 안에 하느님께서 계심은 강력한 폭발, 곧

---

vi 그리스도의 '첫째성'(혹은 '우선성')에 대해서는 케난 오스본 OFM 저, 김지완 아우구스티노 OFM Conv. 역, 『프란치스칸 사상의 학문적 전통』, 프란치스코출판사, 서울, 2018, pp.108-120을 볼 수 있다. 참고하도록 여기에 일부분을 옮긴다. "삼위일체 하느님은 … 첫째이신 분(primitas)이시자 가장 풍요로우신 분(fecunditas)이시다. 이 신적 존재 내부에 우리가 '아버지'라고 부르는 첫째성과 풍요성이 있다. … 프란치스칸 관점에서 보면, 신성의 심층에는 고립되고 초월적이며 전적으로 다른 단일성(oneness)이란 없다. 오히려 확산하는 첫째성과 최초의 풍요성이 있다. … 프란치스칸 신학에서는 예수님 또한 첫째성과 풍요성의 배경 안에서 제시된다. 보나벤투라, 스코투스 이 두 명의 프란치스코 회원만을 살펴봐도, 그들에게 예수님은 창조 그 자체 안에서 첫째성과 풍요성을 지닌다. … 프란치스칸은 예수님의 첫째성과 풍요성을 언급하지 않은 채 창조를 신학적으로 설명할 수 없다. 하느님의 영이 먼저 텅 빈 어둠의 심연 너머로 휘돌고 빛을 내 비추실 때 예수님 빛이 그 첫째성과 풍요성 안에 나타났다. 창세기의 빛과 세상의 빛은 오직 이 둘의 일치 안에서 보일 수 있다. 이것은 왜 창조 그 자체가 육화의 시작인지를 말해 준다."

오늘날 우리가 빅뱅이라고 부르는, 140억 년 전 이 우주의 이야기를 시작한 폭발[vii]로 상징된다.

그리스도의 충만함은 피조물 안에서 어떻게 실현되는가? 이 질문에 파니카는 성령의 힘을 통해서라고 대답한다. 우리 안에, 또한 우리들 사이에 그리스도 신비의 불길을 지피시는 분은 그리스도께서 보내신 성령이시다. 그리스도께서 당신의 지상 생애 동안이 아닌 당신의 죽음과 부활 이후에 성령을 보내 주셨음은 중요한 사실이다. 예수께서 말씀하셨다. "내가 떠나지 않으면 보호자께서 너희에게 오지 않으신다. 그러나 내가 가면 그분을 너희에게 보내겠다"(요한 16,7). 성령을 보내 주시려면, 예수께서 떠나셔야만 했음이 요한복음에서 드러난다. 예수께서 가심은 성령께서 오심이다. 지상의 예수가 사라짐은 부활하신 그리스도의 시작이며, 이를 가능케 하는 분은 성령이시다. 어떤 이는 어째서 예수께서 계속 머물러 계시며, 당신이 시작하신 일을 마칠 수 없었는지 궁금해 한다. 그러나 그 대신 그분은 당신을 따르는 사람들에게 성령을 약속하셨다. 그런데 그때는 당신의 온 구원사업이 커다란 재앙에 직면한 절체절명의 순간이었다. 파니카는 이렇게 썼다.

장래는 찬란하지 않았다. 그를 따르는 사람들은 박해를 받을

[vii] 앞서 설명한 이 장의 각주 v 참고.

것이었다…. 스승이신 그분은 그들을 떠날 참이었다…. 거의 아무것도 이루지 못했으며, 그들을 버리고 가는 것이나 마찬가지였다….

사람들이 그를 버린 이유는 그를 따르는 것이 너무나 위험한 일이 되었기 때문이었다. 회당에서는 그가 이단자이며 진짜 신성모독자라고 선포했다. 정치인들은 그를 경멸했다. 그리고 '그의' 사람들은 그를 이해하지 못했다. 그는 오래도록 남길 수 있는 것은 아무것도, 어떠한 제도조차 그들에게 남겨놓지 않았다. 그는 그리스도교 세례를 받지 않았으며 사제 서품을 받지도 않았다. 그는 거의 아무것도 확립하지 않았다…. 그는 자기 자신과 성령을 성체성사의 거행 안에 고요한 현존으로서 남겨놓았을 뿐이다. 그는 이리 떼 가운데 양들을 보내는 것처럼 자기 제자들을 보냈으며, 끝까지 자기 전략을 바꾸지 않았다. 이리 떼는 아직도 울부짖고 있다. 그가 자기를 따르는 사람들에게 약속한 것은 오직 하나, 성령뿐이었다.[16]

이제 막 선교가 시작되고 제자 수도 늘어나기 시작한 시점에 예수가 떠났음을 눈여겨보라. 예수께서는 당신의 지상 사업을 완성하고자 더 머무르지 않으셨다. 오히려 그분은 제자들에게 성령을 약속하시며, 이로써 누가 당신의 사업을 완수할 것인지를 암시하셨다. 예수의 지상 생애 마지막 며칠간 제자들이 느꼈을 극도의 놀라움과 혼란을 그려보라. 어떻게 예수보다 더 대단한 일들을 행할 수 있단 말인가? 사실 그들은 주인이시며 스승이신 분을 잃을까 두려워했다. 예수께서는 당신의 제자들이 성령의 힘을 통하여 당신보다 더 위대한 일들을 할 것이라고 말씀하셨다. 성령께서는 새로운 일들을 하시며, 오로지 성령 안에서만 이 세상이 하느님 안에서 생명의 충만함으로 나아갈 수 있기 때문이다. 그래서 예수께서 이렇게 말씀하신 것이다. "내가 떠나는 것이 너희에게 이롭다." 파니카는 이렇게 주장했다. "그가 떠나지 않았다면 우리는 그를 왕으로, 곧 우상으로 만들어버리거나, 어떤 관념 혹은 지식의 껍데기로 굳혀 버렸을 것이다. 우리는 그의 가르침을 하나의 시스템으로 바꾸어서 우리가 지어낸 범주 안에 그를 가두고, 성령을 질식시켜 버렸을 것이다."[17] 그러나 예수께서는 당신이 떠나는 편이 좋다는 것을 아셨다. 이 땅에 머물러 있기보다는 가장 완전한 형태로 우리 안에 남아 계시는 편이 좋다는 것을, 우리에게 외국인 손님처럼 환영받는 것보다는 우리 존재 안에 머무르시는 편이 좋다는 것을 아셨다. 이것이 성체성사의 의미다. 이는 성령께서 하시는 일이시며 그리스도의 의미다. "내가 세상 끝날까지 언제나 너희와 함께 있겠다"(마태 28,20). 예수께서는 떠나신다, 삶의 역동성이 건조한 이원론으로 격하되지 않도록 하려고. 그분의 떠나심은 하느님께서 이 세상을 떠나심을 뜻하는 것이 아니라 하느님께서 이 세상에 풀려나심(release)을 뜻한다. 하느님께서 이 세상에 풀려나셨다 함은 성령의 힘을 뜻한다. 성령께서는 그리스도의 이름으로 우리 삶에 스며드시고, 하느님의 피조물이 지닌 찬란한 다양성 안에서 사랑으로 통합하는 새로운 방식으로써 그리스도의 몸을 재건하신다.

이러한 하느님의 풀려나심은 우리가 클라라 영성의 의미를 더욱 깊이 깨치게 도와준다. 또다시 말하거니와 그녀의 영성은 철저히 육화에 기반을 둔 것이지만, 동시에 그리스도 안에서의 변화로 가는 길에 속속들이 스며있는 성령으로부터 생명을 얻은 것이다. 이 성령은 우리를 하느님 사랑의 포옹으로 끌어들이신다. 아녜스에게 보낸 넷째 편지에서 클라라는 이렇게 말한다. "나를 이끌어 당신을 뒤따르게 하소서. 우리는 당신의 향유 내음을 좇아 달려가리이다!"[18] 여기서 말하는 '당신'은 사랑하는 정배를 뜻하며, 클라라의 그분은 십자가에 못 박히신 그리스도이시다. 사랑하는 분에게로 우리를 끌어당기는 것은 십자가에 못 박히신 그리스도의 생애가 풍기는 향유 내음이다. 십자가에 못 박히신 분의 향기에 죽은 이들이 일어나기에 십자가에 못 박히시고 부활하신 그리스도의 거울을 응시함은 믿는 이를 채워주고 생기를 주며 매료시킨다.[19] 클라라가 말하는 이 향기는 무엇인가? 향기라는 것은 일반적으로 향수와 연관된다. 향수는 뿌렸을 때 달콤한 냄새가 나는 액체로서 상쾌한 향내를 퍼뜨려 다른 이들을 끌어들이는 매력을 발휘한다. 향기는 향수 자체가 아니라(향수는 액체이므로) 향수가 퍼뜨리는 내음이다. 곧 우리는 향수가 발산하는 내음에 따라 그 향수에 이끌리게 되는 것이다(어떤 향수는 사람을 쫓아버리기도 한다!). 성령은 그리스도의 생애에서 발산되는 사랑의 향기와 같다. 예수께서 지상 생애를 마치고 떠나신 뒤 남겨진 사랑의 향내 말이다. 예수께서 지상에서 사시는 동안에는 이러한 '향내'가 없었던 것일까? 물론 있었다. 그러나 성령의 현존의 충만하심이 그때에는 온전히 이해될 수 없었다. 예수의 지상 생애는 그 '지상성(earthiness)', 말하자면 현실적 제약 아래 있었기 때문이다. 혼동, 오해, 거부 그리고 제한된 삶 때문에 제자들은 예수의 생애가 지닌 의미를 온전히 깨달을 수가 없었다. 그래서 예수께서는 죽으셔야만 했던 것이다. 그럼으로써 성령의 충만하심이 오고, 또한 하느님의 충만하심이 드러날 것이기 때문이다. 예수의 죽음 이후에야 비로소 교회가 탄생했다. 제자들과 추종자들의 마음을 열어 예수의 삶의 의미를 알게 해 주신 성령의 힘으로 교회가 태어났기 때문이다.

클라라는 십자가에 못 박히신 사랑하는 정배의 향유 내음으로 말미암아 소생하고 생명으로 돌아옴에 대해 이야기한다. 그녀는 그분의 향유 내음을 좇아 달려가고자 열망했다. 향기는 갈망을 일으키기에 사랑하는 이와 일치하고자 하는 열망으로 클라라를 타오르게 한 것은, 십자가에 못 박히신 사랑의 향기일 것이라 추측할 수 있다. 이 사랑의 향기는 성령의 힘이다. 그 힘은 너무나 강력하기에 우리는 이 힘에 이끌리고 이를 좇아 달려가며, 그럼으로써 그리스도의 신비 안으로 끌려 들어간다. 우리를 그리스도의 신비 안으로 이끌어 가신 이 성령께서 우리를 그리스도 안에서 변화시키신다. 이끌어 주시는 성령은 곧 변화시키시는 성령이다. 우리는 성령의 힘으로 말미암아 '또 하나의 그리스도(alter Christus)'가 된다. 첼라노의 토마스와 보나벤투라 두 사람 모두 프란치스코의 생애를 묵상하며, 성령과 그리스도의 이러한 관계를 깨달았다. 보나벤투라에 따르면, 프란치스코는 그리스도를 문자 그대로 모방함이 아니라 넘쳐흐르는 사랑을 함으로써 '또 하나의 그리스도'가 되었다. 이 사랑은 그리스도처럼 기꺼이 고통받기 원한 프란치스코의 의지로 증명된다. 프란치스코는 "육신의 순교로써가 아니라, 자기 영혼을 불사름으로써 십자가에 못 박히신 그리스도와 같이 변화되었다"고 보나벤투라가 말했다. 라 베르나의 산에서 세라핌 형상으로 나타나신 십자가에 못 박히신 그리스도와 프란치스코의 만남은 그의 마음에 '놀라운 불'을 남겨놓았다. 보나벤투라는 『아씨시의 성 프란치스코 대전기』에 이렇게 썼다.

   그리스도의 참 사랑으로
   그분을 사랑하는 이가 그분의 모상으로 변화되었다.
   …

천사적 사람 프란치스코는
산에서 내려왔다,
십자가에 못 박히신 분과 같음을
자기 몸에 간직하고.
…
그 육신의 지체에 새겨진 것은
살아 계신 하느님의 손가락이 하신 일이었다.[20]

그러면 '살아 계신 하느님의 손가락'이란 무엇인가? 그것은 성령이시라고 보나벤투라는 저서 『육일 간의 창조(Hexaëmeron)』에서 말한다. "이러한 지혜는 오로지 은총을 통해서만 얻을 수 있기에, 예견할 수 없고, 감춰진 그 모든 것들은 성령께서 하신 일이다. 이것이 하느님의 손가락이다."[21] 그러므로 프란치스코를 변화시킨 이 사랑의 힘은 성령이다. 그리스도께서 보내신 성령이 우리를 그리스도에게로 동화시키시기 때문이다. 성령께서는 우리를 하느님 안에서 우리가 누구인지에 대한 진실로 이끌어 가심으로써 우리를 자유롭게 해 주신다. 프란치스코는 성령의 힘 안에서 살았기에 진정한 자유인이었다. 그리고 성령의 힘 안에서 그는 이 세상에서 그리스도의 새 생명(life)이 되었다. 죽은 이들 가운데서 일어나신 예수께서 프란치스코 안에 사셨다. 사랑의 힘으로 그는 그리스도의 새로운 모상, 곧 다른 이들이 보고 따를 수 있는 또 하나의 그리스도가 되었다.

그런데 우리는 프란치스코가 성덕에 대해서는 걱정 없이 살았을 거라 잘못 생각하곤 한다. 예수께서 그러하셨듯이 프란치스코도 심지어 자기 형제들에게마저 오해 받고 거부당했다. 그라도 메를로에 따르면, 성직자와 신학자들을 형제회로 받아들임으로써 프란치스코가 지녔던 본래의 영감과 형제회 구조가 바뀌었다. 인준받지 않은 수도규칙이 쓰이던 무렵, 프란치스코는 형제회의 총봉사자 직분에서 물러나 형제회와 어느 정도 거리를 두기 시작했는데, 당시 형제회에 들어와서 프란치스코의 원의와 반대되는 다른 길을 지어내던 신학자들, 법률가들과의 분쟁의 골이 깊어졌기 때문이었다.[22] 라 베르나에서의 체류는 프란치스코 자신이 '영감을 받은' 생활 양식이 형제회 생활 안에서 어떻게 표현되는지 그 결말을 바라보는 고통스런 불만과 분노로 가득 찬 기나긴 고독의 시간이었다.[23] 프란치스코가 오상을 받게 되는 배경에는 이러한 고통의 체험이 있는 것이다. 그는 자기 자신의 '수난'을 통하여 그리스도의 극심한 고통을 나누고 받아들임으로써 결정적이고도 궁극적인 자기 의지의 희생을 직면했다.[24] 프란치스코는 평화로 가득 차서 산에서 내려왔다. 그러나 이는 고통을 품은 평화, 십자가에 못 박히신 그리스도의 길을 따르는 평화였다. 그리스도의 상처가 새겨진 육신을 지니고 라 베르나를 내려오며, 프란치스코는 다시금 나병 환자에 대한 봉사를 시작한 것이다. 이는 형제회에 새로이 생겨난 어려움과 장애물에도 불구하고, 작음과 형제애에 대한 자기의 본래 영감에 충실히 헌신하는 것이었다.

클라라의 생애에서와 마찬가지로 프란치스코의 생애에서도 그가 지상 생활 동안 온갖 상처와 실패에도 불구하고 사랑에 충실했음을 볼 수 있다. 자기 십자가의 그 심연 속에서도 그는 하느님께 충실했고, 처음 그의 마음을 어루만졌던 그 연민의 사랑을 살아내기로 결심했으며, 죽음에 이르기까지 이 사랑에 충실했다. 프란치스코의 위대함은 그의 생전에는 다소 저평가되었던 듯하다. 프란치스코의 최초의 전기는 그의 사후 2년이 지난 1228년에 쓰였다. 예수께서 그러하셨듯이 프란치스코도 이 세상에 그의 영의 힘이 들어와 제자들의 마음에 뿌리내리도록 하기 위해 이 세상을 떠나야만 했다. 예수의 생애에서와 마찬가지로 프란치스코의 생애에서도 성령의 초월적 본성이 드러난다. 성령께서는 우리가 사랑 안에서 하느님께 동화되도록 우리 삶 안에서 일하시지만, 하느님 안에서 우리가 누구인지에 대한 진실이 온전히 드러나는 때는 우리의 죽음 이후다. 살아 있는 동안 우리는 우리 삶에 경계선을 그음으로써 하느님께서 우리 안에 하시는 일에 장애물을 놓는데, 죽고 난 다음에야 이런 일을 그만두기 때문이다. 지상에서 사는 동안 우리가 하느님과 어떤 관계를 맺고 살아가는지에 따라 우리가 이 세상에 어떤 영을 퍼뜨리는지가 결정된다. 진흙으로 빚어진 이 유한한 인간 몸뚱이가 죽음으로 산산이 깨어진 후에야 우리 삶이 지닌 영적 향기가 세상으로 뿜어져 나간다. 달리 표현하면, 우리가 어떤 길을 따라서 하느님께로 가는지에 따라 우리가 뒤에 어떤 영을 남겨놓는지가 결정되며, 이 영은 사람들을 그리스도께로 이끌 수도 있고 쫓아버릴 수도 있다. 우리 삶의 영은 사람들이 하느님께 가도록 도와줄 수도 있고, 새로운 생명을 낳는 데 실패할 수도 있다.

클라라는 하느님께로 향하는 움직임은 이 지상 생애에서 시작하여 영원한 생명에 이르기까지 계속된다고 묘사했다. 그런데 또한 이 움직임은 우리 삶의 형상을 지어 주신 성령의 향기를 남긴다. 우리 존재의 최종 결말은 죽음이 아니라 우리의 인간성을 완전히 우주에 열어젖히는 것이다. 우리가 죽음을 맞이할 때 이 세상에 나누어 주는 것은 글이나 책이나 지상의 재물이 아니라 우리 삶에 배어있는 영적 향기다. 우리는 어떤 향기를 남길 것인가? 다른 이들이 하느님을 좇아 달려가도록 영감을 주는 성덕의 향기일까? 아니면 사람들이 그리스도의 신비를 포기하게 만드는 날카로운 향기일까? 성인들이 살아 있는 동안에 성인으로 인정받는 경우는 거의 없긴 하지만, 죽음 이후에 그들을 드러내는 것은 결국 그들이 남겨놓은 사랑의 향기다. 그들의 삶 안에서 우리는 그리스도 신비가 지닌 더욱 심오한 의미를 보게 된다. 그들은 예수의 사명을 특히 그분의 죽음과 부활 안에서 생명의 영역으로 모셔온다. 성인들 안에서 우리는 예수께서 이 세상을 떠나신 것은 이 세상을 위하여 그 이상의 존재, 곧 성부의 사랑을 받으시는 말씀이자 성부의 지혜이신 그리스도가 되시고자 함이었음을 깨닫게 된다. 그리스도가 창조계 안에서 생명의 충만함이 되게 해 주시는 분은 성령이시다. "내가 떠나지 않으면 보호자께서 너희에게 오지 않으신다. 그러나 내가 가면 그분을 너희에게 보내겠다. 보호자께서 오시면 … 그분께서 나를 영광스럽게 하실 것이다"(요한 6,6-7.14). 예수께서는 이 세상을 위한 생명의 충만함이 되시고자 이 세상을 떠나신다. 그분은 태초의 영원으로부터 아버지의 사랑을 받으시는 이로서 바로 이 충만함이셨다. 아버지께서 영원으로부터 예정하신 그리스도께서는 이제 죽음과 부활을 통하여 기름부음 받으신 예수의 인성 안에서 공고하고도 구체적인 실재가 된다. 이 그리스도께서 바로 부활하시고 영광을 받으시는, 육화하신 말씀이시다. 예수의 인성은 곧 우리의 인성이기에 예수께 일어난 일이 곧 우리의 목표가 된다. 이 목표는 하느님 안에서의 변화와 일치다. 성인들이란 지상 생애를 통해서 뿐만 아니라 영원한 생명을 살면서도 온 마음을 다하여 그리스도께 충실함으로써 이 그리스도 신비 안으로 들어간 사람들이다. 그들이 남긴 강렬하고도 향기로운 사랑의 영은 이 세상에서 성덕의 강력한 힘(force)이 되어 사람들을 그리스도께로 끌어당기며, 지상에서 그리스도의 몸을 건설하는 일에 협력한다.

성령께서 우리 삶 안에 뿌리내리시도록 하는 것이 그토록 본질적으로 중요한 이유는 우리 모두가 성인이 되도록 부르심 받았기 때문이다. 영성 생활은 단순히 하느님 안에서 개인적으로 변화하는 것이 아니다. 오히려 변화시키시는 성령의 힘이 우리 삶에 영향을 끼치심으로써 우리가 그리스도의 몸, 곧 이 땅에서의 하느님 나라를 건설하는 일에 협력하게 되는 것이다. 지상 생애를 완전히 떠나 성령을 보내심으로써 예수께서는 아직은 모든 피조물이 그리스도의 충만함을 이루지는 못했음을 암시하신다. 그분께서 제자들에게 이렇게 말씀하셨다. "아버지께서 나를 사랑하신 것처럼 나도 너희를 사랑하였다. 너희는 내 사랑 안에 머물러라"(요한 15,9). 이 말씀은 우리에게 하시는 요청이다. 육화를 계속하여 이어나가고, 하느님의 말씀이 우리 안에 뿌리내리게 하며, 말씀이 우리 안에서 육신을 취하시게 하라는 그분의 요청을 우리가 받았다. 육화는 완료되지 않았다. 육화는 아직 충만히 완성되지 않았다. 육화는 우리 안에서 완성되기 때문이다. 파니카가 언급한 바와 같이 육화의 연장延長은 "단지 역사적이고 현세적인 우주에서의 삶으로부터 우리를 해방시켜 우리의 신적 품위를 자각하게" 해 준다.[25] 전 인류와 피조물이 사랑의 일치를 이룸이 그리스도의 충만함이다. 이 새로운 육화를 향하여 지금의 우리가 계속해서 육화를 이어나가야 하는 것이다.

이른바 '성령 그리스도론(Spirit Christology)'이라는 것을 클라라가 알고 있지는 않았겠지만, 한 번도 만나보지 못한 여인을 위한 클라라의 영적 지도 안에 새겨진 통찰에는 심오한 그리스도 신비가 담겨 있다. 모상, 변화, 향기, 향유 그리고 하느님을 향해 달려감 등의 표현이 담긴 그녀의 언어는 육화 안에서의 삶이 사랑의 역동적 관계임을 우리에게 가르쳐 준다. 그리스도와의 관계 안에서 우리가 무엇이 되어 가는지에 따라 하느님 안에서의 우리 미래가 지어지며, 하느님과의 관계에서 우리가 무엇이 되어 가는지에 따라 우리 죽음 이후에 무엇이 남겨질지가 정해진다. 그리스도 안에서 새로운 창조가 전개될 때 우리가 그 안에 우리 삶의 영을 나누어 주기 때문이다. 하느님 안에서의 삶은 단순히 현세적이거나 느낌이 좋거나 편안하게 해 주는 체험 이상의 것이다. 오히려 우리가 어떻게 하느님께로 나아가는지가 사랑의 영적 에너지에 영향을 미치며, 이 세상에 길이 남겨진다. 그리스도께서 보내 주신 성령을 우리가 받음으로써 그리스도께서 우리 안에 태어나신다. 그리고 그리스도께서 우리 안에 태어나심으로써 우리의 '영적 개성(spiritual personality)'도 온전히 우주에 스며든다. 구원은 우리와 예수 사이에 있었던 사건 이상의 것으로 우리가 그리스도 신비에 고유하게 참여하는 것이다. 예수께서 당신의 죽음 이전에 제자들에게 성령을 약속하신 바와 똑같이 지금 우리도 이 사명에 참여하게 된다. 현세의 우리 몸이라는 이 그릇을 죽음이 깨뜨릴 때 우리 영은 우주로 풀려 나가며, 기억과 현존의 힘으로 이 우주가 그리스도 안에서 새로운 모습을 얻도록 돕게 된다. 우리는 그리스도의 몸을 건설하는 하느님의 협력자들이며, 지상 생활을 통해서 뿐만 아니라 영원한 생명을 통해서 이 일을 더욱 많이 한다. 믿음, 희망, 사랑을 통하여 하느님께로 나아가는 우리의 움직임은 그리스도화(Christify) 된 우리 영을 이 세상에 '남겨주는 것'이며, 그럼으로써 다른 이들이 그리스도의 신비로 이끌리게 된다.

클라라의 영성을 통하여 우리가 깨닫게 되는 것은 이것이다. 우주의 광대무변함이라는 관점에서 보면 우리 개인의 삶이 하찮게 보이겠지만, 창조계 안에서 하느님의 신비를 펼치는 일에서 우리 각자는 자기만의 고유한 역할을 수행하고 있다는 것이다. 우리 삶이라는 실을 취하시어 우주 안에서 그리스도의 몸을 덮어드릴 색색의 조각보를 지으시는 분은 피조물 안에서 생명을 엮어 내시는 성령이시다. 그리스도의 몸에 옷을 입혀 드리는 성령께서 창조계 안에서 하시는 일은 사랑의 움직임(movement)[viii]이다. 사랑의 여정 위에 있는 우리는 혼자가 아님을 클라라가 우리에게 일깨워 준다.

---

viii 이 장의 각주 i 참고.

우리는 우리보다 앞서 간 모든 성인들, 지금 우리와 함께 있는 성인들 그리고 우리 뒤에 올 성인들과 함께한다. 클라라도 그들 가운데 있으며, 자매이자 어머니이자 안내자로서 우리와 함께하는 것이다.

성찰을 위한 질문

1. 여러분은 성령과 그리스도와의 관계를 어떻게 이해하고 있나요?
2. 클라라가 성령을 따름으로써 그리스도와의 관계를 살아 낸 모습은 어떠한가요? 여러분은 어떻게 하고 있나요?
3. 여러분은 '앞으로 나아가는 움직임'으로 살고 있나요, 아니면 '뒤로 가는 움직임'으로 살고 있나요? 여러분은 과거 안에 살면서 미래를 위해 애쓰고 있나요? 여러분 삶의 움직임 안에서 성령께서 하시는 역할은 무엇인가요?
4. 여러분은 하느님의 약속 안에서 살고 있나요? 여러분에게는 신뢰가 있나요? 믿음이나 희망이나 확신이 있나요? 십자가가 사랑의 승리로 여러분을 이끌어 주고 있음을 믿나요? 이 사랑의 승리에 참여하도록 성령께서는 어떻게 여러분을 도와주시나요?
5. 여러분 삶에서 풍기는 향기는 무엇인가요?

1　프란치스코, 「형제회에 보낸 편지」 51.

2　「아녜스에게 보낸 둘째 편지」 13-14.

3　「아녜스에게 보낸 넷째 편지」 9-14.

4　「아녜스에게 보낸 넷째 편지」 16.

5　「아녜스에게 보낸 둘째 편지」 21.

6　「아녜스에게 보낸 둘째 편지」 13-14.

7　「아녜스에게 보낸 넷째 편지」 31-32.

8　「아녜스에게 보낸 첫째 편지」 32.

9　에펙타시스에 관한 논의는 『Origins of the Christian Mystical Tradition: From Plato to Deys』 (New York: Oxford, 1981), pp.89-90에 실린 Andrew Louth의 「Gregory of Nyssa」를 보라.

10　「아녜스에게 보낸 둘째 편지」 12-13.

11　「아녜스에게 보낸 셋째 편지」 8.

12　Raimon Panikkar, 『Christophany: The Fullness of Man』 (Maryknoll, N.Y.: Orbis, 2004), p.106.

13　Panikkar, 『Christophany』 p.xvi.

14　그리스도의 첫째성(primacy)에 관해서는 둔스 스코투스가 가장 명료하게 설명한 바 있다. 그는 육화는 죄 때문이 아니라 하느님의 사랑으로 인하여 일어난 일이라고 했다. 사랑하고자 하시는 하느님의 뜻(의도)의 첫 대상은 그리스도이시다. 그리스도의 첫째성에 관한 논의는 Ilia Delio, 「Revisiting the Franciscan Doctrine of Christ」, 『Theological Studies』 64.1 (March 2003) pp.3-23을 보라.

15　「아녜스에게 보낸 셋째 편지」 15-16.

16　Panikkar, 『Christophany』 p.122.

17　Panikkar, 『Christophany』 p.124.

18　「아녜스에게 보낸 넷째 편지」 30.

19　「아녜스에게 보낸 넷째 편지」 11-13.

20　보나벤투라, 『아씨시의 성 프란치스코 대전기』 13,5.

21　Bonaventure, 『Hex』. 2.30 (VIII, p.341)

22　Grado Giovanni Merlo, 「The Story of Brother Francis and the Order of Friars Minor」,

Edward Hagman역, 『Greyfriars Review』 15.1 (2001), p.7.

23 Merlo, 「The Story of Brother Francis」, p.9.

24 Merlo, 「The Story of Brother Francis」, p.9.

25 Panikkar, 『Christophany』 p.125.

맺는말

어린 시절부터 지금까지 적어도 한 번은 "커서 뭐가 되고 싶니?"라는 질문을 받아 보았을 것이다. 보통 우리는 멋지고 고상하고 영웅적인 뭔가가 되고 싶어 한다. 이렇게 대답하는 사람은 거의 없을 것이다. "저는 제 자신이 되고 싶어요." 그런데 클라라가 아녜스에게 바란 바가 바로 이것이다. 아녜스가 진정 자기 자신이 될 때 하느님께서 아녜스의 '자기 자신' 안에 사시며, 하느님께서 사시는 곳에서 하느님께서 활동하시고, 하느님께서 활동하시는 곳에서 하느님께서 이 세상에 드러나 보이시기 때문이다. 클라라의 편지들은 일견 매우 단순해 보이지만, 실은 매우 농밀한 의미가 담긴 심오한 글이다. 여기에는 하느님의 놀랍고도 엄청난 사랑에 대한 깊은 묵상의 열매가 담겨 있다. 클라라는 육화에 담긴 하느님의 영속적 현존을 너무나 굳게 확신했기에 하느님 사랑의 힘을 두려움 없이 굳게 신뢰했다. 바로 이 사랑이 죽은 이들을 생명으로 일으키며, 우리의 평범하고 단조로운 삶을 그리스도의 살아 계신 현존으로 변화시킨다고 클라라는 말한다. 클라라 영성의 중심에는 '변화'가 자리한다. 하느님 사랑의 힘이 믿는 이의 삶을 취하실 때 그리스도께서 새로이 태어나시기 때문이다.

우리를 하느님께로 끌어당기는 사랑의 중력重力은 십자가에 못 박히신 그리스도의 사랑이다. 마치 십자가가 나무와 못이 아닌 꽃과 화환으로 만들어지기라도 한 듯이 클라라는 십자가에 못 박히신 사랑의 두 팔 안으로 뛰어듦에 대해 이야기한다. 클라라의 영성은 우리를 무장 해제시키는 것이다. 우리가 십자가에 대해 생각할 때는 죄, 심판, 속죄, 정당화나 변명 같은 것들을 떠올리기 마련이다. 사랑에 대해서는 거의 생각하지 않는다. 그러나 클라라는 죄에 대한 인식을 분명히 지니고 있었음에도 불구하고 십자가를 심판의 상징이나 죄의 결과로 보지 않았다. 오히려 그녀는 사랑이신 하느님의 가난을 묵상하며, 십자가에 못 박히신 그리스도의 가난을 보았다. 가난과 사랑은 클라라의 사상에 언제나 함께 내재되어 있다. 하느님께서 사랑으로 인하여 우리에게 그 모든 것을 주심과 똑같이 우리는 그 사랑을 받아들이고 다른 이들과 나누는 데 자유로워져야 하며, 그분을 방해하지 말아야 한다. 이런 생각은 마음을 따스하게 데워주기도 하지만, 한편 클라라의 애정 어린 영성은 많은 것을 요구한다. 단순히 하느님께서 우리를 사랑하셨다고만 말하지 않고, 하느님께서 우리를 너무나 사랑하신 나머지 약하고 부서지기 쉬운 인간 육신 안에 들어오시어 수난하시고 십자가 위에서 죽으셨음을 이야기한다. 십자가의 아름다움은 약하고 부서지기 쉬운 것을 취하시어 이를 하느님의 살아 있는 현존으로 바꾸시는 하느님 사랑의 힘이다. 클라라는 단순히 하느님 사랑의 힘만을 깨달은 것이 아니라 가난하시고 십자가에 못 박히신 그리스도 안에 그 사랑이 감춰져 있음을 깨달은 것이다. 하느님께서는 죽음을 막아내거나 무력을 과시함으로써 당신의 권능을 드러내시지 않는다. 오히려 하느님은 인간의 눈으로 볼 수 없고 인간의 정신으로 헤아릴 수 없는 길을 통하여 죽음을 생명으로 변화시킴으로써 자기비움의 사랑의 힘을 보여 주신다. 오로지 완전한 사랑의 하느님만이 완전히 사랑하실 수 있으며, 죽은 이를 산 이로 변화시키실 수 있다.

클라라는 하느님의 길을 '이해'하려 들지 않았다. 그녀는 십자가의 힘을 하느님 사랑의 힘으로 받아들였으며, 십자가 안에서 행복과 기쁨과 천상 부富의 약속을 보았다. 클라라에게 십자가에 못 박히신 그리스도의 승리는 사랑의 승리였다. 그녀는 사랑의 길을 따라 아녜스를 인도하며, 하느님께서는 당신을 드러내시는 길로 약한 것을 취하신다고 확언했다. 그러나 그녀는 분명히 하느님께서는 유한하고 현세적인 우리 존재 이상의 분이심을 예리하게 간파하고 있었다. 하느님 사랑의 힘은 사랑의 중력重力이다. 사랑이 영혼을 '신성의 모습'으로 변화시키듯이 이 중력은 사람의 영혼을 끌어당겨서 그 영혼이 자기 자신을 뛰어넘어 진정한 자기가 되게 한다. 클라라가 말한 '신성의 모습'이 된다는 것은 다른 이를 바라보고 사랑하는 능력을 지니게 됨으로써 "사랑의 불꽃으로 타오르게" 되는 것이었다. 바로 이것이 관상의 열매다. 그렇기에 클라라의 희망의 원천은 십자가였다. 십자가에 못 박히신 그리스도를 향한 사랑과 십자가에 못 박히신 사랑의 모습으로 사는 삶이 우리를 영원한 생명의 행복으로 이끌어 준다고 클라라는 확신했다.

    십자가에 못 박히신 그리스도의 가난에 대한 클라라의 깊은 통찰은 하느님과의 관계에서 십자가가 중심이 되는 까닭을 우리가 이해하도록 도와준다. 사실 클라라의 독창성은 십자가를 거울에 비유한 데 있다. 여기서 그녀는 인간성의 위대함과 연약함 둘 다 보았다. 우리의 부서지기 쉬운 인간성 안에 비치는 우리 자신을 볼 때 우리는 또한 십자가의 거울 안에서 하느님을 본다. 예수 그리스도의 인성 안에서 하느님이 우리에게 비춰 보이고 또한 우리가 우리 자신에게 비춰 보인다. 십자가에 못 박히신 그리스도는 우리 인간성의 진실을 보여 주실 뿐만 아니라 하느님의 모상이 된다는 것이 어떤 뜻인지를 보여 주신다. 십자가에 못 박히신 분은 신성의 모상이시며, 우리는 변화되어 그 모상이 되어야 한다고 클라라는 분명히 밝힌다. "관상을 통하여 그대 자신 전부를 그분 신성의 모습으로 변화시키십시오."[1] 그러므로 십자가는 심판의 자리가 아니라 관상의 자리다. 십자가는 우리 단죄의 상징이 아니라 우리가 본래 창조되었던 대로 하느님의 모상이 되는 변화의 상징이다. 클라라의 십자가 신학은 하느님께서 우리의 한계까지도 사랑하심을 이야기하기에 우리를 해방시켜 준다. 그러나 동시에 우리는 자기 자신과 타인을 진정으로 받아들임으로써 이 한계들을 뛰어넘으라는 도전을 받는다. 그녀는 우리에게 우리 삶을 내적·외적으로 모두 보기 위해서, 우리가 다른 이들에게 의존해야만 하는 존재임을 깨닫기 위해서, 우리의 개체성(individuality)과 인간성 그리고 우리가 지닌 사랑의 능력을 알기 위해서, 매일매일 십자가 거울을 곰곰이 들여다보고 공부할 것을 요구한다. 십자가 위의 예수의 모상은 우리 자신의 모상을 비춰 보여 준다. 우리는 우리 삶 안에서 십자가에 못 박히신 그리스도의 모상이 되어야 한다. 이는 십자가에 못 박힘으로써가 아니라 타인의 고통을 보고 사랑을 깨닫는 장소인 우리 자신 안에서 초월적 사랑의 자리를 찾아감으로써 이루어진다. 그럴 때 우리는 하느님의 모상으로 사는 것이다.

클라라의 영성은 삼위일체의 사랑의 포옹 안으로 들어가는 나선형 관계이다. '선에서 더 나은 선으로, 덕에서 덕으로'[2] 나아감에서 모든 결말은 새로운 시작이며, 모든 도착지는 새로운 출발지이다. 하느님 안에서의 삶을 추구하는 사람은 하느님과의 역동적인 관계 안으로, 곧 "재빠르고 가벼운 발걸음으로" 앞으로 나아가는 움직임 안으로 들어가야만 한다. 이러한 관계와 움직임의 특징은 끝없이 깊어지는 사랑과 기쁨이다. 지상에서 사는 동안 육신으로 (그리고 아마 정서적으로도) 큰 고통을 받았음에도 불구하고, 클라라의 영성은 하느님을 찾음에서 지상의 어려움이 우리를 짓누를 수 없다고 말한다. 인생에는 분명 고통의 몫이 있지만, 하느님의 사랑은 모든 것을 이긴다. 클라라가 하느님의 사랑을 알아간 길은 십자가를 통하는 길이었다. 우리는 십자가에 못 박히신 그리스도와의 일치 안에서 하느님께로 가는 여정을 걷고 있지만, 십자가는 지고 가야 하는 짐이 아니라 선물이다. 비록 우리가 그것을 감사로이 받아들이는 경우는 거의 없지만 말이다. 하느님을 따름에서 우리가 자기 십자가를 질 때, 말하자면 부조리함을 받아들일 때, 우리는 십자가에 못 박히신 분의 사랑의 손길로 들어 올려져 하느님 사랑의 포옹 안으로 들어가게 된다. 그러므로 우리가 십자가를 진다는 것은 십자가에 의해 우리가 들어 올려져 하느님께로 간다는 뜻이며, 클라라는 이를 가난/부요, 시간/영원, 고통/영광, 울다/기뻐하다,

죽음/영원한 생명 등 대조적인 단어들을 사용하여 표현했다.[3] 그럼으로써 클라라는 십자가 한가운데서, 곧 인간의 불완전함과 고통 한가운데서 더욱 깊이 사랑하고자 분투하는 일에 초점을 맞춘다. 인간의 그 어떠한 불완전함도 하느님 사랑의 힘을 압도할 수는 없기 때문이다. 이 사랑은 우리를 끌어안으시고 본래 우리가 창조된 바 그 모상의 아름다움으로 변화시키고자 하시는 하느님의 사랑이다.

클라라의 십자가 신학의 열쇠는 관상이며, 관상은 마음의 눈으로 응시하는 가난한 이가 얻는 열매다. 관상은 표면 너머의 것을 봄으로써 실재를 꿰뚫고, 그리하여 사랑에 젖어드는 것이다. 우리가 인성 안에 감춰진 사랑의 하느님을 바라봄으로써 십자가에 못 박히신 그리스도 안에서 하느님을 관상할 수 있다면, 십자가에 못 박힌 우리의 형제자매와 십자가에 못 박힌 인간 공동체 안에 계신 하느님을 관상할 수 있게 된다. 관상은 십자가 거울의 가운데 자리하므로 하느님과 관계의 목표가 관상인 것이 아니라 목표로 가기 위한 길이 관상이다. 목표는 변화다. 클라라는 우리가 사랑하는 대상이 되기를, 아니, 사랑하는 '그분'이 되기를 바랐다. 우리는 십자가에 못 박히신 그리스도 안에 숨겨진 하느님을 바라보는 만큼 하느님을 사랑하게 된다. 그리고 하느님을 사랑하는 만큼 하느님 안에서 변화된다. 사랑은 변화시키는 것이다. 사랑은 일치시키는 것이기 때문이다. 사랑하는 이는 사랑받는 이의 모습으로 변화되지만, 둘은 여전히 구분되는 상태로 남아있다. 사랑은 갈망에서 태어난다는 것을 클라라는 알고 있었다. 그래서 그녀는 아녜스에게 그녀의 삶 안에서 그리스도의 모상이 되기를 갈망하라고 요구한다. "그분을 응시하십시오. … 그분을 닮기를 갈망하면서." 그러므로 아녜스는 하느님 안에서 참된 자기가 되지 못하게 막는 모든 것을 떨쳐내면서 십자가의 가난에서부터 변화의 영광으로 나아가야만 하는 것이다. 이 길을 따라 나아가면서, 그녀는 하느님 사랑으로 부요해질 뿐만 아니라 이 사랑으로 인해 변화된다. 궁극적으로 아녜스의 삶은 이 세상에서 그리스도의 삶이 된다. 우리가 하느님 안에서 자유로워짐으로써 자기 자신이 될 때, 믿는 이의 삶 안에서 그리스도께서 육신을 얻으신다고 클라라가 말한다. 아녜스는 십자가 거울 안에서 자기 자신의 얼굴을 들여다보고, 자기가 보는 모상으로 변화됨으로써 다른 이들이 보고 따를 수 있는 십자가에 못 박히신 그리스도의 거울이 되어야 하는 것이다.

클라라의 육화 영성은 급진적이다. 이는 호기심 많은 이들이 찾아다닐 만한 '소비자 영성'이 아니다. 애매한 태도를 지니거나 심약한 사람들에게 맞는 영성도 아니다. 이 영성은 인격적 변화를 통하여 이 세상에서 인격적 차이를 만들어 내기를 원하는 사람들을 위한 것이다. 변화한다는 것은 달라진다는 것이다. 클라라는 아녜스에게 진정으로 달라질 것을 요구했다. 그러니 마찬가지로 우리에게도 달라질 것을 요구한다고 볼 수 있을 것이다. 우리는 기꺼이 바뀌고자 하는가? 우리는 무엇을 바꾸고자 하는가? 사는 장소를, 혹은 생업을 바꾸는 것일까? 클라라는 우리를 변화의 근본으로 부른다. 피조물인 인간 존재로서의 가난을 '소유'하라고, 하느님께 그리고 하느님께서 그 안에 계시는 우리 이웃들에게 우리가 의존하고 있음을 천명하라고, 가난하신 그리스도와의 관계 안에 사는 가난한 사람으로서 살라고, 그리스도의 가난은 사랑의 부요함이라고 말이다. 그녀는 우리의 갈망을 물질적인 것으로부터 돌려 실상 꼭 필요한 단 한 가지, 곧 하느님과의 관상적 일치로 향하라는 도전을 던져 준다. 그녀는 자기의 고유한 방식으로 우리가 갈망하는 것에 대한 주의를 준다. 우리가 갈망하는 것이 행복이라면, 우리가 하느님 나라, 정의와 평화를 갈망한다면, 혹은 그리스도의 생명이 이 세상의 생명이 되기를 갈망한다면, 우리는 이 갈망을 우리 삶 안에서 실현하기 위한 준비를 해야 한다. 클라라에게 이 말은 십자가 거울 안에서 살아가며 십자가에 못 박히신 그리스도를 관상함을 뜻했다. 그리스도의 생명이 믿는 이의 생명이 될 때 믿는 이의 생명이 교회의 생명이 되고, 이 세상의 생명이 된다. 십자가에 못 박히신 하느님만이 우리의 도움이심을 클라라는 알고 있었다. 오로지 십자가의 사랑만이 우리 인간성이 지닌 한계와 서로 다름의 경계선을 넘어 흩어진 빵조각들을 한데 모아 그리스도의 한 몸을 이룰 수 있기 때문이다. 클라라에게 사랑의 일치란 그리스도의 몸에 우리가 인격적으로 기여함으로써 그분의 몸이 우리 몸이 되고, 그분의 생명이 우리 생명이 된다는 뜻이다. 우리는 그리스도의 몸 밖에 서 있는 수동적인 구경꾼이 아니다. 우리가 바로 그리스도의 몸이다. 하느님께서 우리 삶 안에서 새로이 육신을 취하고자 열망하시기에 우리는 하느님의 변화시키시는 사랑 안으로 초대를 받았다. 그러므로 관상의 목표는 내적 변화를 통해 회개하고, 그리스도를 숙고함(reflect)으로써 이 세상에 그리스도의 얼굴을 드러내 보여 주는 것이다. 그리스도께서 성부를 비춰 보여 주시듯이 우리 각자는 그리스도를 이 세상에 비춰 보여 주는(reflect) 그리스도의 얼굴이 되어야 한다. 우리는 시간 안에 살고 있지만, 영원의 한 조각이 우리 삶 안에 부서져 들어온 것처럼 살아야 한다. 우리는 시간 안에 존재하는 것들을 변화시킴으로써 영원한 생명을 추구해야 한다. 그러므로 우리는 창조된 세계를 벗어나려 할 것이 아니라 십자가에 못 박힌 사랑의 형상으로서 그 안에 뛰어들어야 하는 것이다.

생애 대부분을 봉쇄 수도원 안에서 산 여성, 아씨시의 클라라는 인간성에 대해서 그리고 하느님을 향한 인간의 능력에 대해서 놀라울 정도로 깊은 통찰을 지니고 있었다. 그녀는 육화와 십자가 안에서의 하느님 사랑의 신비를 깊이 묵상함으로써 그리고 공동체 안에서 일어나는 자매들과의 매일의 상호작용에서 그 통찰을 끌어냈다. 그녀는 희망, 기쁨, 낙관 그리고 하느님 사랑의 약속에 대한 믿음을 지닌 여성이었다. 클라라는 한 번도 만나지 못한 이에게 자기의 영적 통찰을 적어 보냈다. 그 편지의 수신인은 프라하의 아녜스지만 어떤 의미에서는 우리가 바로 그 아녜스라고 할 수 있다. 우리 모두는 정체성을 찾고 있다. 우리가 자신을 '그리스도인'이라 부르는 것은 우리 정체성에 대한 고백일 뿐만 아니라 그 정체성을 우리 자신의 것으로 삼는다는 선포이다. 스스로 '그리스도인'이라 부를 때 우리는 진정 그 이름이 의미하는 바와 동일한가? 클라라는 우리를 진정한 변화로 부름으로써 우리 정체성을 시험대에 올려놓는다.

클라라의 영성을 오늘날의 언어로 해석하는 일은, 그리스도 안에서 정체성과 의미와 목적과 생명을 찾아가는 인간의 탐색을 다시 시작하도록 도와준다. 클라라는 이를 단순하면서도 심오하게 이야기한다. 그녀는 시간을 갖고 우리 삶을 숙고해보라고 요구한다. 심리적으로나 자기분석적인 방법으로써가 아니라 십자가의 거울을 통해서 말이다. 그녀의 사상은 이렇게 요약할 수 있다. '그대가 무엇인지를 보고, 그대가 사랑하는 바가 되십시오.' 그리스도를 따르는 사람은 자기 삶 안에서 그리스도를 낳으며,[4] 이 길을 통해서 하느님의 협력자가 된다. 그녀의 영성은 부활하신 그리스도 중인의 영성이다. 우리가 그리스도의 거울 안에서 변화되었다면, 우리 삶 안에서 이 모상의 빛을 발하고 증거하라는 부르심을 받은 것이다. 클라라가 말한 인간의 변화는 그리스도의 몸에 참여하는 것이므로, 곧 창조의 충만함을 향해 나아가는 움직임이 된다. 하느님은 우리를 위해 이 세상을 변화시키지 않으시지만, 또한 우리 없이는 이 세상을 변화시키지 않으신다. 클라라의 영성은 우리가 이를 이해하도록 도와준다. 하느님의 가난이란, 사랑 안에서 하느님께서 우리에게 모든 것을 주심이다. 우리는 그 사랑을 선택하고, 그 사랑 안에 살고, 그 사랑이 우리 자신의 사랑이 되도록 만들어야 한다. 하느님 사랑의 힘은 우리 삶의 약함 안에 있기 때문이다.

1 「아녜스에게 보낸 셋째 편지」 13.

2 「아녜스에게 보낸 첫째 편지」 32.

3 「아녜스에게 보낸 첫째 편지」 19-30, 「아녜스에게 보낸 둘째 편지」 20-21.

4 이러한 클라라의 생각은 아녜스에게 보낸 셋째 편지(17,24-26)에 표현되었다. "나는 지극히 높으신 분의 아드님을 두고 말합니다. 동정녀께서 그분을 낳으셨고, 낳으신 다음에도 동정녀로 남으셨습니다. … 동정녀들 중에 영화로우신 동정녀께서 육신으로 그분을 품으셨듯이, 그대도 그분의 … 발자취를 따른다면 … 그대의 순결한 동정의 몸 안에서 영적으로 그분을 항상 품을 수 있습니다. 그리하여 그대와 모든 사물들을 담으시는 분을 그대가 담을 것이며…"

빛

일리아 델리오, O.S.F.

우주 안에 빛나시며
창조계 구석구석
퍼져가도다

보이지 않는 현존
창조되지 않은 본질

빛에서 나신 빛

빛 발하시며
향 풍기시며
힘을 주시는

내적으로, 외적으로
모든 것을 살게 하시네
묶인 모든 것을
풀어주시네

이 보이는 우주의
은하계들을
한데 모으시며

시간과 공간을 굽히시며
감춰진 기꺼움으로
블랙홀을 채우시네

이제 비로소 터져 나오는

에너지
선
사랑
새로운 창조

빛에서 나신 빛

그분 안에서 우리가 살고 움직이고 존재를 지니네
퍼져가시네, 별들의 사이를
그리하여
우리 마음 안으로

해는 빛을 발하고 달은 빛을 발하고 별은 빛을 발하네
이 모든 것이
빛으로 가득한 우주의 찬미의 춤에 동참하네
그분을 향하여
넘쳐흐르는 빛의 원천

빛 발하는 사랑의
삼위일체
창조계의 연인들에게
찬란한 환희를 부어주시네

그들 가운데 클라라가 있네
찬란한 광채를 뿜으며

땅 위에서는 공덕으로 뛰어났으며
저 위에서는 신성한 빛을 충만히 받고 있네

오, 복된 클라라의 놀라운 찬란함이여!

이 여인은 이 세상에서 눈부시게 자라나
경건한 생활에서 빛을 발했으니
가정에선 태양처럼 환하였으며
봉쇄 안에서는 터져 나오는 빛살 같았네

살아서는 빛을 주었고
죽음 후엔 찬란했으며
지상에서는 영롱한 광휘

천상에서는 눈부신 광채를 내도다

오, 이 빛의 힘은 얼마나 위대한가!
또한 이 광채의 빛살은 얼마나 강렬한가!

이제 그는 우리를 비추네
우리 마음을 밝히며
우리에게 길을 보여 주네

빛이 되라고
빛 안에서
그와 함께하라고

이 세상의 생명을 위하여

참고문헌

Alberzoni, Maria Pia. Clare of Assisi and the Poor Sisters in tbe Thirteenth Century. Translated by William Short and Nancy Celaschi. Saint Bonaventure, N.Y. : Franciscan Institute, 2004.

Armstrong, Regis J. St. Francis of Assisi: Writings for a Gospel Life. New York: Crossroad, 1994.

Bartoli, Marco. Clare of Assisi. Translated by Sister Frances Teresa. Quincy, Ill. : Franciscan Press, 1993.

Carney, Margaret. The First Franciscan Woman: Clare of Assisi and Her Form of Life, Quincy, Ill. : Franciscan Press, 1994.

Clare of Assisi: Early Documents. Edited and translated by Regis J. Armstrong. Saint Bonaventure, N.Y. : Franciscan Institute, 1993.

Costello, Liam Francis. Through the Veils of Morning: An inner Journey in the Pathways of Francis and Clare of Assisi. Skokie, Ill. : ACTA, 2000.

Delio, Ilia. Simply Bonaventure: An Introduction to his Life, Thought, and Writings. New York: New City Press, 2001.

Francis of Assisi: Early Documents. Volume I. The Saint. Edited by Regis J. Armstrong, J.A. Wayne Hellmann, and William J. Short. New York: New City Press, 1999.

Francis of Assisi: Early Documents. Volume II. The Founder. Edited by Regis J. Armstrong, J.A. Wayne Hellmann, and William J. Short. New York: New City Press, 2000.

Godet-Calogeras, Jean François and Roberta McKelvie (eds.). An Unencumbered Heart: A Tribute to Clare of Assisi, 1253-2003. Saint Bonaventure, N.Y. : Franciscan Institute, 2004.

Haase, Albert. Swimming in the Sun: Discovering the Lord's Prayer with Francis of Assisi and Thomas Merton. Cincinnati: St. Anthony Messenger Press, 1993.

Himes, Michael and Kenneth. Fullness of Faith: The Public Significance of Theology. New York: Paulist, 1993.

Hone, Mary Francis (ed.). Towards the Discovery of Clare of Assisi. Translated by Regis J. Armstrong and Pacelli Millane. Saint Bonaventure, N.Y. : Franciscan Institute, 1992.

Llull, Ramon. The Book of the Lover and the Beloved. Translated by Mark D. Johnston. Warminster: Aris and Phillips, 1995.

Merton, Thomas. New Seeds of Contemplation. New York: New Directions, 1961.

Panikkar, Raimon. Christophany: The Fullness of Man. Translated by Alfred DiLascia. Maryknoll, N.Y. : Orbis, 2004.

Peterson, Ingrid J. Clare of Assisi: A Biographical Study. Quincy, Ill.: Franciscan Press, 1993.

Petroff, Elizabeth A. Consolation of the Blessed. New York: Alta Gaia Society, 1979.

Sister Frances Teresa. This Living Mirror: Reflections on Clare of Assisi. Maryknoll, N.Y. : Orbis, 1995.

The Works of Bonaventure: Cardinal, Seraphic Doctor and Saint. 5 Volumes. Translated by José de Vinck. Paterson, N.J. : St. Anthony Guild Press, 1960-1970.

Van den Goorbergh, Edith and Theodore H. Zweerman. Light Shining Through a Veil. Translated by Sister Frances Teresa. Leuven: Peeters, 2000.

Volf, Miroslav. Exclusion and Embrace: A Theological Exploration of Identity, Otherness, and Reconciliation. Nashville: Abingdon, 1996.